Emilia Pardo Bazán

La literatura francesa moderna
El Romanticismo

Barcelona **2024**
Linkgua-ediciones.com

Créditos

Título original: La literatura francesa moderna. El Romanticismo.

© 2024, Red ediciones S.L.

e-mail: info@linkgua.com

Diseño de cubierta: Michel Mallard.

ISBN tapa dura: 978-84-1126-433-4.
ISBN rústica: 978-84-9953-981-2.
ISBN ebook: 978-84-9953-036-9.

Cualquier forma de reproducción, distribución, comunicación pública o transformación de esta obra solo puede ser realizada con la autorización de sus titulares, salvo excepción prevista por la ley. Diríjase a CEDRO (Centro Español de Derechos Reprográficos, www.cedro.org) si necesita fotocopiar, escanear o hacer copias digitales de algún fragmento de esta obra.

Sumario

Créditos _____ 4

Brevísima presentación _____ 7
   La vida _____ 7

Dedicatoria _____ 9

Prefacio _____ 11

I _____ 15

II _____ 28

III _____ 51

IV _____ 75

V _____ 95

VI _____ 108

VII _____ 126

VIII _____ 142

IX _____ 155

X _____ 173

XI _____ 182

Epílogo _____ 202

Libros a la carta _____ 205

Brevísima presentación

La vida
Emilia Pardo Bazán (1851-1921). España.
Nació el 16 de septiembre en A Coruña. Hija de los condes de Pardo Bazán, título que heredó en 1890. En su adolescencia escribió algunos versos y los publicó en el *Almanaque de Soto Freire*.

En 1868 contrajo matrimonio con José Quiroga, vivió en Madrid y viajó por Francia, Italia, Suiza, Inglaterra y Austria; sus experiencias e impresiones quedaron reflejadas en libros como *Al pie de la torre Eiffel* (1889), *Por Francia y por Alemania* (1889) o *Por la Europa católica* (1905).

En 1876 Emilia editó su primer libro, *Estudio crítico de Feijoo*, y una colección de poemas, *Jaime*, con motivo del nacimiento de su primer hijo. *Pascual López*, su primera novela, se publicó en 1879 y en 1881 apareció *Viaje de novios*, la primera novela naturalista española. Entre 1831 y 1893 editó la revista *Nuevo Teatro Crítico* y en 1896 conoció a Émile Zola, Alphonse Daudet y los hermanos Goncourt. Además tuvo una importante actividad política como consejera de Instrucción Pública y activista feminista.

Desde 1916 hasta su muerte el 12 de mayo de 1921, fue profesora de Literaturas románicas en la Universidad de Madrid.

Dedicatoria

A la memoria de Don Antonio Cánovas del Castillo
La Autora.

Prefacio

Me propongo abarcar en su conjunto el arte literario francés desde fines del siglo XVIII —momento en que empieza la transformación del ideal nacional, clásico—, hasta el presente.

En descomposición la sociedad antigua; triunfante la revolución, la línea divisoria aparece tan clara, que es el hecho-guía. Francia recoge corrientes internacionales de romanticismo, venidas del Norte, y envía corrientes revolucionarias a Europa, sin que lo impida la evolución, realizada en Francia también, de la demagogia al cesarismo.

Los cien años de literatura que voy a reseñar son de vida muy intensa, de rápidos cambios en el gusto y en el ideal estético; pero quien llegue conmigo hasta el fin de la senda, notará cómo, bajo el aspecto de la diversidad y aun de la oposición, se esconden las consecuencias de un mismo principio, las raíces de un mismo árbol. Desde el primer momento existió en la nueva literatura, tan frondosa, tan brillante, el germen de la decadencia en que ha venido a hundirse; y nótese que no es lo mismo decaer por enfermedad congénita, que morir a su hora, de muerte natural, habiendo vivido sano. Sin duda, todas las formas literarias son perecederas; y no obstante (como en los individuos de la raza humana), varía mucho su constitución y el equilibrio de su salud. Así, el clasicismo francés traía elementos de vida normal, mientras el período que empieza en el romanticismo y acaba ahora en la desintegración y la anarquía, no ha sido, en su dolorosa magnificencia, sino el desarrollo de un germen morboso, un bello caso clínico.

Por la misma naturaleza de la evolución literaria de Francia en un siglo se explican los fenómenos y síntomas que presenta: su nerviosidad, sus accesos de sentimentalismo y humanitarismo, sus crisis sensuales, sus pretensiones científicas, sus accesos de misticismo, sus depravaciones. Si personalizásemos en un hombre al siglo, diríamos de él que era un desequilibrado genial, que acaba reblandecido.

El poeta francés que calificó a su siglo de caduco y a su edad de tardía tuvo en cierto sentido razón, porque si el romanticismo pareció brote de juventud, siempre lo fue de juventud enfermiza, y el concepto del «mal del siglo» responde con tal exactitud a esta afirmación, que casi dispensaría de formularla.

Lo ejemplar del estudio que emprendo consiste en advertir la estrecha relación que guarda el desarrollo de la literatura con el de la vida completa de esa gran Nación latina, embebida de espíritu práctico, maravillosamente acondicionada para ejercitar la prudencia y la mesura, y desviada y arrastrada hacia la aventura, el peligro estéril y las fronteras del suicidio por una serie de influencias fatales y por las prolongaciones y repercusiones de un hecho histórico que más bien debiera señalar rumbos de precaución política y social. Y es que de las revoluciones, lo menos terrible es su violencia en el terreno de los hechos materiales; lo violento dura poco. La perturbación del espíritu, en cambio; la labor, ya sorda, ya franca, de los apetitos, los sueños, los instintos y las concupiscencias —esta palabra teológica comprende lo espiritual y lo material-; la continua inquietud de pueblos donde todo está, no en formación, sino en disolución, tal fue y tal continúa siendo el «mal del siglo» de las Naciones en nuestra época, pero muy en primer término de Francia, que ha desempeñado la misión de propagar la enfermedad, transmitiéndola al mundo. En este oficio, suyo habrá sido, y es justicia, el mayor daño. No es aquí donde se ha de estudiar la evolución social y política de esa Nación rodeada de mágicos prestigios, que representó la mayor altura de la civilización latina, que se juzgó investida de misión providencial, que ansió ser luz del mundo, y que ha visto poco a poco extinguirse la irradiación de sus glorias, gangrenarse lo íntimo y profundo de sus energías morales; aquí solamente importa tal proceso histórico, por su estrecha relación y paralelismo con el literario, pudiéndose afirmar que, realmente, en la literatura se revela y manifiesta el alma de Francia, de los esplendores del Imperio a las tristezas de Sedán y las degeneraciones presentes.

No se crea que incurro en la vulgaridad de achacar a una literatura las desdichas de una Nación. Lo que quiero decir y lo que digo es que la literatura, en este caso, refleja fidelísimamente el estado social; muchas veces es su cómplice; otras, su resultante; y siempre, su expresión más reveladora. En este sentido, no hay independencia estética —salvo excepciones como un Gautier o un Leconte de Lisle— en la literatura que voy a estudiar. La misma variedad y complejidad de la literatura en Francia es la que puede observarse en la historia, e iguales enseñanzas se desprenden de ambos órdenes —enseñanzas graves y terribles, colectivas— que pueblos con más instinto de conservación no se han descuidado en recoger.

Sirva de disculpa a mi intento de reseñar este período tan significativo para la historia como para el arte, el influjo perpetuo que las letras francesas han ejercido en España. Ni es este un fenómeno que se haya contraído a los cien años que trataré, pues sin remontarnos a las influencias medioevales y del Renacimiento, tan sorprendentes por su difusión en tiempos hasta anteriores a la imprenta, encontramos a Francia en el clasicismo y el enciclopedismo español.

Todavía, en el mismo instante en que esto escribo, puede afirmarse que de la producción literaria extranjera, digo literaria propiamente, apenas conoce España sino lo elaborado en Francia. Gire el que lo dude una visita a las librerías españolas, y, si a tanto alcanza su observación, registre también las inteligencias, y vea de qué jugo están más nutridas. Y no hablemos de las Américas españolas, donde el culto y la imitación de los maestros y de los epígonos de la literatura francesa ha llegado a extremos lamentables, sobrado comentados y conocidos. Quizás para las generaciones jóvenes del Nuevo Mundo, subyugadas por sus admiraciones hasta sacrificarles las preciosas prendas de la independencia y la sinceridad, prendas de valor inestimable en todos los órdenes de la vida, ofrezca algún provecho un análisis sereno y relativamente breve del movimiento que les arrastra. Tal es el fin a que he mirado al coordinar y dar forma muy distinta de la que tuvieron en un principio a estos apuntes, que sirvieron de base a mis lecciones en la cátedra de Literatura Extranjera Moderna, profesada en la Escuela de Estudios superiores del Ateneo Científico y Literario de Madrid, el primer año en que la Escuela funcionó, por iniciativa de mi ilustre amigo D. Antonio Cánovas. Solo expliqué entonces la materia de este tomo: el Romanticismo. Los estudios sobre la Transición, el Naturalismo y la Decadencia o Anarquía formarán otros volúmenes.

I

Orígenes. Los prerrománticos. Tendencias nuevas: El Instinto: Juan Jacobo Rousseau. La Naturaleza: Bernardino de Saint-Pierre. ¿Fue romántico Andrés Chénier?

Si la palabra *romanticismo* se ha definido de mil modos y en todos ellos hay su parte de verdad; si para unos es la juventud en el arte, para otros la infracción de las reglas, para Víctor Hugo el liberalismo, para la Staël la sugestión de las razas del Norte, y para un crítico moderno —perogrullescamente— lo contrario del clasicismo, con la historia en la mano no puede negarse que el romanticismo en Francia representa (entre otras secundarias) tres direcciones dominantes: el individualismo, el renacimiento religioso y sentimental después de la Revolución y el influjo de la contemplación de la naturaleza, unido a alguno menos importante, como el localismo pintoresco.

Este romanticismo francés, traído por circunstancias históricas, y no del todo castizo, es un fenómeno complejo y en él coexisten elementos del soñador romanticismo alemán, del tradicionalista romanticismo español, del esplenético romanticismo inglés, del patriótico romanticismo italiano, y, dentro de cada uno de estos romanticismos nacionales, de centenares de romanticismos individuales, comunicados a la colectividad. Tal vez es ocioso decir que el romanticismo moderno apareció en los países sajones antes que en los latinos, hogar de las letras clásicas. Francia no ha sido excepción a la regla, y más bien pudiera asegurarse que en ningún país latino fue más genuina la formación del ideal clásico, aunque, en la tradición artística y literaria francesa en la Edad Media, encontremos tan copiosos elementos románticos, que los poetas del Cenáculo, al contemplar a la luz de la luna las torres de Nuestra Señora de París, no hacían más que enlazar el pasado con el presente.

Al salir, después del Renacimiento, del período de imitación clásica y erudita, aparecieron de realce en Francia ciertas cualidades, por las cuales ha solido caracterizarse el genio literario francés. Dotes de claridad, de buen sentido, de gusto delicado, de ironía sin excesiva amargura, de crítica fina de la ridiculez humana, de equilibrio y disciplina, de orden en exponer, de método en componer; todo lo que pudiera llamare antirromántico, brilló en la literatura francesa durante sus siglos de oro, el XVII y la primera mitad del

XVIII. La agitación, más intelectual y política que literaria, que precede a la Revolución, rompe la armonía de aquella majestuosa literatura, tan enlazada al estado social, y el romanticismo brota sobre el terreno candente, obstruido por las ruinas y encharcado de sangre.

No ha faltado en Francia quien haya visto albores de romanticismo en los propios clásicos, en la honda psicología de Racine, en el nihilismo cristiano de Blas Pascal, en el desdichado amor de *Calipso* y hasta en la solemne melancolía de Bossuet. Por lo que hace a Racine, no dejo de compartir la idea. Racine fue un espíritu hondamente religioso, agitado por las tormentas de la pasión, y hasta se cree que por los tártagos del remordimiento. En su biografía sobreabundan los elementos románticos, y en su teatro, tan admirable, lo que corresponde al clasicismo es lo formal; lo esencial es romántico también. Quizás no exista, entre la hueste romántica, nadie que haya prestado al amor sentires más hondos y doloridos, y si por un lado Racine se acerca a los griegos, por otro es un moderno —lo más moderno que conozco— con vestidura de su época, naturalmente.

No olvidemos otra influencia prerromántica insinuante, exaltación de la sensibilidad en una época de seca galantería y helada corrupción: me refiero a las epistolistas, del género de la señorita de Lespinasse,[1] autoras de cartas apasionadas, mujeres que presintieron el código moral de la dilatada progenie de Rousseau, promulgado más tarde por *Lelia*; precursoras del dogma de la santidad de la pasión y de ese lirismo individualista que hace de un corazón eje y centro del mundo. En la confusión cada vez mayor que va a establecerse entre lo vivido y lo escrito, las Alcoforados que desde un claustro se derretían en incendiarias epístolas, los episodios pasionales, como el de Sofía y Mirabeau, las tiernas Aissés, iban a ejercer acción poderosa.

La Enciclopedia, o mejor dicho, el espíritu enciclopédico, que es centrífugo, irradiando más allá de la nacionalidad, sirvió de puente entre los últimos clásicos y la naciente ebullición romántica. En realidad, no hay cosa que parezca más opuesta al romanticismo que la Enciclopedia; y no solo lo parece, sino que, bien examinados los enciclopedistas, les penetra hasta la medula el clasicismo y el prosaísmo racionalista nacional. Sirvió, no obstante, para preparar la transición, mediante la tendencia anárquica, tan marcada en autores

---

1   Las cartas de la señorita de Lespinasse no vieron la luz hasta 1809. (N. del A.)

como Diderot, la importación de elementos ingleses y la agitación política y social.

Contemporáneo de los enciclopedistas, pero opuesto a ellos, es el que, con rara unanimidad, señalan los críticos como iniciador del romanticismo: el insinuante y contagioso Rousseau.[2]

Antes de hablar del iniciador del romanticismo, conviene que yo insista en algo ya indicado en el breve prefacio de estos estudios. Y es que si la ortodoxia crítica enseña a considerar el arte literario principalmente en su aspecto estético, hay momentos, o por mejor decir épocas, en las cuales lo histórico se sobrepone, y las obras de arte no pueden mirarse con el elevado desinterés con que miramos hoy una estatua griega, un vaso ítalo-etrusco o un tríptico medioeval. Desde la Enciclopedia, pasando por la Revolución y sus consecuencias, hoy plenamente desenvueltas en las corrientes sociales, rara será la página de literatura francesa en que podamos aislar de elementos extraños la belleza literaria. La estética pura murió con Luis XV. Resucitará algunas veces; vendrán las «torres de marfil», pero la marea lo arrastrará todo. En los siglos de oro, en las naciones sólidamente arraigadas, es donde florece la belleza con libertad mayor. Racine, al crear *Fedra*, no sufría la imposición de la lucha, la inquietud de la hora; solo el ardiente soplo de la musa le encendía el espíritu.

En general, no necesitamos conocer la biografía de los grandes artistas puros; debe bastarnos el examen de su labor; mas en el caso presente, la biografía y la individualidad adquieren importancia, solo comparable a la que revisten los escritos por su influencia en los sucesos. Sirva de excusa y pasemos adelante.

Menos que en nadie, pueden aislarse en Rousseau los escritos y la vida. Su carácter ha sido juzgado con merecida severidad, sin otra disculpa que la vesania: no recuerdo si Lombroso le incluye entre los matoides, pero sería justo. Elocuente y lírico y sentimental en medio de sus sequedades de corazón (a fuer de desequilibrado), habrán existido pocos escritores tan estrechamente dependientes del influjo de las circunstancias. Sus miserias físicas y morales forman parte de su retórica, como el cinismo de Villón formaba parte de su

---

2   Juan Jacobo Rousseau. Nació en Ginebra en 1712: murió en Ermenonville en 1778. (N. del A.)

poesía; hay, sin embargo, la diferencia de que en Rousseau, representante de los tiempos que advienen, se abre camino la tendencia (tan significativa dentro de la grave enfermedad moral contemporánea) a hacer la apoteosis de todos los instintos humanos, antes reprobados, y hoy sancionados, en el mero hecho de existir.

Es increíble la suma de elementos perturbadores que aporta Rousseau. Nótese lo que pesa en su vida el nacer plebeyo. Más tarde, los románticos, con Víctor Hugo a la cabeza, se preciarán de aristócratas; Béranger dará una nota original hablando de «su viejo abuelo, el sastre». Sin ser Rousseau el primer escritor salido de las filas del pueblo, es el que primero alardea de la soberbia demagógica que va a desplegar triunfalmente la Revolución, bajo el nombre de «igualdad».

Pechero en una sociedad linajuda; pobre con imaginación para soñar la riqueza; envilecido, depravado, y tal vez anómalo en su organismo; vago y buscavidas a lo Gil Blas, pero sin buen humor, que es género de resignación; aquí lacayo, allí dómine; enfermizo desde la cuna, hipocondríaco, presa del delirio persecutorio, nació Juan Jacobo para enseñar a un siglo la triste ciencia de devorarse el corazón, y para suscitar la «juventud que no ríe», los aburridos, los fatales, los frenéticos y los suicidas. Con tanto como se ha hablado de «la carcajada estridente» y del gélido escepticismo volteriano, hoy, pasada la hora de la negación frívola, y ateniéndose a lo real, se ve cuánto más corruptor es Rousseau y cuán larga la vibración de sus instigaciones. El heraldo de la nueva literatura no es el gran prosista autor de *Cándido*, sino el poeta en prosa autor de *La Nueva Eloísa*.

En un rasgo de lucidez crítica dijo de sí Rousseau que tenía alma afeminada. Así es el alma del romanticismo, o mejor dicho, del lirismo que inficiona a toda una generación. Es el alma típica del «enfant du siècle», de Rolla, de Wherter acaso. Se inicia el descenso de la masculinidad y empiezan las quejas, los llantos y las exhibiciones de lo íntimo, el ansioso llamamiento a la compasión humana. Rousseau, con *Las Confesiones*, lo inaugura. Ciertamente, hacía bastantes siglos, en una ciudad africana hoy devastada y en ruinas, se habían escrito otras *Confesiones*. Y no sé si hay algo más varonil que el espectáculo dado por el Obispo de Hipona al sacar de su culpa su grandeza moral, mediante el arrepentimiento fecundo. La novedad en Rousseau, ¡y qué transcendencia la de tal novedad!, es que no se arrepiente. «Somos así... ¿No lo sabíais? Pues hay que glorificar lo que es, únicamente porque es...». Y fluyen las corrientes de lenidad, el más activo agente de las disoluciones...

Rousseau fue un ídolo. El hijo del relojero ginebrino; el literato hambrón que vivía de copiar música, se apoderó del porvenir, no acusándose, sino exhibiéndose. —El ideal de la dignidad humana ha sufrido el primer bofetón: su calvario continuará—. Mientras los enciclopedistas pretendían instaurar a galope toda la ciencia y crear la Suma moderna, Rousseau, dejándose atrás el monumento de cartón, ahondaba en sí mismo —en un *yo* degradado—, y triunfaba. La revolución política y social, preparada por la Enciclopedia, vino impregnada de Rousseau; en ella y en la literaria perdura el impulso. Bárbaros sublimes como Tolstoy, que parecen magníficos osos polares, llevan en sí a Rousseau disfrazado, bajo una piel densa, que engaña.

Acaso un fenómeno psicológico provocante a risa, manantial de donaires para la musa cómica, fue uno de los factores literarios de Rousseau: la timidez. No la timidez delicada del que desconfía de sí mismo, sino la del exaltado amor propio. Temperamento muy combustible, espíritu sentimental —digan lo que quieran algunos críticos empeñados en negar a Rousseau hasta las cualidades de sus defectos—, solo en la literatura acertó a revelarse. Cohibido siempre ante las mujeres, y más cohibido cuanto más prendado, buscó desahogo en la música y en la página escrita, y así, finalmente, pudo conseguir la completa expansión presentida en la juventud y ansiada con entera conciencia en la edad madura. «Hago —decía en sus *Confesiones*— lo que no hizo nadie: mi ejemplo es único; muestro patente mi interior, tal cual lo has visto tú, ¡oh, Ser Supremo!». Y es verdad: antes de Rousseau no existían *pelícanos*. Después sí: larga serie de poetas veremos desfilar, arrancándose las entrañas para ofrecerlas al público sangrando aún. Y, a fuerza de mostrar, no serán solo las entrañas.

No queriendo citar de ningún autor sino las obras realmente significativas, de Rousseau señalaré las siguientes: *Discurso sobre las ciencias y las artes*, *Discurso sobre el origen y fundamentos de la desigualdad*, *Carta sobre los espectáculos*, *Emilio*, *La Nueva Eloísa*, *El Contrato Social*, *Las Confesiones*. Los cuatro últimos son libros innovadores y disolventes; *Emilio* desbarata la antigua pedagogía; *La Nueva Eloísa* abre senda a la pasión y entierra la galantería caduca, con ritornelos de minué; *El Contrato Social* prepara la obra de la Convención y la declaración de los *Derechos del hombre*; *Las Confesiones* fundan el subjetivismo romántico. No puede hacerse más con menos tinta.

Y cabe añadir: con menor cantidad de ideas. Contadas —pero de extraordinario dinamismo en aquel momento— fueron las propagadas por Rousseau, o mejor sus utopías. En distinta forma que Diderot, afirmaba la inocencia primitiva del hombre y un estado anterior a la civilización, en que todo era paz, pureza, armonía y virtud. La sociedad se encargó de pervertir a un ser venturoso y noble, muerto para la dicha y el bien desde que trocó la vida de desnudez en las selvas por la ignominia del traje. La cultura es el mayor enemigo de la verdad. Las ciencias y las artes, la literatura, los teatros, los museos, cuanto creemos que embellece el existir, lo corrompe y deprava. He aquí una de las ideas de Rousseau que trajeron más cola. Aun hoy andan glosándola los «futuristas». No es mucho que Voltaire, con la ironía de su perspicacia, dijese que al leer tales lucubraciones entraban deseos de ponerse a cuatro pies. La gente hizo más caso al utopista que al burlón. De esta concepción de los orígenes de la sociedad, que no parece sino inspirada en el que Cervantes llama inútil razonamiento de Don *Quijote* a los cabreros (tan acorde con las doctrinas de Rousseau hasta en lo referente a moral sexual), se derivó la filosofía del derecho político del *Contrato*, el individualismo socialista, la negación de la autoridad y de la propiedad y casi todo el movimiento social presente. Debe tenerse en cuenta que Rousseau no era realmente lo que se llama un revolucionario; no aconsejaba que se destruyese, antes que se conservase, lo existente; bien se lo echaron en cara sus amigos de un día, los que entonces ostentaban el calificativo de *filósofos*, y que, al contrario de Rousseau, creían firmemente en la necesidad de la convulsión política, en el advenimiento de tiempos mejores y en el triunfo final de la razón, mediante la libertad, panacea soberana. La distinción entre la democracia y el socialismo estaba iniciada desde el disentimiento de Rousseau y los enciclopedistas, y Proudhon no necesitó, para emitir su famoso axioma, sino empaparse en el *Discurso sobre el origen y fundamento de la desigualdad*.

El Contrato supone que el hombre, al asociarse —con plena conciencia de sus derechos—, ha pactado y estipulado condiciones. «Es —escribe Pablo Albert, severísimo censor de Rousseau— la supresión de la libertad en pro de la igualdad; la Esparta de Licurgo propuesta como ideal; la intolerable confusión de las sociedades modernas con las antiguas. Los ciudadanos espartanos tenían esclavos...; nosotros no; los esclavos sufrían el peso de la asociación, sin formar parte de ella». A pesar de fundarse en una hipótesis gratuita, la acción de *El Contrato* fue inmensa y duradera, así en los hechos históricos como en el pensamiento científico. Un sabio profesor español, Dorado Montero, ha podido decir con exactitud que fue el influjo de Rousseau tan absoluto y visible que no hubo pensador que se sustrajera a él, aun los que se proponían combatirlo; hallándose no pocos economistas y filósofos contemporáneos, más que inspirados, saturados de la doctrina de *El Contrato Social*.

La misma tesis que en los *Discursos* y *El Contrato* hállase en el *Emilio*. Puesto que el hombre nace bueno, que sus instintos natura les son sagrados, y es la sociedad la que le pierde, la mejor pedagogía será la que más le aproxime a la naturaleza. Dejar al niño entregado a su espontaneidad; suprimir castigo y premio; no darle enseñanza religiosa, ni científica, ni literaria. Al lado de tal sistema, que convertiría al alumno en un Segismundo, criado como las fieras en el bosque, hay en el *Emilio* algo muy provechoso a la generación que tan ávidamente leía y con tal fanatismo se dejaba guiar por la novela pedagógica de Rousseau. No me refiero a los preceptos concernientes a la lactancia materna, al aprendizaje de un oficio manual,[3] ni a la enseñanza intuitiva —aunque nadie pueda negarles originalidad en aquel momento–; aludo al sistema de fomentar el desarrollo físico y las energías vitales en el alumno; porque si bien se mira, y descartando afectaciones hoy candorosas, lo que se deduce del *Emilio* es la obediencia a las leyes naturales, y la máxima de que la *institución humana* debe anteponerse, y en último caso, sobreponerse a la *institución científica*. No he menester añadir que este principio late y predomina ya en los sistemas de educación de los países más vigorosos, por ejemplo, Inglaterra.

Considerando que el talento de Rousseau está más condicionado por los impulsos de la voluntad (en cuanto sentimiento) que por el raciocinio, no parecerá extraño que los libros suyos que conservan mayor frescura sean

---

3   Puede parecer curioso, como señal del eco prolongado que despertaron los escritos de Rousseau, que todavía las doctrinas del Emilio hayan sido causa de que, a mediados del siglo XIX, y en Galicia, el conde de Pardo Bazán, padre de quien esto escribe, a la vez que estudiaba Derecho, aprendiese el oficio de encuadernador. (N. del A.)

aquellos en que ni aun pretende filosofar: una novela y una autobiografía: *La Nueva Eloísa* y las *Confesiones*. Aunque el lirismo sensual de Rousseau asoma su oreja de fauno en otros escritos, en estos se ostenta con indecible seducción agitadora, más peligrosa cuando el romanticismo se acercaba. Los que hoy leemos a Rousseau estamos, por decirlo así, vacunados mediante una sueroterapia de lecturas sugestivas, y antes que a contagiarnos, propendemos a notar y satirizar el énfasis risible, la fraseología anticuada, la declamación, todo lo que marchita y encanece a un libro recargado de las sensiblerías de la época que, entre apologías de la inocencia y la virtud, iba a recibir de los Saint-Just y Robespierre, lectores de Rousseau, un baño completo de sangre; y con todo eso, en ciertos pasajes, por ejemplo, la Carta XIV y la XXXVIII de la primera parte de *La Nueva Eloísa*, o los recuerdos de la infancia en las *Confesiones*, nos sentimos subyugados y comprendemos la fascinación. La novela psicológica y pasional, que ha llegado actualmente a perfección intachable, no tiene el calor y la sinceridad íntima de *La Nueva Eloísa*, sin duda composición extravagante y quimérica, pero, en su primera parte, filtro. La vivacidad de las pinturas, que nunca rayan en impudor ni menos en grosería, debió de parecer, y era, decencia y delicadeza, en aquel siglo acostumbrado al desenfreno del estilo y a los madrigaletes eróticos; y Julia y Saint-Preux trajeron una ráfaga de ideal.

Es verdad trillada que a un escritor no se le comprende si no se le coloca en el ambiente de su época. Juan Jacobo, dado el tiempo en que vivía, no fue libre en la frase, si exceptuamos algunos pasajes crudos que se encuentran en las *Confesiones*. Su estilo revela, por el contrario, prurito de nobleza. A no ser así no se explicaría que subyugase la imaginación de las mujeres, encontrando en ellas rendidas admiradoras, sectarias incondicionales. Y no eran las mujeres del siglo de Rousseau ovejas del dócil rebaño. De Rousseau aprendieron el romanticismo de la maternidad, y las dos más ilustres literatas de Francia en este siglo, la Staël y Jorge Sand, en Rousseau se moldearon, sin hablar de aquella Roland, que reprodujo fielmente el tipo de *Julia*.

El estilo de Rousseau, musical y pintoresco, sujeto a la retórica de su época, la sufre impaciente y se desborda. Él hizo de la prosa y de la poesía dos hermanas siempre en litigio: la que llamamos prosa poética, con sus bellezas y sus intolerables defectos, es creación de Rousseau; la veremos llegar al límite de la sonoridad y del colorido en la pluma de Chateaubriand.

El ansia de expresar afectos y sueños que en la vida real la timidez comprimía dolorosamente; la protesta contra una sociedad a la cual oponía el estado primitivo, la idílica edad de oro, y el deísmo exaltado, el culto del *Ser Supremo* contra el de la *Diosa Razón*; estas tres formas del sentimiento y del pensamiento de Juan Jacobo, se reúnen para crearle iniciador del culto de la naturaleza, cuya vista y contemplación le causaba transportes semejantes a los transportes amorosos. También la afición al campo, para decirlo llanamente, se ha vulgarizado y ha llegado a ser patrimonio del último burgués; pero entonces la jardinería, como la pedagogía, se enterraba en un conjunto de reglas para recortar, alinear, desfigurar, en suma, la obra de Dios, y no era dogma establecido que el paisaje más hermoso es el más intacto. Sentir el campo como se siente la música, que arrulla y excita, que produce simultáneamente languidez y embriaguez, tampoco era entonces costumbre ni aun de los que se pasaban la vida rimando pastoriles simplezas. El paisaje escrito, como el paisaje pintado, es un fruto de nuestra edad. Rousseau trajo la llave de oro de un mundo mágico. Por vez primera un paisaje escrito fue «un estado de alma». Sobre el lienzo, Watteau había dado esta nota de profunda poesía; Rousseau la dio en el papel, abriendo la puerta a artistas que habrían de sobrepujarle en fuerza descriptiva y en resonancia del alma de las cosas: Bernardino de Saint-Pierre y Chateaubriand. No fue en Rousseau un lugar común de retórica aquel sentimiento de la naturaleza que comunicó a la literatura. Hay críticos que señalan como fecha memorable para la renovación literaria la del día en que madama de Warens dijo a Juan Jacobo, señalando a una florecilla azul: «¡Pervinca!», grito que Juan Jacobo repetía enajenado muchos años después. Y es que para su imaginación era un sortilegio la naturaleza. Él nos lo dice, en uno de sus momentos de plena sinceridad: «Mi fantasía, que se exalta en el campo y bajo los árboles, languidece y sucumbe en la habitación, bajo los pontones de un techo. Muchas veces he lamentado que no existiesen Dríadas; de seguro que entre ellas me hubiese fijado yo».

Aunque menos influyente que Juan Jacobo, el autor de *Pablo y Virginia*[4] es tipo expresivo; en él se ve con claridad la transición del siglo XVIII al XIX. He aquí la fácil genealogía de *Pablo y Virginia*: esta novela es hija de *Robinsón*, madre de *Atala* y abuela de *El casamiento de Loti* y *La señorita Crisantelmo*. En las letras no hay generación espontánea; todo libro nace de otro libro, toda idea de otra idea (sin detrimento de la verdadera originalidad, que consiste en el *carácter individual* de las obras).

Bernardino de Saint-Pierre aplicó la utopía de Rousseau, pintando el amor lejos de la sociedad, que todo lo marchita y corrompe. Los criollos *Pablo y Virginia*, inocentes capullos acariciados por la brisa de los trópicos, cargada de aromas de limonero en flor, al ponerse en contacto con la sociedad, sucumben. Tal es el asunto del idilio que hizo derramar lágrimas al oficial de artillería que se llamaba Napoleón Bonaparte El autor traducía en el tierno episodio, entresacado de los *Estudios de la naturaleza*, sus propias aspiraciones: toda la vida soñó Bernardino poseer una isla desierta como la de *Robinsón*, fundando en ella una colonia para refugio de las gentes desgraciadas, *virtuosas* y *sensibles*, y ejerciendo la dictadura; quimera que estuvo a pique de convertirse en realidad cuando esperaba de la gran Catalina de Rusia, enamoriscada de él, según dicen, una concesión de terreno a las márgenes del lago Aral, donde renovar la edad de oro e instituir, el Edén. Aunque misántropo y alucinado como Juan Jacobo en la segunda mitad de su vida, no fue tan amargo ni tan receloso Bernardino; conoció afectos de familia, y su inspiración bucólica, oreada por el soplo de la musa de Virgilio, hizo de él un paisajista incomparable. Sus paisajes son sobrios, finos de color (como diríamos hoy), dulces, blandos; sus comparaciones siempre felices y apropiadas, y su fantasía casta, melancólica y riente a la vez. Modelo de belleza tomada directamente de la naturaleza misma, es aquel encantador pasaje referente a la niñez de *Pablo y Virginia*, a aquella intimidad en la cuna que les predestina, por decirlo así. Todavía hoy se lee con delicia la comparación de los dos brotes de árbol, y encanta la miniatura de los dos niños «desnudos, que apenas pueden andar, cogiditos de la mano y por los brazos, como suele representarse la constelación de Géminis».

---

4   Bernardino de Saint-Pierre. Nació en el Havre en 1737: murió en Evagny en 1814. (N. del A.)

Del que escribió un idilio tan tierno y supo despertar la sensibilidad y hacer derramar más lágrimas por la criolla Virginia que nunca fueron derramados por la griega Ifigenia, se ha dicho lo mismo que de Rousseau: que su vida estaba en abierta contradicción con sus escritos, su estilo con su verdadero carácter. Apologista del amor puro y desinteresado, Bernardino de Saint-Pierre se pasó la mocedad, y aun la edad madura, buscando boda fastuosa, mujer rica e ilustre. Su hermosa presencia le prometía en tal aspiración feliz suceso; pero lo cierto es que Bernardino de Saint-Pierre consiguió triunfos de galantería, sin lograr el casamiento brillante con que soñaba. Si la princesa rusa María Miesnik accede a santificar ante el ara unas relaciones secretas, es probable que los *Estudios de la naturaleza* jamás hubiesen visto la luz.

Lástima grande sería, porque Bernardino de Saint-Pierre, cuyo mal sino literario —dice con razón un eminente crítico— ha sido llegar a la palestra después que Rousseau y antes que Chateaubriand, es superior a aquel por la precisión y acierto del pincel, y a este por la suavidad y delicadeza del sentimiento. Muy olvidado está hoy, y hasta puede decirse que una capa de suave ridiculez ha caído sobre la historia de *Pablo y Virginia*; pero ¿acaso se lee más *La Nueva Eloísa*? ¿Acaso el ardoroso episodio de *Veleda*, acaso los amoríos y la muerte de *Atala* no duermen en el mismo cenotafio, donde, excepto contadas obras señaladísimas del humano ingenio, paran todos los libros que un día agitaron el espíritu y concretaron el ensueño de una generación? Cada libro eficaz produce un movimiento, hace pensar o sentir, o las dos cosas a la vez; y, causado lo que causar debía, va primero a la penumbra, luego a la sombra. Su efecto continúa, manifestado en otros libros, en la impulsión general de una época. La primer prolongación visible de la escuela de Saint-Pierre son Chateaubriand y Lamartine.

Lo mismo que Rousseau, Bernardino de Saint-Pierre era deísta, admirador de la obra divina, convencido de su finalidad, que predicaba sin descanso; y estos deístas de fines del siglo XVIII, de un racionalismo optimista y reverente, fueron tal vez precursores de la gran reacción católica, bajo el romanticismo. En sus *Estudios de la naturaleza*, Bernardino de Saint-Pierre fustigaba a los ateos, y esta obra, demostración sistemática del orden providencial en lo creado, vino a su hora, antes del *Genio del Cristianismo*; no es extraño, sino característico de aquel momento, que, por ella, el clero pensase señalar una pensión a Saint-Pierre, considerándole el mejor apologista de la verdad contra los enciclopedistas y contra Buffon.

Entre los precursores del romanticismo hay quien cuenta a Andrés Chénier:[5] yo no veo en él, salvo el espíritu de independencia, elemento romántico alguno.[6] En los parnasianos podría comprobarse influencia suya: no en Chateaubriand, ni en Lamartine, ni en Hugo, ni en Musset. A pesar de la autoridad de Sainte Beuve, que no se equivocó en esto solo, y que por otra parte multiplica los distingos; a pesar del culto que algunos románticos consagraron a la memoria de Chénier sin imitarle, el autor del *Oaristis* no es sino el último clásico, si esta palabra no se toma en un sentido estrecho y no se reduce a lo que significaba allá por los años de 1830, entre el fragor de la batalla. El error de afiliar a Chénier en la falange romántica tal vez nace del dramático fin del poeta. Precursor nunca podría haberlo sido: sus poesías no vieron la luz hasta un cuarto de siglo después de su muerte; antes de su publicación se escribieron las *Meditaciones* de Lamartine. Que se recibiesen con admiración las poesías de Chénier, nada tiene de extraño; al fin picaba más alto que el criollo Parny y que Delille: era justo saludar a aquella musa semi-helénica, vigorosa, estatuaria, joven con la eterna juventud de la hermosura y de la serenidad griega, graciosa y tierna al estilo de la antigüedad, y vibrante además, como moderna al fin, como impregnada, a pesar de un ideal de tranquila moderación, de las esperanzas y los dolores de su edad. Mas de esto a que influyese en el romanticismo, de esto a que apareciese renovando la poesía francesa, va gran distancia, aun consideradas sus innovaciones rítmicas y reconocida en él más libertad de forma que en el mismo Lamartine. Lo romántico de Chénier fue su muerte. Cada período literario tiene sus modas, y así como en tiempo de Rousseau y Bernardino de Saint-Pierre se estilaban las islas desiertas o pobladas de virtuosos salvajes, en 1820 los poetas incomprendidos y sacrificados: Chénier se convirtió en el «cisne que asfixia la sangrienta mano de la revolución». Así le pinta Alfredo de Vigny en su novela

---

5   Andrés María de Chénier. Nació en Constantinopla en 1762: murió en París en 1794. (N. del A.)

6   La opinión que aquí formulo sobre Chénier figuraba en mis Lecciones del Ateneo, profesadas hace años. Me ha confirmado en ella ver que es la del eminente Brunetière, expresada en recientes estudios. (N. del A.)

simbólica *Stello*. Y es el caso que el cisne, según refieren sus biógrafos,[7] era un hombre asaz feo, atlético, robusto; que la Revolución no le arrancó de su nido para acogotarle, pues él estaba metido hasta el cuello en la batalla, y no era menos revolucionario, aunque no fuese terrorista, que los que le enviaron a la guillotina. Bella es la muerte de Andrés Chénier, y digno de un contemporáneo de Leónidas el modo como la arrostró, despreciándola; pero en nada se parece al lánguido cisne del romanticismo el que escribe desde la prisión: «Solo siento morir sin revolcarles en el fango, sin vaciar la aljaba». «¡Oh mi tesoro, pluma mía, hiel, bilis, horror, númenes de mi existencia! ¡Solo respiro por vosotros!».

Si el vino poético de Andrés Chénier procede de un ánfora antigua, su pensamiento es de su tiempo, y lo es hasta en los resabios y amaneramientos, marca indeleble del siglo XVIII; late en él el espíritu de la Enciclopedia. Chénier era, dice Chênedollé, *ateo con delicia*; uno de aquellos ateos estigmatizados por Bernardino de Saint-Pierre y Rousseau. La fe le parecía superstición, los sacerdotes embaucadores de oficio; y para que no le falte requisito alguno, sépase que uno de aquellos ardientes metales que Chénier tenía preparados con el fin de fundir campanas rivales del trueno, era un poema condenando las supuestas tropelías y atrocidades de los españoles en América, por lo cual debemos congratularnos de que tan denigradora y calumniadora campana no haya llegado a fundirse, y repetir, con distinto motivo, las palabras de Alfredo de Vigny. «Me siento consolado de la muerte de Andrés Chénier, ahora que sé que el mundo que se llevaba a la tumba era un poemazo interminable titulado *Hermes*. Iba a desmerecer; allá arriba lo sabían, y le pusieron punto final».

---

7   Paul Albert: La litterature française au XIXe siècle. (N. del A.)

II

El renacimiento religioso: Chateaubriand. Los primeros apologistas católicos y monárquicos: Bonald y de Maistre. Influjo del Norte: el osianismo. Influencias europeas: Madama de Staël

Aunque en Francia existía, desde la Edad Media y desde la pléyade ronsardiana, fuego escondido de romanticismo, y a pesar de los precursores, Dios sabe cuánto tardaría en alzarse la llama, a no ser por los cataclismos que cuartearon la tierra. Es preciso recordar el estado de Francia antes de 1793, y cómo lo que luego se llamó *antiguo régimen* había formado a su imagen y semejanza la literatura. Cierto que en los últimos años del reinado de Luis XV y en el de Luis XVI principió a disolverse la unidad y a alterarse la armonía; pero con grietas y todo, estaba en pie el sólido edificio, imponente por la regularidad de sus columnatas, la grandeza de sus pórticos, la elevación de sus techos de cedro, la majestad de sus cúpulas de mármol y la elegancia de sus estatuas y vasos de alabastro, enredados de floridas guirnaldas. Sin figuras: Francia, antes de la Revolución, era coherente, católica, monárquica, académica, cortesana, culta, sujeta naturalmente al principio de autoridad en los diferentes órdenes de la vida; su literatura, fruto de semejante estado social, tenía, por lo mismo, hondas raíces, era nacional y orgánica. Las revoluciones no se cuidan de renovar las letras, que se renuevan sin embargo; los revolucionarios en política suelen ser conservadores y hasta reaccionarios en literatura; si la república roja trajo una literatura nueva fue por casualidad, a despecho del clasicismo a que los terroristas rendían parias; pero lo que estaba latente, lo desató la Revolución, con las matanzas, los regicidios, la proscripción de la nobleza, las guerras civiles y de la frontera, la mascarada del Directorio y la epopeya del Imperio.

El breve período de la Revolución es sobrado conocido para insistir en detallarlo. Ni importa a mi asunto más que una consideración: la del estado moral de Francia cuando, desangrada y rendida, se entregó sin condiciones a Bonaparte. Que lo explique un elocuente párrafo de Lamartine: «Los terremotos causan vértigo: el pueblo, viendo derrumbarse a la vez, el trono, la sociedad, los altares, creyó que venía el fin del mundo. El hierro y el fuego habían devastado los templos; la impiedad había renovado las persecuciones; el hacha había herido al sacerdote; la conciencia y la oración tuvieron que ocultarse como crímenes; *Dios era un secreto* entre el padre, la madre y los hijos; la persecución hizo al sacerdote simpático, la sangre santificó el martirio; escombros de templos cubrían el suelo y parecían acusar de ateísmo a la tierra. El mundo estaba triste, como suele estar después de un gran sacudimiento; inquieta melancolía reinaba en la imaginación, y se esperaba un oráculo que revelase al género humano el porvenir». En sazón tan propicia apareció el vizconde de Chateaubriand con el *Genio del Cristianismo*.[8]

¡Cuán lejos de nosotros está ya el memorable libro! El autor mismo pudo presenciar su caída y lamentarla. «Publiqué el *Genio del Cristianismo* —exclamaba, con mal reprimida amargura— entre las ruinas de los templos. San Dionisio yacía abandonado: Bonaparte no pensaba aún en que necesitaría sepultura. No se veían más que escombros de iglesias y monasterios, y se tomaba a diversión ir a pasearse entre los derribos... Estos tiempos han pasado; veinte años han corrido; vienen nuevas generaciones; gozan de lo que otros prepararon, y no recuerdan lo que costó la lucha. Han encontrado a la religión libre de los sarcasmos de Voltaire; a los jóvenes atreviéndose a ir a misa; a los sacerdotes rodeados de respeto, y creen que el milagro se hizo solo, que en esto no intervino nadie...».

Notemos, antes de proseguir, un rasgo de la figura de Chateaubriand. O mucho me equivoco, o es el primer ejemplar de un tipo que reapareció en España después de 1868 y fue llamado *apóstol laico* y *obispo de levita*. Aún no he acabado de decirlo, y ya recuerdo diferencias marcadísimas; y me apresuro a corregirme y distinguir, declarando que Chateaubriand fue únicamente el primer escritor laico que tuvo carácter de apologista del cristianismo, y que el papel de *obispo de levita*, inadecuado a su condición, quisieron encomendárselo las pasiones de partido, ávidas de estrujar hasta la última gota aquel talento poderoso, que hizo en un solo día, con un puñado de hojas impresas, obra más universal que Napoleón volviendo a abrir al culto el templo de Nuestra Señora. No pudo Chateaubriand desempeñar el

---

8   Francisco Renato de Chateaubriand. Nació en San Malo en 1768: murió en París en 1848. (N. del A.)

papel: no tenía las virtudes de un santo para confundir a sus enemigos, que tampoco eran santos; de aquí el descrédito inmediato de su obra apologética. Triste suerte la de estos libros de circunstancias, que, pasada la sazón, ni se les agradezca la oportunidad.

Recordemos de dónde venía el nuevo Padre de la Iglesia. Chateaubriand, que cuando publicó el *Genio* tendría, poco más o menos, la edad de Cristo, era un hidalgo bretón, de familia más rica en blasones que en hacienda, y por supuesto, legitimista y católica. Su niñez corrió a orillas de un mar donde arrulla la triste sirena del Norte, o bajo los centenarios árboles del castillo de Comburgo, residencia muy nostálgica, al borde de un lago. Una de sus primeras lecturas fueron las obras de Juan Jacobo, que le calaron hasta los huesos; por mucho que renegase después de tal influencia, nunca pudo echarla de sí. Por eso quizás su catolicismo anduvo siempre un poco «agusanado», y por eso no fue tan fecunda y salvadora su acción. No le había perdonado el contagio sutil.

Predispuesto por la raza, la familia y el medio a la melancolía, y organizado para cultivarla, Chateaubriand aparece atacado —desde el vientre de su madre, dice él, pero seguramente desde la pubertad— de ese padecimiento que se ha llamado *el mal del siglo*, aunque se encuentra bien diagnosticado en el Eclesiastés: el tedio, el hastío, la convicción de lo inútil y vano de la existencia, que Salomón conoció después de agotar placeres y grandezas, y Chateaubriand, más desgraciado, probó cuando apenas empezaba a vivir. Analizando el alma de *René* —dice su mejor biógrafo— se encontrarían tres resortes o móviles esenciales:[9] el hastío, insaciable y tenaz, el deseo, rápido como un relámpago, y el honor caballeresco, que se traduce en orgullo. El que iba a reconciliar a su patria con el cristianismo, empezaba por donde había acabado Rousseau; tenía ya sobre su conciencia una tentativa de suicidio —además de un sueño incestuoso—, y le faltaba el noble, el cristiano arrepentimiento de Agustín.

Cuando se embarcó para América, llevaba, ya que no las ilusiones saturnianas de Bernardino de Saint-Pierre, por lo menos una viva esperanza de inventar tierras, de desflorar comarcas, de saludar, como admirador entusiasta de *Pablo y Virginia*, una naturaleza virgen, que brindase líneas y colores

---

9   Sainte Beuve: Chateaubriand et son groupe littéraire. (N. del A.)

a su paleta. Inverosímil parece que Chateaubriand solo pasase en el Nuevo Mundo, que tanto lugar ocupa en sus obras, ocho meses a lo sumo. Una noche, a la luz de la hoguera del campamento, leyó un pedazo de periódico que refería el cautiverio de la familia real y los progresos de la revolución. Sin vacilar, el hidalgo legitimista regresó a Francia y se presentó en el cuartel general de los príncipes. Llevaba en su mochila el manuscrito de *Atala*. Enfermo, extenuado, poco faltó para que sucumbiese en una marcha forzosa; y Sainte Beuve, aunque severo para Chateaubriand, al relatar este episodio se pregunta a sí mismo, sobrecogido de respeto involuntario, ¡cómo sería el siglo XIX a faltar tal eslabón de la cadena, a perecer hombre tal antes de que el mundo le conociese!

Mal restablecido pasó Chateaubriand a Londres, donde escribió un libro, el *Ensayo sobre las revoluciones*, que era la escoria depositada en su mente por el siglo XVIII, escoria que necesitaba echar fuera; uno de esos libros exteriores a su autor —por decirlo así— que no revelan la personalidad, sino la presión de un ambiente. La muerte de su madre, la de una hermana, le hirieron en el corazón; lloró y creyó; son sus palabras. Alguien ha negado la sinceridad de esta conversión nacida del sentimiento; yo la encuentro, dado el carácter altanero de Chateaubriand, mucho más verosímil que una hipocresía y una comedia repugnante. Que su fe no pudiese parangonarse con la de un San Agustín; que fuese muy débil y muy pecador *René*, nadie lo negará; sin embargo, su imaginación y su voluntad de artista pertenecen al catolicismo, y no hay medio de ver calculado embuste en protestas tan enérgicas. «No soy —exclama— un incrédulo con capa de cristiano; no defiendo la religión como un freno útil al pueblo. Si no fuese cristiano, no me tomaría el trabajo de aparentarlo: toda traba me pesa, todo antifaz me ahoga; a la segunda frase, mi carácter asomaría, y me vendería. Vale poco la vida para que la rebocemos en una farsa. Y ya que por afirmar que soy *cristiano* hay quien me trata de *hereje* y de *filósofo*, declaro que viviré y moriré *católico, apostólico, romano*. Me parece que esto es claro y positivo. ¿Me creerán ahora los traficantes en religión? No; me juzgarán por su propia conciencia». Por lo menos, le creyeron críticos que no se pasan de candorosos, y la caridad nos mandaría que le creyésemos también, si el juicio no bastase para enseñarnos que, a pesar de ciertas aleaciones sospechosas, la obra literaria de Chateaubriand cristiana, es, en conjunto; no pagana ni racionalista. Cristiana, como pudo serlo en la hora que Dios señaló a su aparición, providencial en cierto modo; y tan cristiana, que solo por al cristianismo llegó el romanticismo, siendo así que en estética Chateaubriand no soltó nunca los andadores clásicos, ni vivió un minuto en la Edad Media, cuya belleza no comprendía.

De vuelta a Francia Chateaubriand, preparó la publicación del *Genio del Cristianismo*, y antes la del episodio de *Atala*, del cual luego hablaremos, y que cuantos escriben acerca de Chateaubriand comparan a la paloma del Arca portadora del ramo de oliva, así como el *Genio* representa el arco iris, señal de alianza entre lo pasado y lo porvenir. Fue la aparición del *Genio* un maravilloso golpe teatral; anunciose al público la obra el mismo día en que Napoleón hizo que bajo las bóvedas de Nuestra Señora se elevase el solemne *Te Deum* celebrando el restablecimiento del culto. En aquella ocasión Chateaubriand llamaba a Bonaparte «hombre poderoso que nos saca del abismo»; verdad que entonces no había fusilado al duque de Enghien. El efecto del libro fue inmenso: ni cabía más oportunidad ni más acierto en la hora de lanzar una apología completa, poética y brillante de la religión restaurada. Con el *Genio del Cristianismo*, Chateaubriand sentaba la piedra angular de aquel magnífico renacimiento religioso que se extendió a toda Europa, y que, por no citar más que nombres familiares, produjo en España la filosofía de Jaime Balmes y las teorías de Donoso Cortés.

Como este libro apenas se lee ahora, diré que es una apología o demostración de las creencias religiosas por medio del esplendor de su hermosura. Divídese en cuatro partes. La primera trata de los misterios y sacramentos, de la verdad de las Escrituras, del dogma de la caída, de la existencia de Dios demostrada por las maravillas de la naturaleza —asunto favorito para un paisajista incomparable— y de la inmortalidad del alma, probada por la moral y el sentimiento. La segunda abarca la poética del cristianismo, de las epopeyas, de la poesía en la antigüedad, de la pasión, de lo maravilloso, del *Deux ex machina*, del Purgatorio y del Paraíso. La tercera trata de las Bellas artes: escultura, arquitectura y música; de las ciencias: astronomía, química, metafísica; de la historia; de la elocuencia; de las pasiones; la cuarta del culto, de las ceremonias, de la liturgia, de los sepulcros, del clero, de las órdenes religiosas, de las misiones, de las órdenes militares y, en general, de los beneficios que al cristianismo debe la humanidad.

No cabe plan más vasto ni más alta ambición: es el mismo ideal de la Edad Media, la gran Suma, la Enciclopedia católica opuesta a la Enciclopedia negadora e impía; y en verdad que si Chateaubriand hubiese llenado este cuadro inmenso, en relación a nuestra edad, como Dante llenó el de la Divina Comedia en relación a la suya, Chateaubriand no sería un gran escritor, sería un semidiós.

Si hoy recorremos las páginas de ese libro que removió a su época, que fue «más que una influencia», dice Nisard, nos cuesta trabajo comprender su acción: solo vemos sus defectos, la estrechez de sus juicios estéticos y literarios, cuyo mezquino clasicismo demuestra hasta qué punto Chateaubriand era ajeno al espíritu del romanticismo, e inconsciente al fundarlo, la endeblez de las pruebas, la frialdad del estilo, lo trillado de los razonamientos, lo superficial de la doctrina. Es preciso, para que nos pongamos en lo justo, recordar que el *Genio del Cristianismo*, menos duro de roer que la *Divina Comedia*, no ha cesado de servir de texto fácil y de ser diluido y saqueado en el púlpito y en la prensa católica, como advierte el mismo Chateaubriand; por eso nos parece que está atiborrado de lugares comunes, sin fijarnos en que no lo eran, sino al contrario, novedades originalísimas, cuando aún enturbiaba el aire el polvo de las demoliciones de los templos. Una labor más fina, una dialéctica más acerada y altiva, una erudición sobria, pero más segura; una crítica más honda, un soplo más directamente venido de las cimas y del cielo, no conseguirían entonces lo que consiguió la obra de vulgarización religiosa de Chateaubriand.

Recibiéronla sus contemporáneos como la tierra seca recibe en estío el riego; la absorbieron con avidez. No hubo al pronto disidentes, o si los hubo no se atrevieron a levantar la voz; las críticas, algunas justas, fueron ahogadas; ¡el *Genio del Cristianismo* armonizaba tan bien con las necesidades del momento, con las miras de Napoleón y el temple conciliador del Concordato! La catolicidad de la obra cooperó a difundirla y a convertir un acontecimiento literario en acontecimiento religioso: cuando Chateaubriand, nombrado secretario de Embajada, pasa a Roma y solicita del Papa una audiencia, encuentra al Vicario de Dios leyendo el *Genio del Cristianismo*.

Nótese bien que un triunfo de esta clase no se parece a los triunfos literarios que presenciamos hoy. Ningún escritor moderno puede esperar que su mejor obra sea recibida como el maná; insensato el que soñase con el doble lauro de restaurar o vindicar la religión y a la vez renovar la poética y las corrientes literarias. No se reproducirá probablemente el caso del *Genio del Cristianismo*: al contrario, según el siglo adelanta, la literatura va especializándose y aislándose hasta convertirse en lo que califica un donosísimo escritor[10] de mandarinato: camino lleva de que lleguen a leerla solo los que la producen. Tampoco Chateaubriand podrá jactarse de conseguir dos veces en su vida tan feliz conjunción de astros. Siete años después de la publicación del *Genio* da a luz la que cree su obra maestra, una epopeya concebida entre los esplendores de Roma, en el seno del catolicismo; una composición, sin género de duda, superior al *Genio*, aplicando las teorías expuestas en él: no incoherente, como *Los Natchez*, sino armónica, depurada, fruto de una madurez todavía juvenil: el poema de *Los Mártires*, embellecido por los castos amores y las gentiles figuras de Eudoro y Cimodocea, enriquecido como diadema de oro con una perla, con el episodio de Veleda, breve y admirable; saturado de esas comparaciones y de esas imágenes que Chateaubriand rebuscaba en Homero y conseguía engarzar en su estilo con encanto, si no con la sencillez augusta del inimitable modelo; poema, en suma, que marca el apogeo de un talento y la plenitud de una manera elevada y brillantísima. Pero el filtro ya no actuaba, el círculo mágico se había roto; el momento era distinto; la Revolución, semiaplastada, removía sus miembros de dragón que tiene siete vidas; las críticas fueron acerbas y crueles, tibio el entusiasmo; el público, según el dicho de Chenedollé, se venga en las reputaciones adultas de las caricias que les prodigó cuando estaban en la niñez. Hubo quien calificó a *Los Mártires* de «necedad de un hombre de talento», y Chateaubriand, con el corazón ulcerado, se despidió de las musas en las páginas del *Itinerario*. Resolvió consagrar la segunda mitad de la vida a la política y a la historia.

No nos despidamos nosotros todavía de lo que verdaderamente inspiraron a Chateaubriand las musas: *Atala*, *René* y el episodio de *Veleda*. Ni *Los Natches*, aquel largo poema destinado a rivalizar con los insoportables Incas de Marmontel; ni el *Genio del Cristianismo*, ni *Los Mártires*, ni el *Itinerario*,

---

10   Lemaitre. (N. del A.)

conservan su ascendiente; pero en la amante de Chactas; en el mísero hermano de Amelia; en la druidesa de la isla de Sen y en el último Abencerraje persiste esa vitalidad singular que el arte comunica a sus creaciones, más duradera que el soplo fugaz prestado por la naturaleza al organismo físico de las criaturas. El romanticismo, como escuela literaria, ha pasado, aunque dejando raíces y retoños de nuevas primaveras; pero hay, y es preciso que lo reconozcamos hasta los más prendados de la realidad, un romanticismo natural y eterno, que nos permite comprender y saborear lo mismo el episodio de Ugolino en la *Divina Comedia*, que los funerales de *Atala* o el cuadro de Veleda pasando el lago en su barca entre el fragor de la tempestad. El juicio crítico puede reconocer los errores, los anacronismos, las inverosimilitudes de los episodios de René y *Atala*; puede condenar severamente que una apología del cristianismo incluyese la perturbadora historia del corazón de René, amasado de orgullo y de miseria, dice el mismo autor; puede enterarnos de que Chateaubriand, que tan arrebatadora descripción hace del río Missisipí, no lo había visto nunca, pues a lo sumo habría descendido en parte la corriente del Ohío; puede dar por imaginarios los osos beodos de tanto comer racimos, los papagayos verdes con cabeza amarilla, los flamencos rosa; puede asombrarse de que un salvaje como el Sachem ciego haya visto representar tragedias de Racine y escuchado las oraciones fúnebres de Bossuet; todo ello no importa; la verdad de *Atala* y de René, sobre todo de René, está más adentro, en la imaginación, en el sentimiento lírico, en la correspondencia del alma con la voz del poeta. No hay que negar a Chateaubriand este dictado porque escribiese en prosa: una prosa como la suya tiene derecho a desdeñar el verso, pues lo eclipsa. Su fantasía es un miraje en el mar; su estilo, rico en colores, musical, sugestivo, va directamente a los nervios, y de los nervios al alma, especie de Roma, ya que se puede ir a ella por todas partes.

Cuéntase que Bernardino de Saint-Pierre, molestado por la fama de Chateaubriand, como este más tarde por la de Lamartine, dijo en cierta ocasión: «No es extraño que se le vea más que a mí; yo solo usé el pincel, y él usa la brocha». Así cada generación reniega de la que le sigue; a su vez Chateaubriand detestaba a sus descendientes, legítimos representantes del romanticismo, devorados por el buitre de Prometeo. No tenemos para qué seguirle a la arena política, en que entró desnudando aquel puñal que, según frase de Lamartine, llevaba cosido al forro de su ropa, y que según el dicho de Luis XVIII valía por un ejército: la terrible invectiva titulada *De Bonaparte y de los Borbones*. Dejémosle luchar y envejecer de mala gana y contra todo su talante, siempre altanero y melancólico, asociando su prestigio de ex-rey de las letras al de una ex-reina de la hermosura, hasta que las olas del mar —que de niño le entristecieron el alma—, al azotar su tumba abierta en un escollo y señalada por una cruz, arrullen su eterno sueño.

Antes de que apareciese en el horizonte Chateaubriand, romántico a pesar suyo, ya los excesos del Terror y la impresión trágica de las jornadas revolucionarias habían removido en las almas el sedimento religioso, y producido repentinas conversiones, como la del acerbo y mordaz crítico La Harpe, que se volvió a Dios con el alarde de un Saulo perseguidor, herido por el rayo de luz y arrepentido. Las persecuciones, como siempre sucede, aureolaban de poesía a la fe, exaltando los ánimos y predisponiéndolos al lirismo cristiano. La época era propicia a los apóstoles de la palabra, de la estrofa y del libro.

Merced a la libré expansión romántica, el sentimiento religioso renaciente se dividió ya desde un principio en dos razas: la objetiva o apologética, la individual o subjetiva. Las dos pueden fundarse en el *Genio del Cristianismo*, si bien la segunda encontró su expresión culminante en Lamartine.

A la cabeza de la primera dirección encontramos a dos grandes teóricos y publicistas: Bonald y De Maistre. Bonald,[11] en el sangriento año de 1793, iba a cumplir cuarenta, de suerte que pudo fijar en la Revolución desencadenada y triunfante la severa ojeada de la edad madura. Había servido en los mosqueteros; combatido y seguido las enseñas de Condé; fijándose después en Heildeberg, desde donde lanzó, en 1796, a la publicidad y a la polémica su *Teoría del poder político y religioso*. El orden restablecido por Bonaparte le permitió regresar a Francia, y, transigiendo con el Imperio, no perdió la querencia a los Borbones. Dícese que esta adhesión de Bonald a la familia desposeída procedía de una sonrisa dulce, de unas palabras bondadosas que antaño, en los albores de su reinado, le había dirigido María Antonieta: que esto pueden conseguir con poco esfuerzo los reyes, y las reinas más aún. Espíritu austero y religioso sin hipocresía, los biógrafos de Bonald recuerdan

---

11 Ambrosio de Bonald. Nació en Milán en 1754: murió en París en 1840. (N. del A.)

que, entrando en una iglesia de Heildeberg acompañado de sus dos hijos, como leyese en el altar mayor la inscripción latina *Solatori Deo*, dijo gravemente: «Hijos, estas palabras son para los emigrados». Tantos dolores, tantas luchas, tantas heridas mortales, no podían, efectivamente, hallar consuelo eficaz más que en Dios.

De la *Teoría del poder*, confiscada por la policía del Directorio, había recibido un ejemplar el General Bonaparte: árbitro ya de los destinos de Francia, después del 18 de Brumario, borró de la lista de emigrados al autor. Bonald regresó a Francia y se dio a combatir en *Los Debates* y en el *Mercurio* las ideas revolucionarias. Las escaramuzas en la prensa fueron anuncios de su obra más importante, *La legislación primitiva*. En este libro, que más que a la historia literaria pertenece a la historia del pensamiento, Bonald combate la soberanía del pueblo, funda la sociedad en el derecho divino, hace a Dios fuente de todo poder y acaba por decir: «La Revolución, que ha empezado declarando los derechos del hombre, solo acabará cuando se declaren los de Dios». No nos importa juzgar aquí al teórico: en España hemos tenido, y tenemos, partidos políticos inspirados en el credo de Bonald, y que han realizado el aparente imposible de exagerar sus principios. En el orden filosófico, son patrimonio de Bonald la hipótesis atrevida de la revelación del lenguaje, la del origen de la sociedad en la organización de la familia, en el poder y la fuerza, en la paternidad y la dependencia opuestas a la igualdad y la fraternidad, todo ello iluminado por la mística luz de una síntesis *triple*: la causa, el medio, y el efecto; el padre, la madre y el hijo; Dios, el Verbo y el mundo: concepción cuya grandeza es imposible desconocer, y que solo peca por sobra de lógica, y porque es una abstracción —lo más peligroso en política—.

Es el estilo de Bonald de dórica sencillez, escueto y sin galas, como si las desdeñase; carece de gracia, de aticismo, de esa especie de *unción* que atrae y cautiva. Sus raciocinios son complicados; pero —dice un crítico que no le ha juzgado con excesiva blandura—[12] a veces la cadena de su argumentación se suelda a una fórmula que brilla como un anillo de oro, y sus sentencias se imponen como oráculos. Sabía perfectamente Bonald que no había nacido para *agradar*; era de los que cultivan la impopularidad como otros la simpatía; profesaba el axioma de que la belleza, en todos los órdenes, reviste

---

12   Merlet. Tableau de la littérature française. (N. del A.)

caracteres de severidad; y como un día se hablase delante de él de la acogida diferentísima que habían encontrado en el público *La legislación primitiva* y *El Genio del Cristianismo*, contestó tranquilamente: «Se comprende: yo les he servido la droga al natural, y él la ha presentado confitada». Diferencia de lo hablado a escrito e impreso: en letras de molde Bonald decía de *El Genio del Cristianismo*: «En tal libro la verdad aparece engalanada como una reina el día de su coronación».

Más arriba que Bonald, en el terreno de las letras, es preciso colocar al conde de Maistre.[13] De estos dos hombres, que no se vieron nunca, que se creían gemelos por la inteligencia y que, sin embargo, tanto se diferenciaban, el autor de *Las Veladas de San Petersburgo* es quien ostenta el colorido intenso, el ímpetu pasional, el vuelo de águila y la marca como de garra de león, aunque Bonald le vence en lógica y en concatenación de ideas. Interesante es el fenómeno de gemelismo intelectual, más frecuente de lo que se cree, que dictaba a de Maistre estas palabras dirigidas a Bonald: «¿Cabe que la naturaleza se haya complacido en formar dos cuerdas tan unísonas como su pensamiento de usted y el mío?». Y Bonald contestaba: «Nada he pensado que usted no haya escrito, nada he escrito que usted no haya pensado». Y era que en ambos actuaban las mismas causas históricas.

El conde José de Maistre era piamontés, natural de Chambery, pero de familia oriunda de Francia. La Revolución le deslumbró y a la vez le horrorizó; donde otros vieron una convulsión política o una grotesca saturnal, él vio algo bíblico: la cólera de Dios castigando a una generación descreída y prevaricadora. Creyente en los destinos de Francia, a quien tenía por instrumento providencial, de Maistre consideró en los desastres del 93 el vuelo y el ardiente gladio del ángel exterminador, y tuvo la convicción de que asistía a un momento solo comparable al diluvio o a la irrupción de los bárbaros. El espanto exaltó su fantasía, convirtiéndole en vidente, no siempre lúcido, pero atrevidísimo, desatado, brillante y sugestivo, como ahora se diría. Anunció el fracaso de la Revolución, cuando esta parecía triunfar; formuló antes que Darwin la teoría de la lucha por la existencia, profetizó la restauración de la Monarquía, el descrédito del filosofismo, la sumisión de la Iglesia galicana a Roma, la infalibilidad pontificia, la victoria de la autoridad y de la fe alzándose

---

13   José María de Maistre. Nació en Chambery en 1753; murió en Turín en 1821. (N. del A.)

sobre las ruinas de la sociedad Su apoteosis de la guerra, su hipótesis del exterminio del género humano, su rehabilitación del verdugo, su teoría de la reversibilidad de las penas y de la expiación por la efusión de la sangre inocente, su conversión de las razas salvajes y primitivas en razas decaídas y su severidad con la mujer, a quien condena a eterna sujeción, son ideas derivadas, no siempre lógicamente, del dogma de la caída y la redención, y se pueden considerar la nota sobreaguda del providencialismo pesimista; concepción, más bien que de pensador, de poeta fogoso.

Por el brío y la originalidad y extrañeza de sus ideas teocráticas, y la belleza de la forma con que las vistió, de Maistre influyó mucha más que Bonald. Sería interesante un estudio referente a su acción en España, y un paralelo entre él y el gran Donoso Cortés, en quien tuvo otra alma gemela. ¿Y cómo no ensalzar en de Maistre la belleza del estilo, ya caldeado por la elocuencia, ya sombríamente realista, ya sonoro y grave como tañido de campana, ya cortado y aforístico como los versículos del libro de los Jueces o de los Macabeos? ¡Quién sabrá lapidar la frase mejor que el hombre que contestó, cuando le decían que Napoleón se proclamaba enviado del cielo: «Sí, como el rayo»!

Hoy va cayendo de Maistre en injusto olvido, caso fácil de prever, y que él también profetizó, cuando más ruido producían sus escritos y más se difundía su pensamiento. No debemos omitir que este apologista, a veces sospechoso a la Iglesia por su mismo ardor, era tan sincero como Bonald, y si no fue lo que se llama un santo, ni tuvo del cristiano la humildad y la caridad, fue ajeno a la inconsecuencia, al egoísmo, a la vanidad y al interés. Su vida, consagrada al servicio de un monarca desposeído y combatido por las revoluciones, es un prolongado sacrificio. Al saber que están confiscados sus bienes, solo se le ocurre decir: «No por eso he de perder el sueño». La emigración le trae la estrechez y la penuria; vive vendiendo secretamente la plata que le queda, y aspirando, sin embargo, a representar con decoro en la corte de San Petersburgo a su menesteroso rey; lo precario de su situación le obliga a separarse de su familia, y la falta de un gabán de pieles, indispensable en aquel duro clima, a pasar el invierno sin salir de casa más que cuando tiene que cumplir, a cuerpo gentil, sus deberes diplomáticos. La ausencia de los seres queridos no le es tan indiferente como la confiscación; al contrario: los afectos naturales de padre y de esposo brotan expresivos de la misma pluma que grabó con fuego la teoría de la expiación y la apoteosis de la sangre. Una niña nacida después de la separación, y ya de edad de doce años, la hija a quien no conoce, cuyo rostro se imagina mil veces, es su mayor anhelo, precisamente por eso, porque no ha visto su amado semblante. No puede resignarse. «No —escribe—, nunca me acostumbraré. Cada vez que me recojo a casa la encuentro más sola. El temor de dejar el mundo sin haberte conocido, hija mía, es horrible para mi imaginación. No te conozco, pero como si te conociese te quiero. Hasta se me figura que de este duro destino que me ha separado siempre de ti, nace un secreto encanto: el de la ternura multiplicada por la compasión». Nótese en el párrafo que cito el romanticismo del sentimiento, tan diferente del romanticismo altanero y amargo de Chateaubriand. Cuando a de Maistre se le marcha voluntariamente un hijo al campo de batalla, el padre, el apologista de la guerra, exclama con tierna sencillez lo que una madre podría exclamar; «¡Ah! ¡Nadie diga que sabe lo que es la guerra si no tiene en ella un hijo!».

Al parecer, murió de Maistre desalentado, amargada la boca por la hiel que también hubo de tragar Bonald: los monarcas de derecho divino aceptando constituciones, cartas, imposiciones del espíritu moderno; la Restauración sancionando, en parte, la obra de la Revolución. «Europa está moribunda y yo también. Me da vueltas la cabeza; este año me he alimentado de ajenjo», escribía José de Maistre poco antes de quedarse paralítico. Su tintero se secó; las *Veladas de San Petersburgo* no se concluyeron, no por falta de tiempo quizás, sino porque a su vez la voluntad se había paralizado. Y sin embargo, el escritor tan sagaz para antever los sucesos futuros no acertó a predecir que aquella casa real de Saboya, a la cual consagró su vida —y eso sería poco—, hacia la cual sintió esa lealtad monárquica que inspira tan pasmosos rasgos de abnegación a los personajes de nuestro teatro antiguo, llegaría a despojar de su soberanía temporal al Papa, cuya autoridad infalible sostuvo con tanta elocuencia el mismo conde de Maistre. Si el teórico de la Monarquía y del Papado levantase cabeza, ¿cómo haría para ser juntamente vasallo fiel del rey de Cerdeña y buen hijo del Sumo Pontífice? Quizás insistiría en lo que ya una vez declaró: que estando todos los actos de los monarcas sujetos a la razón de Estado, fiarse en una corte es como acostarse para dormir en paz sobre las alas de un molino de viento.

El renacimiento religioso provocado por los acontecimientos políticos y sociales y por la reacción contra la generación enciclopedista; el culto de la naturaleza revelado por Rousseau y Bernardino de Saint-Pierre, no fueron las únicas corrientes que afluyeron al romanticismo. Ha llegado el momento de tomar en cuenta otras influencias distintas de las nacionales, pues nunca, y menos en este siglo, dejaron los pueblos de pasarse unos a otros la antorcha encendida; y es hora de recordar que dos años antes de que apareciese el *Genio del Cristianismo*, madama de Staël publicaba su obra *De la literatura considerada en sus relaciones con las instituciones sociales*, formulando las leyes de raza y nacionalidad en las letras, pensamiento genial, completado años después por otra obra digna de eterna memoria, el libro sobre *Alemania*. Hoy el contraste entre las dos literaturas y las dos razas, la latina sensual, pagana, plástica, luminosa, pero limitada y sin vistas a lo infinito; la germánica, vaga y confusa, saturada de melancolía, envuelta en brumas, más profunda y más pensadora, es una trillada vulgaridad —notemos de paso que la palabra *vulgaridad* la inventó madama de Staël-; pero cuando la gran literata comparó por primera vez las literaturas del Mediodía y las del Norte, hacía un descubrimiento.

No quiere decir que un país como Francia desconociese por completo el tesoro del Norte. Voltaire, por ejemplo, trató de imitar a Shakespeare a su modo, y a no sobrevenir la Revolución, quizás desde mediados del siglo XVIII los anglófilos hubiesen precipitado la explosión del romanticismo. Novelas inglesas como la sentimental *Pamela* disputaron a la *Nueva Eloísa* el interés y las lágrimas de los sensibles lectores franceses; el estreno de *Hamleto* en París fue un triunfo, y tanto gusto le tomó el público a Shakespeare, que el mismo Voltaire, desde la antesala del sepulcro, se alarmó viendo en peligro sus convicciones literarias y arremetió contra el inglés tratándole de bárbaro, borracho y grosero, lo cual no impidió que cundiesen las traducciones de novelistas y filósofos británicos. En realidad, esta comunicación con Inglaterra no era una influencia todavía: el nuevo continente estaba señalado, no descubierto; los autores franceses leían a los ingleses sin inspirarse en ellos; y el *oro del Rin*, el genio alemán, ni lo sospechaban.

Antes de llegar a madama de Staël, importadora y definidora de la palabra *romanticismo*, recordemos una influencia del Norte que actuó poderosamente sobre los románticos prematuros: los poemas de Osián.

Cierto maestro de escuela escocés, Macpherson, a quien hoy contaríamos entre los *folkloristas* por su afición a recoger en las aldeas canciones y viejas baladas, dio a la imprenta en 1762 una colección de cantos épicos, atribuidos a un bardo del país de Gales, Osián, hijo del héroe Fingal. El tal bardo Osián había vivido en el siglo III antes de Jesucristo, y Macpherson traducía su ruda lengua gaélica primitiva al inglés moderno, pues de otro modo, solo los eruditos podrían gustar las bellezas de aquella poesía sublime. Fue saludada la aparición del hijo de Fingal con transportes de entusiasmo, no solo en Escocia, halagada en su tenaz patriotismo, sino en Alemania, donde el famoso Herder, atento a las misteriosas *stimme der Volker* (voces de los pueblos), se extasió creyendo escuchar en la del viejo bardo de Caledonia la de la raza céltica. No entró menos triunfalmente en Francia Osián. Denis lo celebró porque representaba al Norte, región antes olvidada y obscura como los campos Cimmerios. «Grandes son Homero y Virgilio —exclamaba Denis—, pero también Escocia tiene su Eliseo, sus bardos, sus guerreros, sus campos de brezo, sus colinas de plata y luz. ¡Osián! Nunca marchitarán los años esos laureles del Norte agrupados en torno de tu sien...». El clamor general fue que Homero quedaba eclipsado, y que no servía Aquiles para descalzar a Fingal, el de los rubios cabellos. ¿Y quién se atrevería a discutir esta opinión profesada a la vez por el Júpiter de la guerra y el del arte, por Napoleón y por Goëthe? Mientras Goëthe decía sin ambages: «Osián ha suplantado a Homero en mi corazón», el vencedor de Europa, a su vuelta de Egipto, murmuraba enojado, al oír un canto de Homero: «Basta de palabrerías», y rompía a declamar entusiasmado los poemas de Osián.

Osián traspasó los límites de la influencia literaria; fue una moda y un contagio. En los relojes de sobremesa, en los jarrones de Sèvres de la secatona época imperial, todos recordamos haber visto a Óscar y a Malvina, a Osián apoyado en su arpa, a Fingal moribundo. La fantasía se llenó de rayos de luna y espectros de niebla, de héroes muertos y de cráneos humanos en que se bebía hidromiel; de cascadas espumosas y mugidores torrentes, y estos atributos destronaron a los cipreses, sauces y mausoleos impuestos por el poeta inglés Eduardo Young y sus lúgubres *Noches*. Los poemas de Osián son el romanticismo que le podía caber en el alma a Bonaparte: aquella lista de hazañas y aquel culto del heroísmo le cuadraban tan bien como las óperas de Wagner a la fundación del imperio alemán.

Hoy cualquiera trata de miopes a los que tragaron como pan bendito la superchería de Macpherson, que era realmente el único autor y forjador de los poemas a Osián atribuidos. Cuando todo el mundo es miope, es como si no lo fuese nadie. Excepto algunos eruditos ingleses que sospecharon el fraude desde el principio, Osián engañó a la gente de más fuste de Francia, Italia y Alemania. Leyendo yo en un libro acerca de la engañifa osiánica que el falsario Macpherson no tenía talento, pensé ¿qué haría si llega a tenerlo? Más que engañifa se puede llamar a los poemas de Osián restauración artificiosa, pues están inspirados en viejos cantos auténticos y rudos del país de Gales. Por otra parte contienen grandes bellezas; el forjador poseía alientos de poeta, y a no haberse conocido la mácula, los cantos de Osián se contarían hoy entre las obras maestras del arte. No es justo despreciarlos porque los compusiese, en lugar de Osián, hijo de Fingal, un maestro de escuela del siglo XVIII, y Macpherson podría recordar en su abono aquella conocida fábula de Iriarte, que termina así:

«Pues mire usted: Esopo no la ha escrito; salió de mi cabeza.
—¿Conque es tuya?
—Sí, señor erudito: ya que antes tan feliz le parecía, critíquemela ahora porque es mía».

Nadie puede negar a los poemas osiánicos la cualidad de haber satisfecho plenamente las exigencias de una época en que el espíritu, cansado de cuentecillos picarescos, hastiado de las flores de trapo del ingenio, reclamaba a voces un baño de tristeza ensoñadora; no quería sol, y suspiraba por las nieblas y las brumas septentrionales. Eterna gloria de la Staël es haber servido en tan decisivos momentos como de brújula, señalando fijamente hacia el Norte.

La baronesa de Staël[14] es el único escritor francés que a principios del siglo puede hombrearse —empleo el verbo a propósito— con Chateaubriand. Así como este representa la contrarrevolución, el renacimiento del cristianismo estético y el blanco pabellón de las lises, la hija de Necker simboliza la causa de la libertad política, el optimismo y el análisis. Expliquemos bien en qué sentido era revolucionaria aquella mujer. A nadie le parecieron más odiosas que a madama de Staël las sangrientas orgías del Terror; y cuando vio a María Antonieta calumniada y arrastrada por el fango, elevó la voz para defenderla, con ardimiento generoso. Pero los horrores de la Revolución, que la consternaron, no hicieron vacilar su esperanza firme; calculó que nada violento es durable y que después del cataclismo tenía que venir una época fecunda. Si la libertad salía viva de entre un diluvio de sangre y cieno, es que había en ella virtud divina.

En pocas palabras se cuenta la vida privada de madama de Staël. La historia de su corazón es sencilla: profesó un culto ardiente a su padre, el famoso Necker; fue casada dos veces, la primera con un diplomático, el barón de Staël Holstein, calavera y derrochador, de quien tuvo que separarse; la segunda con un joven enfermo, llamado Rocca, a quien compadecía y cuidó asiduamente; fue madre apasionada, y penas y afanes maternales quizás contribuyeron a abreviar su vida. Son tan conocidos estos datos como el episodio amoroso con Benjamín Constant, autor de la indiscreta novela *Adolfo*; pero la vida privada es el elemento secundario en la biografía de la Staël. Los datos significativos y que a la posteridad importan, son del dominio público; la historia intelectual y política de una mujer que permaneció de pie mientras los demás se postraban, y resistió mientras los demás caían en el desaliento. Hay que decirlo muy alto —escribe Pablo Albert-; madama de Staël demostró más valor que casi todos los hombres de su época. Para aquilatar el alcance de este elogio, es preciso recordar cuál fue la suerte de las letras bajo el Imperio; observación que hará comprender mejor que el romanticismo no se desarrollase plenamente hasta la época de la Restauración, siendo los reyes de derecho divino más amplios y tolerantes que el César.

---

14 Luisa Germana Necker, baronesa de Staël Holstein. Nació en París en 1766: murió en París en 1817. (N. del A.)

Napoleón atribuía suma importancia a la literatura. Fue escritor de singular energía, orador militar de fascinador laconismo, y, según el dicho de Bourget, el primer psicólogo entre los modernos; y, al proponerse reinar y fundar dinastía, aspiró a que se recordase su tiempo como era gloriosa, no solo en los campos de batalla, sino también en la esfera intelectual. Nadie ignora sus esfuerzos para que floreciese el teatro, su decidida prolección a Talma, y su tenacidad en atraerse a tos escritores, empezando por el águila, Chateaubriand, y siguiendo por aves de más bajo vuelo, Bernardino de Saint-Pierre, Baour Lormian, Arnault y el hábil Fontanes. A muchos les pensionó, a otros les coronó de laurel, a todos les halagó, mostrándose con ellos expansivo y campechano. Deseaba que, según se dice «el siglo de Pericles» o «el siglo de Augusto», se dijese «el siglo de Napoleón».

Por desgracia, la restauración literaria que Napoleón procuraba fomentar era hermana de la restauración religiosa tal cual él la entendía, y de las demás restauraciones que en todos los órdenes de la vida iban produciéndose: meros resortes de la política imperial. En manos del hombre que declaraba serle indiferente Mahoma y Cristo, conviniéndole más Mahoma porque al fin predicó con el alfanje, la religión se convirtió en un bando de buen gobierno, y la literatura en elegante pórtico para el templo de la Victoria. Deseando protegerla, entendía que se sometiese sin chistar. Los alardes de emancipación de las letras y del pensamiento, estaba pronto a castigarlos con el látigo. Iba a su fin aquel hombre, a quien no puede regatearse el dictado de grande, pero cuya grandeza, basada en desenfrenadísima ambición, estaba toda erizada de pequeñeces, como el puerco espín de púas.

Desde que da el previsto salto de Cónsul a César, suprime los periódicos y quiere tener a las letras en un puño. «Toda libertad sucumbe —dice Chateaubriand—, y la moral consiste en escribir lo que agrada al soberano». La crítica recibe inspiraciones del Emperador: si sale un libro nuevo, pasan por sus manos los juicios. De orden imperial se expide a los autores patente de inmoralidad, de mal gusto y hasta de locura. Si cae un pez gordo —verbigracia, la *Corina* de madama de Staël—, el mismo César coge la pluma y con sus manos vencedoras redacta lo que hoy llamaríamos el varapalo.

En medio de la sumisión universal, había en París un núcleo de gentes que tenía la audacia de pensar y decir lo que les parecía: eran los amigos de madama de Staël, la cual, siguiendo una costumbre ya tradicional en su familia, gustaba de rodearse de escritores y filósofos, y recibía en su salón a la flor y nata de la aristocracia intelectual. Molestábale a Napoleón el grupo independiente, y llamaba con afectado desprecio a los tertulianos de la Staël «los ideólogos, los metafísicos, buenos para echados al agua, bichos que se pegan a la ropa». Este desdén sañudo contrastaba con la indulgencia otorgada al grupo literario de Chateaubriand. Pablo Albert, que ha estudiado esta época con acierto, hace notar el contraste. Publica Chateaubriand el *Genio del Cristianismo*, y le nombran secretario de Embajada; publica la Staël su obra *De la literatura*, y la destierran, iniciando así la persecución no interrumpida con que engrandeció a la escritora el árbitro del mundo. Y es que los reaccionarios no eran peligrosos para Napoleón: obra de reacción (hasta un límite prefijado por el César), tenía que hacerse, y mejor si la impulsaban las letras. Lo que podía dar cuidado, era la gente intelectual que conservaba parte del espíritu revolucionario. «Repugnábanle a Napoleón —dice Villemain— las doctrinas de progreso social, que habían iniciado la Revolución y podían continuarla. La literatura nueva le parecía una especie de insurrección».

Desigual era la lucha entre el César y una mujer sin más armas que su pluma, que jamás se ejercitó en la sátira y el denigramiento. No cabía en la Staël la prevención de ocultar bajo la ropa el puñal de una invectiva feroz como la que Chateaubriand tituló *De Bonaparte y de dos Borbones*. Sería, pues, inverosímil, si no fuese tan cierto, que Napoleón temía a la Staël. Temía, sí, a su mágica palabra, a sus escritos revestidos de la toga viril, a su tertulia, último refugio del alado ingenio.

Ciertamente era Napoleón un hombre rodeado de terribles enemigos, y su caída demostró cuánto se le odiaba en Europa. ¿Qué podía importarle uno más, unas faldas? Pues se diría que ninguno le importó tanto. Contrasta con la moderación y dignidad del tono de la Staël el encarnizamiento de su perseguidor, que aun desde el peñón de Santa Elena, cuando debía rumiar desengaños, se entretiene en hacer que el poco verídico *Memorial* calumnie a la Staël del modo más soez, con chascarrillos de cuerpo de guardia. La guerra de agudezas y chirigotas que Napoleón recelaba, la hacía él por adelantado. No se recuerda ninguna frase de la Staël que se pueda comparar a esta de Napoleón: «Conocíamos a la urraca ladrona, y ahora aparece la urraca sediciosa». Bien puede afirmarse que hubo pocas persecuciones más tenaces que la que madama de Staël sufrió. Empezó por los palos críticos de orden o puño imperial; siguió por la orden de destierro, en 1803, tan apremiante, que negaron a la desterrada tiempo para consultar a su hija con un médico antes de partir; arreció haciendo extensivos los mismos rigores a los amigos y amigas de la Staël, incluso a madama Recamier; los periódicos recibieron orden de no dar cabida a ningún artículo suyo, y al imprimarse en París el después famosísimo libro *De Alemania*, siendo ofrecido un ejemplar a Napoleón con una epístola respetuosa en solicitud del alzamiento de destierro, la respuesta fue una carta insultante del duque de Rovigo y la orden de volverse a Suiza o embarcarse para América. Abrumó a la Staël este último golpe, y le arrancó una queja: «Tal nube de dolor me rodea, que ni sé lo que escribo». A veces; sin embargo, el dueño del mundo intentaba congraciarse con la Staël. En cierta ocasión la propuso alzar su destierro si celebraba el nacimiento del rey de Roma: «Todo lo que por él puedo hacer —respondió la Staël— es desearle una buena ama de cría».

Es fuerza reconocer en este duelo a muerte entre el rey de reyes y la gran literata algo más que el enojo que causan los alfilerazos del ingenio y los fuegos artificiales de una conversación chispeante y arrebatadora. Lo que Napoleón no podía sufrir en la Staël era el pensador independiente, el observador sagaz que le caló a fondo desde el primer instante, y declaró —entre elogios a las superiores facultades del gran capitán-: «Este hombre no considera a los demás como semejantes, sino como *hechos* o *cosas*. Para él no hay sino él; las demás criaturas son cifras. Es un hábil jugador de ajedrez; la humanidad su adversario, y se propone dar jaquemate». Cierto día, quizá acordándose de la Staël, dijo Napoleón a uno de sus adictos, el consejero literario de Chateaubriand, Fontanes. «¿Sabe usted lo que más me admira en el mundo? La impotencia de la fuerza para organizar. Hay dos poderes, el sable y la inteligencia, y la segunda acaba siempre por derrotar al primero».

El mejor amigo de la Staël no hiciera más por su gloria de lo que hizo Napoleón al perseguirla de muerte. Los diez años de destierro fueron, sin duda, amarguísimos para aquella naturaleza más expansiva que soñadora, que no podía vivir sin trato y sociedad, que ante el lago Leman echaba de menos el arroyito de su calle en París, y que, sin duda, entre los afectos humanos, prefería a todos la amistad fundada en el intelectualismo, y componía sus libros hablando, al fuego creador de la conversación animada y libre. La nostalgia de la sociedad y de la patria debió de precipitar su muerte, ocurrida a una edad en que las facultades del juicio, en ella dominantes, están en su plenitud; pero el destierro maduró el talento y ensanchó el horizonte a la Staël: lo prueba la diferencia entre sus dos libros capitales, *De la literatura* y *De Alemania*. El segundo, el libro del destierro, es la obra maestra. En el primero todavía predomina la influencia del siglo XVIII y las reminiscencias del salón de Necker; en el segundo hay ambiente universal, y lo hay por primera vez en Francia. Es el evangelio de la estética nueva; de ese libro han de derivarse las ideas críticas y el gusto del siglo entero, no solo en la revolución romántica, sino en las fases sucesivas del movimiento literario; por ese libro es justo el encomio que dedica Menéndez y Pelayo a madama de Staël, de la cual dice: «Esta mujer, después de haber sido por muchos años la gran sacerdotisa del ideal, todavía influye en nosotros, si no por sus libros, apenas leídos ya, por el jugo y la medula que estos libros contenían, y que se ha incorporado de tal modo con la cultura moderna, que muchos que no han leído página alguna de esas obras están penetrados y saturados de su espíritu, y en rigor podrían adivinarlas. Todo el mundo es plagiario de madama de Staël sin saberlo. El espiritualismo y el liberalismo de este siglo han estado viviendo a los pechos de esta madre Cibeles».

Es, en efecto, madama de Staël un inmenso filón, que el siglo XIX ha ido acuñando en moneda que circula por todas partes. Corren esas monedas sin llevar estampada la efigie de madama de Staël; pero el metal, de ella procede. La crítica moderna, la comprensiva y sugestiva, la que enseña a admirar, a disfrutar y a sentir, nace de la Staël. El libro *De Alemania* solo podía escribirlo, después de peregrinar por toda Europa, una persona tan saturada de simpatía y de curiosidad intelectual que, sin ser poeta ni artista, vibraba como las cuerdas de las arpas eolias al soplo de las corrientes poéticas. Los descubrimientos y las invenciones de madama de Staël en materia crítica no se aprecian ya, a fuerza de estar desestancadas, de beneficiarlas todos. Sucédele a la *Alemania* lo que al *Genio del Cristianismo*: la obra que cumplieron parece que se hizo sola.

Pertenecen a madama de Staël las siguientes ideas hoy generales: el carácter propio de las literaturas, la rehabilitación histórica de la Edad Media (período que, sin embargo, la Staël no *sentía*), el valor de Shakespeare y de los humoristas ingleses, la influencia de las instituciones y las costumbres en la literatura, la distinción entre el espíritu de la sociedad antigua y el de la moderna, la superioridad de las instituciones políticas inglesas, el valor psicológico del misticismo, la influencia del espíritu caballeresco sobre el amor y el honor, la instabilidad y universalidad de la poesía, y —por no alargar más el catálogo— la distinción entre la poesía clásica y la romántica, palabra que por primera vez escribió la Staël en lengua francesa, y el muy discutible sistema de la perfectibilidad.

De Alemania se sabía en Francia poco o nada cuando la Staël hizo de Colón de aquel mundo desconocido, que, a diferencia de Colón, descubrió sabiendo que lo descubría. A lo sumo conocían algunos curiosos el *Werther*. El botín recogido por la Staël deslumbró, y no era para menos. Aquellos nombres ignorados que estampaba la Staël, aquellos escritores y pensadores eran Lessing y Schiller, Goëthe y Herder, Guillermo y Federico Schlegel; eran Kant, entre los hielos de Koenisberg, «contemplando con recogimiento su propia alma», Fichte aspirando a crear, con la actividad de la suya, el universo entero, Schelling queriendo elevar la materia a la dignidad del espíritu, Jacobi fundando la ética en la religión; eran los que desde la fecha de su descubrimiento no han cesado de actuar sobre Europa. Tal fue la obra del libro de *Alemania*, en que hay que reconocer el sabroso fruto de una madurez enriquecida, no solo con los dones de la experiencia y la reflexión, sino con esa paz y serenidad que adquieren los caracteres nobles, aunque les falte el sello de la adversidad, con solo el paso de los años y la calma de las pasiones. El tiempo, que amarga, enfría o petrifica otras almas, aclaró y depuró la de madama de Staël, convirtiéndola gradualmente del racionalismo al cristianismo, de la filosofía del siglo XVIII a las creencias espiritualistas; y mientras Chateaubriand se encastillaba en su egoísmo altanero, la Staël, moralmente más grande que su ilustre émulo, daba el ejemplo edificante y nunca bastantemente alabado de la caridad intelectual.

También de la Staël se había apoderado, a última hora, la tendencia espiritualista, idealista y neocristiana, luz del albor del siglo XIX, que hoy vuelve a alumbrar turbia y mortecina los últimos arreboles de su ocaso. Infinitamente más sincera que la que hoy presenciamos fue la crisis de religiosidad de principios del siglo: la causaban circunstancias y fuerzas de otra magnitud. El gran sacudimiento social a que habían cooperado con su mofa y su crítica gruesa los enciclopedistas, tuvo por desenlace el despotismo militar, y dos períodos tan violentamente activos y a la vez tan represivos como el Terror y el Imperio dejaron a las generaciones abrumadas y exhaustas la herencia de la melancolía. La tierra no estaba causada de dar flores, según la frase del poeta, sino de beber sangre y de ser herida por los cascos de los corceles de batalla. Victorias y reveses, páginas gloriosas y páginas de duelo, incendios y entradas triunfales, quintas y levas enormes y carnicerías tremendas, la férrea disciplina y el continuo redoble del tambor, eran grave pesadumbre que comprimía la expansión del alma. Al verse libre de la tiranía de la acción, respiró, recobró sus derechos, sintió el aura emancipadora, y al mismo tiempo la pereza contemplativa, la necesidad de sentarse al pie de un árbol, a contemplar cómo corre el agua y se disipan las nubes del cielo. La Restauración, con la inteligente tolerancia artística de Luis XVIII, favoreció la plenitud del pensamiento y del sentimiento, de la imaginación y de la razón, y, sobre todo, del individualismo. El romanticismo se anunciaba cristiano y monárquico, y ofrecía, como prenda de su inspiración religiosa, las *Meditaciones* de Lamartine.

III

La poesía lírica. El platonismo: Lamartine. El clasicismo: Delavigne. Supervivencia de la Enciclopedia: Béranger. El arte aristocrático: Alfredo de Vigny. Sainte Beuve. La última expresión romántica: Alfredo de Musset

El que venía a renovar la poesía y a expresar el estado general de conciencia que siguió a la caída del Imperio, Alfonso de Lamartine,[15] tenía un gran antecedente: era lo menos literato posible, en el sentido profesional de la palabra. Hízose literato años después, compelido por la inexorable necesidad; pero cuando apareció en escena, nadie como él pudo ampararse en frescura a la violeta silvestre. Chateaubriand, al publicar su primer libro, poseía ya un pasado literario, relación y trato con gente del oficio, esbozos y manuscritos guardados en carpetas; no así Lamartine. Influencias del hogar y de la religión; una infancia tranquila y dulce pasada en el campo, en la solariega residencia de Milly; una madre amante y tierna, empapada en las teorías pedagógicas de Juan Jacobo; un colegio católico, el de Belley, formaron apaciblemente el alma de Lamartine. La revolución no pudo hacerle pesimista como al conde de Maistre, porque Lamartine estaba en la cuna cuando regía el Terror; en cambio, el Imperio, su seco positivismo y su brutalidad de acción, le lastimaron y repugnaron.

Contaba Lamartine treinta años ya; había servido en los Guardias de Corps, había viajado, amado a la supuesta Elvira, y no había impreso ni un renglón desigual. Un amigo suyo, publicista, acertó a ver sobre su mesa un manuscrito: eran las *Meditaciones*. Tan ajeno estaba a sospechar que Lamartine compusiese versos, que le preguntó si aquellos eran suyos; leyolos con sorpresa, con asombro, con éxtasis; amenazó con publicarlos, y Lamartine se alarmó sinceramente. Trazadas aquellas estrofas para desahogar su corazón, para evocar un recuerdo querido, para derramar la plenitud del alma, no aspiraba a la celebridad, y hasta temía profanar sus sentimientos más puros si entregaba a la multitud lo que debe guardarse sellado en lo íntimo. Este recato, este miedo a rasgar el velo de la poesía y al par los estremecimientos de la vocación poética, nadie los contará mejor que Lamartine mismo; oigámosle: «Siempre recordaré —dice en su lírico estilo— las horas pasadas en

---

15   Alfonso María de Lamartine. Nació en Macon en 1790: murió en París en 1869. (N. del A.)

la linde del bosque, a la sombra del silvestre manzano, o corriendo por las colinas, en alas del interior entusiasmo que me devoraba. La alondra cantora huía impulsada por el viento; así mis pensamientos arrebataban mi alma en un torbellino incesante, ¿Eran mis impresiones de tristeza o de alegría? No lo sé. Participaban a la vez de todos los sentimientos; eran amor y religión, presentimientos de la vida futura, gozo y lágrimas, desesperación y esperanza invencible. Era la naturaleza que hablaba a un corazón virgen; pero, en suma, era poesía. Yo trataba de expresar esta poesía con versos, y estos versos no tenía a nadie a quien leerlos; me los leía a mí propio, y encontraba, con dolor y asombro, que no se parecían a los demás que yo veía por ahí en los tomos flamantes recién publicados. Y pensaba: no van a hacer caso de los míos; parecerán raros, extraños, locos; por lo cual, apenas borrajeados, los quemaba. He destruido así tomos enteros de esta primera y vaga poesía del corazón, e hice bien, pues si los publicase caerían en ridículo y concitarían el desprecio de los que alardeaban de literatos entonces».

He citado estas palabras del poeta porque el estado de exaltación en que se pinta, el transporte que le causan las voces de la naturaleza es un fenómeno general de 1815 a 1820: reinaba entonces indefinible inquietud, y aspiraba a concretarse en forma poética y musical, como solo podía expresarla Lamartine. A la generación sanguínea del Imperio sucedía la generación nerviosa, sentimental y neocristiana de la Restauración; y el joven obscuro y desconocido que rasgaba o quemaba sus versos según iba componiéndolos, iba a encarnar en estrofas deliciosas esas aspiraciones de su edad, iba a exhalar los sollozos divinos; se preparaba a sustituir las cuerdas de la lira mitológica con fibras del corazón humano.

Por muy espontáneo que fuese Lamartine al aparecer en el horizonte de la poesía, tuvo antecesores y confesó maestros; no solo le precedieron las tiernas elegías de Millevoye, en especial la titulada *La caída de las hojas*, sino también, y muy principalmente, Bernardino de Saint-Pierre, el Tasso, Osián, Goëthe con su Werther, influyeron en la formación del genio lamartiniano. Solo que en Lamartine estas influencias pierden el carácter de literarias: van a depositarse en el sentimiento, no en la memoria, y en vez de dictar imitaciones más o menos felices, infunden un modo de ser que es ya genial y propio, cuando por primera vez se manifiesta. Si Lamartine atravesó ese período en que un poeta titubea siguiendo los pasos de otro poeta, jamás lo sabremos, porque al publicarse las *Meditaciones* ya no se proponía modelo, sino que producía obra perfecta en sí, donde se revela de una vez el gran poeta nuevo, superior al pasado, igual únicamente a sí mismo.

En este respecto, Lamartine se diferenciaba de cuantos le habían precedido, de los románticos de la época imperial. Ni Chateaubriand, que practicó el romanticismo sin entender ni aceptar su teoría; ni la Staël, que definió y teorizó el romanticismo sin practicarlo, consiguieron desechar el lastre del siglo XVIII que llevaban como se lleva al cuello una piedra pesada. El primer romántico puro y sin aleación de clasicismo, y el primer cristiano sin mezcla de paganismo ni de rebeldía, es Lamartine.

Los temas de la poesía de Lamartine se reducen a dos principales, y que acaban por fundirse: Dios y el amor. Una de las fuentes más secas y más cubiertas por arena infecunda y abrasada en el siglo XVIII, fue el amor humano. De él habían hecho asunto para estampitas galantes, tema para madrigales libertinos, en que la frivolidad de la forma no acertaba a velar el descarnado materialismo del fondo. Parecerá a primera vista que no cabe juzgar a una sociedad según su manera de entender, describir y expresar por medio del arte el sentimiento amoroso; y, sin embargo, hay pocos síntomas tan elocuentes y tan significativos para el observador: como se siente, así se vive, y esto lo veremos más probado cuanto más penetremos y avancemos en el conocimiento de la literatura francesa. Aquella aridez de la época de Voltaire, solo contrastada por las expansiones equívocas de Rousseau; aquella licencia del Directorio, aquel cortejar a paso de ataque del Imperio, son característicos. De manera bien distinta sentía ya la generación de Lamartine, la que entre 1820 y 1830 sufría las borrascas del corazón y el ansia de lo infinito; y el poeta que encerró en estrofas melodiosas la forma de su manera de sentir, aparece como un revelador, casi como un apóstol. En la poesía de Lamartine, el amor es una especie de efusión platónica que se eleva hasta la religiosidad y que por el camino de la exaltación sentimental viene a abismarse en Dios. Las almas de los enamorados píntalas Lamartine ascendiendo juntas al través de los ilimitados espacios sobre las alas del amor y, convertidas en un rayo de luz, caen transportadas en el santuario de la divinidad, y se confunden y mezclan para siempre en su seno. Es un reflejo del Paraíso de Dante, que embalsama el lirismo moderno, y aspira a remontarse hasta Platón y la escuela alejandrina, cuyas doctrinas bebía Lamartine en las lecciones de Víctor Cousin, ya que no en el texto mismo del filósofo de la armonía y la pureza.

Al lado de este culto y del amor que le ganó los corazones de las mujeres y de la juventud —según él mismo solía decir—, Lamartine envió al cielo el incienso de otro culto: el de la inspiración, el de la Musa. Los versos de Lamartine, aquellos que ocultaba y se resistía a entregar a la curiosidad del vulgo, eran como holocausto ofrecido a una deidad, como el himno que entonan los bracmanes alzando las manos en figura de copa. Hay que leer la protesta de Lamartine cuando le acusaron de poner su musa al servicio de las pasiones políticas. «¡No —exclama—, no he cortado yo las alas del ángel para amarrarlo aullando al carro de las facciones! Lo que hice con la Musa fue conducirla a lo más secreto de la soledad, como hace con una cándida hermosura un celoso amante; defender sus lindos pies de los guijarros y del barro de la tierra, que herirían y mancharían su tierna desnudez; ceñir su frente de inmortales estrellas; perfumar mi corazón para albergarla, y no permitir que bajo sus alas se cobijasen sino el amor y la oración!».

Cuando el amigo que sorprendió el manuscrito de Lamartine consiguió llevárselo a la imprenta: cuando cayó su maná celeste sobre las almas que peregrinaban en el desierto; cuando las ondas del lago lamartiniano derramaron su frescura misteriosa, esencia de la poesía misma, estalló un clamor de entusiasmo. Muchos no habían encontrado esperanza ni consuelo en las demostraciones apologéticas del *Genio del Cristianismo*, ni en las flamígeras visiones y vaticinios del conde de Maistre, pero sintieron penetrar hasta los huesos el dulce rocío de los versos de Lamartine, y lloraron, como lloró Alfredo de Musset en una negra noche de desesperación, al escuchar su acento divino. Lamartine había nacido para ser un foco que atrajese los rayos dispersos de la simpatía; poeta elegiaco, nada tuvo de misántropo, ni su dolor y sus quejas se parecen en cosa alguna al amargo esplín de René, ni al tedio de Werther. Lamartine es un creyente, aunque por momentos desfallezca y dude; un alma embebida de resignación y paz; un optimista que se entrega en brazos de Dios; uno de los que no han renegado, ni blasfemado, ni escupido al cielo; de los consoladores, de los que llevan en las manos el bálsamo de nardo para ungir a la humanidad, aunque al verter la fragante esencia la mezclen y disuelvan con sus lágrimas. Sencillo, espontáneo, revestido de paciencia y conformidad, pero siempre noble. Muchos tienen a Lamartine por el poeta más verdadero del período romántico, en el cual representa el lirismo, el elemento íntimo de la poesía, el que revela el alma; y no un alma excepcional, ulcerada y misantrópica como la de un Byron o la de un Alfredo de Vigny, sino un alma espejo, donde todos ven reflejarse la suya propia, y cuyas efusiones, por lo mismo, tienen que ser en alto grado humanas y universales. Lamartine gozó de este privilegio, porque, según la feliz expresión de un crítico francés, al hacerse centro del mundo no olvidó que el centro supone la circunferencia. Desde Lamartine, la poesía, y en general la literatura, van paulatinamente desviándose del público, situándose aparte y fuera de él, hasta llegar a completo divorcio y, más tarde, a oposición. Hubo otros poetas más populares que Lamartine en un momento dado, por ejemplo, Víctor Hugo; más predilectos de la juventud, y lo fue Alfredo de Musset; más familiares al vulgo, más corrientes y burgueses, y lo fue Béranger; pero más dulcemente pegados al corazón que Lamartine, más en armonía con un sentimiento general perenne, que ni depende de las vicisitudes políticas, ni de las escuelas literarias, sino de un fondo moral y religioso constante en nosotros sin que nos demos cuenta de su presencia, no los hubo entonces, y ¡quién sueña en que los haya ahora!

Lamartine era simpático, cualidad difícil de analizar, como no sabemos analizar la sensación del calor, pero que a manera de calor se percibe y siente. Simpático, no al estilo del calvatrueno Alfredo de Musset, que escandalizaba a las gentes timoratas, ni al del pedestre Béranger, sino al modo que es simpático un caballero noble y apuesto, algo melancólico, a quien atribuimos sentimientos elevadísimos, en quien no podemos concebir acción grosera ni baja. El nombre de Alfonso de Lamartine tiene el sonido del órgano de una catedral al anochecer.

Tal vez el secreto del atractivo de Lamartine consista en que, efectivamente, fueron sus versos melodías de órgano, música religiosa, y su alma, a pesar de ciertos dejos panteísticos, un alma empapada en Cristo.

Las virtudes que emanan de la poesía de Lamartine, especialmente de las *Meditaciones* y de las *Armonías*, son la resignación, la oración, la castidad, la paciencia y un cristianismo exento de toda pasión política, sin tendencias reaccionarias. Es realmente angélica en sus primeras poesías y en mucha parte de *Jocelyn* la inspiración de Lamartine.

No extrañemos que cuajase pronto la leyenda de Lamartine, y que la figura del gran idealista se idealizase, convirtiéndose en algo inmaterial y etéreo. Lemaître describe al Lamartine de la leyenda «pío, célico, lánguido, afeminado, de pie sobre un promontorio, entre nubes, el cabello flotante, el arpa de David apoyada contra el luengo levitón». Era el cisne, que no se comprende sino bogando en el lago azul, a la sombra de los pensativos sauces; a su nombre latían apresuradamente los corazones femeninos, y de los rincones de provincia, de ciudades arcaicas semejantes a las que describe Balzac en algunas de sus novelas, recibía Lamartine cartas henchidas de suspiros, con tímidas declaraciones y petitorios de rizos de pelo, o cuadernos de poesías donde un alma solitaria exhalaba sus querellas imitando las estancias de las *Meditaciones*, y queriendo seguir al poeta al través del espacio.

El verdadero Lamartine en nada se parecía a ese ser espiritado y quimérico. Era el Lamartine real y efectivo un hombre sano y de arrogante presencia, alto, esbelto y musculoso; su temperamento equilibrado se debía a los años de infancia y juventud pasados en el campo y a una sangre rica y pura. La vida agreste, la caza, el ejercicio, semanas enteras en el monte, entre los pastores de ovejas, le robustecieron el cuerpo; el cariño de sus hermanos y su madre le saneó el corazón. No se crió pegado a las faldas, ni con la candidez seráfica que la leyenda le atribuía; vivió, antes de la celebridad, a estilo de señorito de provincia, de alegre estudiante que tiene aficiones literarias, que opta a premios de juegos florales, que corre aventurillas amorosas, que juega alguna vez, contrae deudas y escribe a su madre pare que le saque de apuros. La leyenda, lo mismo que el arte, transforma cuanto toca. Así, Lamartine, para sus fervientes admiradores, las damas que le adivinaron poeta y prepararon con triunfos de salón otros universales, fue un caballero del Cisne. Nunca debemos pisotear una leyenda, sino acariciarla y llevarla en el seno, a estilo de gusano de seda que ha de hilar la materia primera de una tela riquísima. En una de sus poesías, Lamartine, de quien se ha dicho satíricamente que poseía el don de la inexactitud, y que bordaba sus recuerdos hasta desfigurarlos, habló de cierta yedra tupida que tapizaba las paredes de su casa de Milly. Jamás había existido tal yedra; pero la madre del poeta, con piadosa mano, apresurose a plantarla, y hoy se enseña al viajero. La madre del poeta, al plantar la yedra, colaboró para el ideal.

Del hidalgo campesino y del cazador que duerme en la majada y se levanta con estrellas, aparecen rastros a cada instante en los versos de Lamartine. Familiarizado con la naturaleza, la sintió y describió con efusión piadosa, y el fondo campestre de *Jocelyn* es su mayor encanto. Las estrofas de Lamartine, si a veces huelen a incienso, otras veces transcienden a heno recién segado. No es Lamartine, sin embargo, un paisajista de profesión; el paisaje le sirve de fondo, nunca de asunto; y si en otros poetas la tierra pesa y las montañas abruman, en Lamartine todo es vaporoso y fluido; con razón se ha dicho de sus descripciones que tienen por objeto hacer leve, y como a flor de sentidos, la sensación.

Rebosa Lamartine espontaneidad y facilidad, que a veces rayan en negligencia. Improvisador genial, no trabaja sus versos a cincel y martillo como Víctor Hugo: los canta. La blandura y la ondulación, la penumbra y el misterio de la cadencia de las cláusulas, delicadamente engarzadas en diamantina y sutil cadena, son las dotes de Lamartine, poeta sugestivo ante todo; por ellas se explica el actual renacimiento lamartiniano, el culto que los decadentistas rinden al cantor de Elvira. En sus versos saborean la dulzura del período lento y flexible, que puede compararse al *largo assai* en la melodía; de él podrían aprender la voluptuosa languidez y la incidencia suave; en él encuentran la exquisita *morbidezza*, la estrofa indecisa de contornos, vista a la claridad de la luna y como al través de un velo de encaje: el anhelo del decadentismo, para eterna desesperación de sus adeptos, realizado por un poeta natural, sencillo y sincero, de quien se ha dicho que por momentos hasta parece un poeta primitivo, poseedor de la abundancia caudalosa y la inocencia juvenil que caracteriza a las edades pastoriles y agrícolas del mundo. Este sabor primitivo de Lamartine se ha demostrado comparando trozos de sus poesías a otros sacados de los antiquísimos poemas indios, el Mahabarata, el Ramayana y el libro sagrado de los Vedas.

En todo autor fecundo hay una o dos obras que se destacan de entre las demás, o por expresar mejor su ser artístico, o por ejercer mayor acción literaria. De Chateaubriand escogeríamos, como influencia, el *Genio del Cristianismo*, y *René*, por lo bien que descubre el alma del poeta. Las dos obras significativas de Lamartine son las *Meditaciones* y *Jocelyn*. En las *Armonías* se aísla del mundo, es abstracto y metafísico; en las Meditaciones, tierno y claro. *Jocelyn*, anunciado como episodio de un poema interminable, del cual era otro fragmento suelto *La caída de un ángel*, causó transportes parecidos a los que acogieron las *Meditaciones*: el sacrificio del cristiano, el platonismo del enamorado, la caridad heroica del sacerdote, despertaron ese entusiasmo ardoroso y refrigerante a la vez que causa la obra de arte cuando se armoniza con lo más elevado y noble de nuestro ser moral, y nos hace estrechar en un solo abrazo la bondad y la belleza, hermanas no siempre unidas. Abarcarlas juntas, es el sueño que hizo soñar Lamartine, y el alma humana se lo agradeció.

No cabe aquí un estudio completo de las obras de Lamartine; son tantas, que hasta la lista parecería enfadosa. Si desde el año 48 puede decirse que su misión poética terminó, hasta la hora de su muerte, hasta los setenta y nueve de su edad, siguió produciendo, apremiado por las deudas. Poseía el peligroso don de la facilidad y la fluidez de estilo; brotábale la elocuencia con limpidez de manantial. Las obras de Lamartine que han dejado memoria son, sin duda: en verso, las *Meditaciones* y las *Armonías*; en prosa, la *Historia de los Girondinos*, las *Confidencias* autobiográficas, con los encantadores episodios de *Graziella* y *Rafael*, y algunas páginas insuperables que se encuentran en las *Biografías*, entre ellas la semblanza de Fenelón, de tanta felicidad expresiva como un buen retrato al óleo. Lo demás es trabajo encargado por los editores, cobrado con una mano y entregado con otra a los acreedores impacientes: no hay para qué hablar de él, como no sea para lamentar que a tal extremidad se viese reducido el Cisne.

Lamartine no sabía calcular; era fastuoso y liberal como un magnate, y aunque en algunos de sus biógrafos se lee que casó con mujer rica, lo cierto es que ni aun tuvo esa previsión: tomó esposa —son sus propias palabras, y no hay motivo para dudar de ellas— «para ordenar severamente su inútil existencia; para vivir según las leyes establecidas, divinas y humanas; porque los días corren, los años se van, acábase la vida, y necesitamos para ella un objeto, y objeto elevado, a fin de agradar a Dios, fuera del cual todo es nada. Así encontraremos la paz del alma y la verdad interior». Excelente era el propósito, pero al ordenar el corazón y las pasiones, no supo Lamartine ordenar la bolsa: tuvo la imprevisión de la cigarra, que canta y no entroja para el invierno. A Lamartine, por otra parte, no le estaría bien el papel de hormiga. Su viaje a Oriente lo realizó con la magnificencia de un soberano: aspiraba a la aureola que los países lejanos dan a los peregrinos de la poesía, y que si no era la ganada en Grecia por Byron, podía competir con la que de América trajo Chateaubriand. Después, la caída de los Borbones y el advenimiento de la rama de Orleans le empujaron a la política; su campaña tribunicia fue brillante y no tan vacía de ideas como algunos aseguran: su conducta honrosa y hasta heroica; su papel, decisivo en la Revolución de 1848. Esta página de la vida de Lamartine merece ser estudiada. Existe hoy una escuela fundada y capitaneada por el profesor italiano César Lombroso, que sostiene y pretende probar con datos estadísticos, por cierto muy incoherentes y nada exactos, que el genio es una psicopatía, y los individuos superiores o progenerados, a manera de dementes, que doran su enfermedad con la luz de la gloria. Los escritores y poetas que por ahora hemos conocido, en estas páginas, dan un mentís a la teoría de Lombroso. No diré que en Rousseau y en Chateaubriand no hubiese algo anormal y psicopático: pero en la Staël, en Lamartine (y de seguro en Víctor Hugo, Jorge Sand y Alejandro Dumas) comprobamos y seguiremos comprobando una salud mental a prueba del trabajo más asiduo, y una óptima complexión que da por fruto longevidad envidiable y senectud fecunda. De estos individuos normales en todo, excepto en el genio, el más normal, el más firme de sentimiento y de espíritu es acaso Lamartine. Su vanidad inofensiva, su indulgencia y su desprendimiento, no son anomalías, sino accidentes de un carácter abierto y generoso, que infundía respeto y cariño visto de cerca. La medida de ese carácter la dio en pocas horas; pero horas decisivas y críticas. «No conozco nada más bello ni más heroico —escribe Lemaître, en su completo estudio dedicado a Lamartine—, no conozco nada más digno de ser vivido que los cuatro meses de poder de Lamartine, después de que, con la *Historia de tos Girondinos*, derrocó un trono. Cosa inverosímil, que ya solo concebimos en las antiguas Repúblicas: Lamartine reinó efectivamente por medio de la palabra. El día en que, acorralado contra una puertecilla del Hotel de Ville, de pie sobre una silla de paja, viendo cómo le apuntaban los cañones de los fusiles, picándole las manos la punta de los sables, accionando con un solo brazo mientras con el otro estrechaba a un hombre de la plebe, un andrajoso que se deshacía en lágrimas; el día en que, oponiéndose al populacho, ciego e irresistible como el mar, lo contuvo con frases y arrancó la bandera roja de manos del motín, el mito de Orfeo fue realidad, y Lamartine tan grande cuanto cabe que lo sea el hombre».

Pasó aquel momento; retirose a la vida privada Lamartine, y, uncido el Cisne a un carro de labor, empezó a ganarse la vida como humilde jornalero de las letras. Escribió en la cama, para evitar el frío; escribió al dictado, al lápiz, al vuelo, sin tregua ni reposo: novela, historia, biografía, autobiografía, confesiones, crítica, drama, libros de vulgarización y hasta no sé si textos para las escuelas de niños. Hay una página de las *Nuevas Confidencias*, que no puede leerse sin pena; en ella refiere Lamartine cómo, después de haber vendido las primeras *Confidencias* para descargar de hipotecas la amada posesión de Milly, el asilo de su infancia, el sepulcro de sus padres, sus *Charmettes*: después de entregar a la voracidad del público migajas de su corazón; después de ser acusado de impudor, de inconveniencia y de mal gusto, nada menos que por Sainte Beuve, el sacrificio había sido estéril, el precio no alcanzó a salvar la finca, y Milly se vendió... «Alégrense mis detractores» exclama Lamartine, con amargura en él extraña... Solo dos años antes de su muerte, en 1867, se determinó Francia a ofrecer, a título de recompensa nacional, una renta anual de cinco mil duros al hombre que había evitado el derramamiento de sangre y las trágicas escenas de la revolución desencadenada en París; al que salió del Poder con las manos limpias y alta la frente, y al que en ella ostentaba una corona de laurel inmarcesible. Fue el óbolo de Belisario; y así y todo, honra a la Nación que lo votó, no porque suponga gran liberalidad —todos sabemos cómo suele repartirse el presupuesto—, sino porque supone reconocimiento de jerarquía, lo más raro en estos tiempos de igualdad presuntuosa y desigualdad arbitraria.

El renacimiento cristiano tuvo de su parte, como hemos visto, a Chateaubriand y Lamartine, y no olvidemos que también a Víctor Hugo en sus primeros años. Sin embargo, no cabía unanimidad en una generación mal purgada de las doctrinas del siglo XVIII. La contrarrevolución fue poderosa, sobre todo en los años del Imperio y en los primeros de la Restauración monárquica; pero ya vuelve a levantar cabeza el jacobinismo.

Sin salir de los dominios de la poesía lírica, vamos a encontrar estas tendencias, representadas por Casimiro Delavigne y por Béranger.

Casimiro Delavigne se hizo popular dos años antes que Lamartine con las *Mesenianas*, elegías patrióticas, donde, como refieren los *Viajes del joven Anacarsis* que lamentaban los mesenios su decadencia y opresión, el poeta lloraba la afrenta de la Patria, sometida al yugo extranjero; la rota de Waterloo; la destrucción del veterano ejército, vencedor en cien campañas, y evocaba la mística figura de Juana de Arco, la Valkyria de las Galias, para echar otra vez de Francia a los invasores. Delavigne fue un poeta mediocre, y no le nombraría yo aquí si no hubiese acertado a iniciar, con Béranger, la apoteosis de la gloria militar y la rehabilitación poética del Imperio, tendencia más tarde difundidísima en Francia.

Mientras el Imperio existió, y Napoleón pesó sobre los destinos de Francia y de Europa, hízose aborrecible a los poetas y a los artistas, hasta a los mismos que pensionaba; apenas cayó precipitado de su columna, y probó, como decía Manzoni, el triste destierro, la epopeya napoleónica se impuso a la imaginación y se hizo carne con la Patria. Las *Mesenianas* tuvieron la suerte de interpretar el sentimiento nacional, menos difuso, más enérgico y acérrimo que otros sentimientos humanos. Acordose Delavigne, como se acordó entre nosotros Quintana, del ejemplo de Píndaro; comprendió que las circunstancias, cuando son extraordinarias y de dignidad suma, pueden inspirará los poetas, y fue el vate de circunstancias, que sigue el filo de la opinión, que da forma y voz a la cólera y a la esperanza de un pueblo. Arrastrado por la ola patriótica, contribuyó a encresparla. De ahí dimanó su popularidad; de ahí también su caducidad; por eso, veinte años después de su muerte, sus obras dormían ya bajo una capa de polvo, y no se pensaba en reimprimir aquellos *Mesenianas* tan celebradas un tiempo. Aunque se dijo de Delavigne, con notable exactitud, que representó en arte, en política y hasta en su vida llana y vulgar el justo medio, que ni fue clásico ni romántico, que encarnó el eclecticismo —las tendencias de su musa, rebasando los límites del liberalismo vago y benévolo, llegaron al jacobinismo sañudo—. La campaña contra los *hombres negros*, como llama Béranger a los jesuitas, la sostuvo en la poesía seria Delavigne; a su voz, surgió de la tumba el amarillento espectro de Voltaire.

Pedro Juan de Béranger[16] es otro enemigo, más encarnizado y temible aún, de la monarquía restaurada, de la aristocracia de sangre y del catolicismo; en general, de la contrarrevolución. Procedía Béranger, por filiación intelectual, del siglo XVIII; había asistido, en tiernos años, a la formidable escena de la toma de la Bastilla, y sus biógrafos aseguran que el canto de la Marsellesa le arrancaba lágrimas. Hay en Béranger una nota propia: mientras la literatura, desde la Revolución hasta los primeros años de la Restauración, es obra de la clase aristocrática, o al menos ennoblecida, y la lista de los grandes escritores parece una página de la Guía —vizconde de Chateaubriand, vizconde de Bonald, conde de Maistre, baronesa de Staël, conde de Vigny, conde Hugo—, únicamente Béranger hace brillar en las letras un nombre francamente plebeyo —*vilain et très vilain*—, como decía al jactarse de que su abuelo era un pobre sastre. No se parecía en esto a su maestro Voltaire, que no pudo resignarse nunca a no figurar entre la nobleza que se remonta a las Cruzadas. Si Béranger no pregonase su baja extracción y su educación deficiente, podríamos adivinarlas en sus canciones, tan a menudo adocenadas y groseras en el sentir, tan inficionadas de mal gusto y ordinariez. A los catorce años, Béranger, que vivía en Perona, entró de cajista en una imprenta; ni cursó las aulas, ni estudió latín; y los admiradores que le pusieron al nivel de Horacio, mejor debieran compararle al verde y fresco Lafontaine, saturado, como Béranger, de lo que llaman allende el Pirineo *gauloiserie*. Aunque Béranger se alababa de haber despertado a las abejas en el monte Hymeto, lo cierto es que carecía de humanidades.

Volvió a París Béranger, y dejando correr los días de la mocedad entre la miseria, alegremente combatida (¡qué bien se pasa en una buhardilla a los veinte años!, dice el estribillo de una de sus canciones), empezó a brujulear su vocación literaria. En aquel período fue Chateaubriand —¡quién lo dijera!— el que subyugó su fantasía y el modelo que se propuso; y antes de conseguir el hallazgo de un género propio, la viva y sucinta *chansonnette*, Béranger escribió *Meditaciones* y hasta ensalzó en rimas soporíferas el restablecimiento del culto. Por fin, en 1813, con una oportunidad fulminante, con una malicia

---

16 Pedro Juan de Béranger.- Nació en París en 1780: murió en París en 1857. (N. del A.)

transcendental, lanzó su primer canción, la famosa titulada *El rey de Ivetot*: he aquí dos estrofas traducidas en prosa:

«Había una vez cierto rey de Ivetot, de quien la historia no hace gran caso. Se acostaba tempranito, se levantaba tarde, y dándosele un comino de la gloria, dormía tan ricamente. Su corona era un gorro de algodón: en su palacio, de techo pajizo, hacía cuatro comidas diarias, y recorría el reino montado en un asnillo, sin más guardia ni escolta que un can. No sería gravoso a sus vasallos si no padeciese una sed inextinguible; a cada moyo de vino le cargaba de impuesto una olla; pero, ¡qué diablo!, un rey que hace felices a sus súbditos, también es justo que viva y beba».

Relacionemos con las circunstancias la cancioncilla y comprenderemos su efecto. Era el momento en que las guerras de España y Rusia, infaustas para las armas francesas, habían engendrado descontento profundo; en que Napoleón pedía a la nación, exhausta, no la olla de vino del buen rey de Ivetot, sino nuevos e incalculables sacrificios de dinero y 300.000 soldados más; en que Luis XVIII, en cambio, ofrecía desde el extranjero paz y amnistía; en que todas las potencias europeas se coaligaban contra Francia, y los aliados disponíanse a marchar sobre París; el momento en que se acercaban la abdicación, Elba y después Santa Elena. El pacífico rey de Ivetot, que se ríe de la gloria, que no estruja al pueblo, parecía un ideal. Los liberales vieron en *El rey de Ivetot* la sátira del despotismo; los partidarios de la Restauración, el elogio de las tendencias que representaba. Napoleón hubiese podido ver en la canción satírica una lección de filosofía profunda; el rey de Ivetot, con su gorro de algodón por diadema, caballero en su jumento, era más feliz que el árbitro del mundo.

Lo curioso es que Béranger, después de estrenarse con la apología de la paz, apenas cae Napoleón, siéntese inflamado en ardor bélico y no sueña —dice graciosamente un crítico— más que en aconsonantar *gloria* con *victoria*.

Ni el mismo Víctor Hugo contribuyó a formar la leyenda napoleónica como el autor de los *Mirmidones*, de la *Bandera vieja* y de los *Recuerdos del pueblo*. Sobre el pedestal de la adversidad, más grandioso que el de la fortuna, el vencido de Waterloo, con su levitón gris, la mano bajo la solapa, empezaba a señorear la imaginación. La literatura le había derrocado, y la literatura vindicaba su memoria.

La campaña de Béranger no se redujo a combatir a los Borbones con el prestigio de los recuerdos bonapartistas. También sacó a relucir el herrumbroso arsenal de Voltaire y Diderot contra la Iglesia. El cancionero tocó todos los registros: ya estoico, ya epicúreo, ya deísta bonachón, ya impío descarnado, no solo satirizó las creencias, sino que ridiculizó ciertas ideas éticas, cristianas en su origen, pero admitidas y respetadas hasta por los racionalistas, y en conjunto por la sociedad, que en ellas descansa. A la honestidad la calificó Béranger de sandez; al decoro, de hipocresía; cuantos pisaban la iglesia fueron para él detestables mojigatos; escarbó la ceniza hasta reavivar el fuego de la negación dieciochena, y preparó y apresuró la caída de las lises.

La fuerza de las canciones de Béranger reside en su misma brevedad y agilidad, en el sonsonete del estribillo que las grabó en la retentiva y permitió cantarlas al choque de los vasos y al retintín de los cuchillos que los hieren a compás. Se cantaron a los postres, en las mesas de familia y en las cuchipandas entre estudiantes y grisetas, en los *caveaux* con ribetes literarios y en las tabernas y chiscones: las cantó su autor, las cantó la burguesía, las cantó la plebe, y si se perdiese la edición entera de las canciones, en la memoria de los franceses se encontrarían archivadas, como el Romancero estuvo un tiempo en la de los españoles. Entre una copa de Romanée y otra de Chambertin, desde los brazos venales de Fretillon y Liseta, las canciones de Béranger anunciaban el advenimiento, primero de la monarquía ciudadana de Luis Felipe, de gorro de algodón como el rey de Ivetot, y después del segundo ensayo de República.

Ofreció Béranger un ejemplo nada común: versátil y hasta contradictorio en las ideas, fue consecuente en la conducta. No quiso aceptar sueldos ni cargos, no quiso entrar en la Academia; prefirió ser hasta su último instante el cancionero popular. Cuando Chateaubriand, muy abatido y viejo, le decía: «¡Hola, Béranger! Ya tiene usted su República», Béranger contestaba con perfecto idealismo: «¡Ah! ¡Preferiría soñarla!».

Porque coloco a Béranger entre Lamartine y Víctor Hugo, no se crea que les igualo. Béranger es un poeta que chorrea el jugo de su raza: galo hasta la medula, hasta cuando parece respirar el ambiente de Horacio o de Tíbulo, o cuando produce la ilusión fugaz de un moderno Anacreonte; artista, porque sabe encerrar un asunto en corto espacio, y disparar la flecha satírica emplumada en la riente copla; pero jamás pudo Béranger salvar la misteriosa valla que separa al genio del ingenio; y el que quiera notar la diferencia de estatura que hay entre dos satíricos de los cuales solo uno es poeta excelso, compare la *Bandera vieja* de Béranger con la sublime invocación a las banderas contenida en *Los castigos* de Víctor Hugo.

Ejemplo memorable desde el punto de vista de la fraternidad literaria, fue la estrecha amistad que unió a Béranger con Chateaubriand, Lamennais y Lamartine. Sainte Beuve dice con donaire que cuando se figura reunidos a estos tres bajo el emparrado del cancionero, cree estar viendo el *Carnaval de Venecia* de la literatura. Si buscamos contrastes, ninguno como el que forman Béranger y Chateaubriand; no es ya contraste, es irreductible oposición; el plebeyo demócrata y el hidalgo legitimista; la alegría de vivir y de beber y el incurable tedio; la prosa poética y la poesía prosaica, porque Béranger, fuerza es confesarlo, muchas veces rimó prosa pura, y si se exceptúan sus canciones socialistas como *Juana la roja* y *El viejo vagabundo*, y algunas fantasías como *El Hombrecillo gris*, diríase que pone en verso artículos del *Pére Duchesne*. Aunque sus canciones parecen la facilidad, la improvisación misma, era realmente premioso y laborioso, y hasta rebuscado, violento y académico en la forma, él, que prefería a la Academia de la Lengua la cueva de los bebedores. El siglo XVIII le había hecho mal de ojo, como tenía que hacérselo a los que en él buscasen veta poética, y por eso Béranger, con toda su malicia chispeante, con sus dotes de miniaturista y de grabador de camafeos, nunca figurará sino entre los poetas menores. El romanticismo, además, reniega de él.

He dicho que Chateaubriand era la antítesis de Béranger. Con más exactitud debí decirlo por el desdeñoso Alfredo de Vigny,[17] tan cuidadoso en evitar la popularidad como Béranger en solicitarla. El báquico emparrado de Béranger y la torre de marfil de Vigny... ¡qué ideales tan opuestos! Mientras Béranger trabajaba para la hora presente y se uncía al carro de la opinión, Vigny, lejos de la muchedumbre, preparaba con mano segura el porvenir de su fama. En vida, y sobre todo en sus primeros años, no fue Vigny un ídolo como Lamartine; pero hoy, cuando la crítica hila delgado y se contrastan y

---

17   Alfredo de Vigny. Nació en Loches en 1793: murió en París en 1863. (N. del A.)

depuran méritos, el olvidado nombre de Vigny asciende cada día, y se coloca en primera línea, a corta distancia de los más grandes.

Aquella idea peregrina que se formaban de Lamartine sus cándidas adoradoras provincianas, realizábala Vigny plenamente; tenía el lindo rostro y los rubios rizos de un querube, y era un dechado de delicadeza y finura, hasta de inmaterialidad. Refiérese que nadie consiguió sorprenderle sentado a la mesa, y Alejandro Dumas consigna que la actriz señorita Dorval, después de ser por espacio de siete años amiga íntima de Vigny, contaba con asombro, casi con terror, que, en tanto tiempo, solo una vez le había visto comer... ¡un rábano! Aunque Alejandro Dumas sea fuente turbia y sospechosa, la anécdota retrata a Vigny, y confirma el dicho humorístico de Sandeau, el cual aseguraba que con Vigny nadie de este mundo se había tratado familiarmente, ni Vigny mismo. Pulcritud, reserva y corrección, eran la armadura tersa y glacial con que resguardaba su pecho el más desesperado de los románticos.

Al tener que decir en qué se funda la estimación creciente hoy otorgada a Vigny, siento un recelo muy natural: el riesgo que corro de extrañar y contristar a los que me leen. Quisiera poder justificar la admiración tardía que inspira Vigny, y para ello necesitaría largos comentarios. En Vigny se celebra, más que al poeta, al pensador; se alaba la profundidad y elevación de ideas, la trama intelectual que bordó de poesía. Y aquí está lo triste: las ideas de Vigny no son otra cosa sino el pesimismo más hondo y radical que se ha conocido en este siglo, con ser el siglo de Leopardi y de los filósofos de la nada, desde Schopenhauer hasta Nietzsche.

No hay erial ni desierto que al alma de Vigny pueda compararse. Hijo de uno de aquellos filósofos de la generación enciclopedista, que se nutrían de la negación apasionada, transformó los principios de su padre en otros más desconsolados cien veces: forjó para su uso, despreciando la propaganda, un completo nihilismo moral e intelectual. Seria y concienzudamente ateo, no solo en religión, sino en amor, esa religión profana de los poetas líricos, no lo proclamaba a gritos, y su programa consistía en oponer un frío silencio al tenaz silencio de la divinidad (son sus palabras). El pesimismo de Alfredo de Vigny es tan glacial y denso, envuelve tan completamente su alma estoica, que muchos críticos preguntan qué desgracias pudo sufrir para petrificarse hasta tal punto, y no encuentran en su vida nada que justifique el dolor de este nuevo Job... sin paciencia. Vigny no era rico, pero tampoco estaba en la miseria precisamente. Al pesimista, por otra parte, no lo hace la desdicha, sino una especial disposición y contextura de su espíritu: como que la desdicha, algunas veces, lejos de destilar ponzoña, destila bálsamo de resignación y de esperanza; y un caso de esta bella transformación del alma por el dolor es el que estudió Javier de Maistre en su precioso diálogo *El leproso de la ciudad de Aosta*, lo más contrario a las doctrinas de Vigny.

Vigny no creía en nada, de tejas arriba ni de tejas abajo. El caso es más singular de lo que se piensa: no creer en nada, requiere esfuerzo inaudito. El entendimiento, ante la sombría puerta de la negación absoluta, se detiene como atacado de vértigo. Rectifico: en algo creía Vigny: creía en una virtud no divina, sino humana; virtud sin palma celestial, que parece brotar de la tierra: el honor. Una chispa del rayo que abrasó la soberbia frente de Luzbel había caído sobre la de Alfredo de Vigny, y su orgullo, brillante vicio del alma superior, era estela de bronce que se mantenía enhiesta, entre la desolación y la ruina. El orgullo de Vigny se revelaba en los modales y las costumbres, en esa misma reserva cortés propia del trato muy exquisito y que acaso es la forma más caracterizada del desdén; en el horror a la exhibición ruidosa de los sentimientos y de las heridas morales; y este modo de ser peculiar, este aislamiento y claustración en la ebúrnea torre, contribuye a que Vigny suba cuando baja el romanticismo, pues en él reconocen un verdadero precursor los partidarios de la impasibilidad y los teóricos del arte refinado, a quienes hasta repugna (más o menos sinceramente) el aplauso del vulgo.

Hoy Vigny es grande por su influencia y por haberse adelantado a sus contemporáneos, antes que por méritos propios: es poeta corto de resuello, sutil y alambicado, sin el vuelo de águila de Víctor Hugo, ni el suave bogar císneo de Lamartine; pero Hugo, Lamartine, Leconte de Lisle, Baudelaire, Sully Proudhomme, todos se inspiraron en él. *La caída de un ángel* proviene de *Eloa*; las españolerías de Musset proceden de *Dolorida*; Víctor Hugo, en *La leyenda de los siglos*, se acordó de *Moisés*. Fue asimismo Vigny el primer novelista walterescotiano que tuvo Francia, y el primer autor dramático que siguió las huellas de Shakespeare. Anunció también el simbolismo: sus poemas *La cólera de Sansón*, *Eloa* y *La casa del pastor* son realmente simbólicos. Con todo el caudal de nuevas direcciones que trajo Vigny a la literatura, el público apenas le conoció; y si no le lisonjeaba la ruidosa popularidad, tampoco le agradaría pasar inadvertido para los contados inteligentes que produce cada época literaria; su personalidad era sobrado intensa y enérgica para resignarse al olvido, y debiera sorprenderle que, verbigracia, Caro, al escribir un libro sobre el pesimismo en el siglo XIX, y estudiar a Leopardi en concepto de poeta de la desesperación y la infelicidad, no le dedicase a él, Alfredo de Vigny, su compatriota, ni un párrafo, ni dos líneas siquiera. Y, sin embargo, el pesimismo de Vigny es más entero que el de Leopardi todavía, y sin duda más espontáneo, pues al cabo Vigny no era contrahecho, ni desconocía las amorosas venturas, que es fama ignoró el poeta de Recanati. Nunca este, ni en sus más acerbas inspiraciones, atribuyó a la naturaleza lenguaje tan cruel como le hace hablar Vigny: «No escucho vuestros clamores ni vuestras quejas; apenas noto que sobre mí se desarrolla la comedia humana; sin mirarlos ni oírlos, confundo el hormiguero y la inmensa capital; no distingo el terruño de la ceniza; al soportar a las naciones, me desdeño de aprender su nombre. Me llaman madre, y soy una tumba; mis inviernos desmochan el árbol de la humanidad, y mis primaveras no sienten vuestra adoración». «Desde entonces —añade el poeta— detesto a la naturaleza impía; veo en sus aguas nuestra sangre, bajo sus praderías nuestros muertos, cuyo jugo chupa la raíz de las plantas... La odio, sí, con odio invencible». Pero este poeta que reniega de la naturaleza, ¿al menos creerá en el sentimiento, en el amor, en una Nerina, como Leopardi? ¡Menos! La mujer, para Vigny, es un ser impuro de cuerpo y de alma; domina al hombre porque le acaricia desde la cuna, y arrullado por ella contrajo la necesidad de reclinarse en su tibio seno; pero ¡ay del incauto! Toda mujer es más o menos Dalila... ¿Y el cielo? El cielo es sordo, mudo, ciego, insensible..., y el hombre, altanero y crispado, no debe llorar, ni rezar, sino morir cerrando la boca, sin exhalar ni un suspiro». Cuando un poeta profesa tales doctrinas, no en pasajeros arrebatos de rabia, sino sistemáticamente; cuando por ellas, precisamente por ellas, toma incremento su fama y se le ensalza y pone en las nubes, ¿no es verdad que notamos un terrible síntoma, indicación bien amarga y poderosa del estado del pensamiento contemporáneo? Y no se diga que las teorías de Vigny triunfan porque las reviste forma poética soberana. Sin duda hay bellezas en Vigny, pero no es el artista, es el desesperado el que cautiva a la generación actual.

Otro pensador en verso es el famoso Sainte Beuve,[18] respetado como crítico, como poeta arrumbado ya, pero que tuvo su hora y su papel peculiar en la historia de la poesía romántica francesa. Los primeros versos de Sainte Beuve vieron la luz bajo el seudónimo de José Delorme, joven médico que había muerto del pecho. Los que nacimos después de mediado el siglo XIX, recordamos que en nuestra niñez aún conservaba cierto prestigio poético la tisis: era enfermedad espiritual y bella, propia de organizaciones selectas, de espíritus soñadores, y de la juventud sobre todo; el tísico moría mecido por ardorosas ilusiones, excitado por una especie de fiebre dulce, y se extinguía como el pájaro, cantando... y también tosiendo. Hoy la tisis ya es la tuberculosis; hoy se idealizan la salud y la fuerza, y si hay enfermedad de moda en las letras, es la neurosis; pero antes que Alejandro Dumas (hijo) en la *Dama de las Camelias*, Sainte Beuve creó el romanticismo de la tisis en las *Confidencias autobiográficas* del supuesto doctor.

Otro tema nuevo trajo Sainte Beuve. Fue también iniciador de lo que después se llamó poesía intimista, género en que han descollado Coppée y Teodoro de Banville, y desplegó la bandera de un realismo familiar y democrático, pintura de género inspirada por la lectura asidua de los poetas ingleses de la escuela lakista, Wordsworth y Coleridge; ideal de llaneza que contrastaba con la tendencia aristocrática de Chateaubriand y de Hugo en sus primeros tiempos, y con el altivo aislamiento de Vigny; por lo cual no faltó quien diese a Sainte Beuve el título de *Lamartine de la burguesía*. Ciertas afirmaciones que estaban comprendidas en la esencia misma del romanticismo, si no podía Sainte Beuve encarnarlas por carecer de facultades poéticas de alto vuelo, tenía que definirlas y verlas con claridad, por lo mismo que era crítico ante todo. Medio frustrado como poeta, no se equivocó en el juicio, y ejerció en el Cenáculo y respecto a Víctor Hugo el papel de legislador y maestro. En concepto de tal definió las condiciones esenciales del verso romántico, reduciéndolas a tres: movilidad de la cesura, libertad del encabalgado y riqueza de la rima. La rima, en su opinión, es la primer ley poética; en ella reside aquella fuerza natural e innata, parte divina y misteriosa de la inspiración; y por esta teoría, que identifica la técnica con el ápice sumo del arte, Sainte Beuve es el

---

18 Carlos Agustín Sainte Beuve. Nació en Boulogne en 1804: murió en París en 1869. (N. del A.)

nuncio de los parnasianos y de los partidarios del arte formal y puro. En Sainte Beuve, poeta arrinconado, y, sin embargo, de acción tan fecunda, se cumplió la ley que dispone que los artistas de segundo orden contribuyan más que los de primera línea al movimiento estético y a la aparición de escuelas nuevas; porque el verdadero genio no tiene imitadores: solo se puede imitar, exagerándolos, los defectos y la manera. Cargado de merecimientos Sainte Beuve en la crítica nunca se resignó a ver marchitos sus laureles de poeta, y un fermento de añeja envidia le llevó a arañar felinamente a Lamartine y a Alfredo de Musset.

Al nombrar a Alfredo de Musset[19] siento la dificultad de expresar con palabras el encanto de este poeta, que en Francia es moda desdeñar ahora, porque representa la frescura juvenil en un período del siglo en que la gente nace o aparenta nacer con el espíritu envejecido.

Alfredo de Musset es una mezcla de sentimiento romántico y de lucidez picaresca, propiamente clásica, *gauloise*. Lo prueba el oficio que desempeñó en el Cenáculo, donde empleaba su humorismo y su donosa ironía en satirizar las risibles exageraciones de la escuela, los paseos nocturnos a contemplar la luna que asoma sobre amarillento campanario. Para traer a los románticos al terreno del sentido común, Musset esgrimió las acicaladas armas del ingenio: la ocurrencia, el chiste, el desplante y el gracejo más ático. No solo en la célebre *Balada a la Luna*, que cayó a modo de ducha glacial sobre las calientes cabezas y las revueltas greñas de los cofrades en romanticismo, sino en las preciosas *Cartas de Dupuis y Cotonet*, el joven poeta supo demostrar raro instinto crítico, y ejercitar una cualidad muy francesa: la percepción de la ridiculez y el don de corregir las exageraciones con la risa.

La agudeza, la humorada, el desenfado con ráfagas sentimentales, caracterizan la primera época de Alfredo de Musset, aquella en que hacía, según propia confesión, versos de niño. Ya entonces, y quizás entonces más que nunca, poseía en alto grado el *esprit*, mezcla de vivacidad y agilidad en comprender, y donaire y concisión en expresar; don de cazar al vuelo lo más saliente y marcado de cuanto se ofrece y propone a nuestra consideración en el vario espectáculo del mundo, y condensar su esencia en una frase gráfica, ligera e insinuante como exquisito aroma. Aparte del *esprit*, se destaca otro

---

19 Alfredo de Musset. Nació en París en 1810: murió en París en 1857. (N. del A.)

elemento peculiarísimo en Alfredo de Musset, y para precisarlo habría que definir una cosa indefinible, que no es precisamente la elegancia, ni la distinción, pero se les asemeja: el *dandysmo*. La palabra no es castiza, pero no puedo sustituirla con otra equivalente.

¿En qué consiste el *dandysmo*, brillantemente representado dentro de las letras inglesas por lord Byron, y de las francesas por Alfredo de Musset? No ciertamente en los blasones, pues Musset no los poseía; pertenecía a una familia de la clase media acomodada. Tampoco en llevar vida calaveresca, ni en llenar de nombres femeninos una lista como la de Don Juan, ni en tener desafíos, ni en jugar fuerte, ni menos en raspar con un trozo de vidrio el paño del frac a fin de adelgazarlo, según se refiere que hacía el rey de los *dandyes*, el célebre Jorge Brummel. Los requisitos del *dandysmo* pueden reunirse en un sujeto, sin dar por resultado un *dandy*. El *dandysmo* es un aura, un vapor, un granito de sal, una futesa, cualquier cosa; un modo de presentarse, de hablar; una insolencia fina, un incopiable estilo propio que hace rabiar a los imitadores; y, en literatura, un acento desdeñoso que no se confunde con otro acento, un desenfado que subyuga y hechiza, porque es la negación de la pedantería, de la ñoñez y del apocamiento; una malicia aristocrático-intelectual que transciende. Entre los literatos contemporáneos españoles, Campoamor ha tenido a veces el estilo *dandy*.

Ante la imposibilidad de sugerir por medio de la frase lo peculiar de la primera época de Musset, recurro a decir que sus versos producen el efecto del Champagne, no el de ningún otro vino, ni siquiera el que imaginamos que producirá la ambrosía de los dioses: el del Champagne solamente. Cuando el Champagne, leve, chispeador, con el áurea transparencia del topacio bohemio, cae en amplia copa de cristal; cuando al rozar los labios su delicada espuma se despierta el cerebro, se avivan las percepciones y se enciende la fantasía, apresúranse las ideas con el ritmo de un corro de ninfas danzadoras —de ninfas, entiéndase bien, no de desenfrenadas y ebrias bacantes—. No diré que el Champagne sea espiritual, pero si que presta espiritualidad, y lo mismo sucede con los versos de Alfredo Musset.

Así y todo, después de haber escanciado a sus contemporáneos ese vino de luz; después de producir *Namuna* y *Don Páez*; después de burlarse solapadamente del Cenáculo a pretexto de la casta Diana, y de evocar las serenatas y las estocadas de las callejuelas españolas, Musset no era todavía lo que se llama un gran poeta, un poeta que desde la imaginación llega a lo hondo, a las fibras secretas del alma. No lo fue hasta que le sucedió... ¿qué? ¿Alguna extraordinaria aventura? No, en verdad, sino la más usual y corriente; pero aventura que, según hace notar con su habitual acierto el insigne crítico Fernando Brunetière, no obstante su vulgaridad, no le acaeció ni a Lamartine ni a Víctor Hugo; sentir una pasión grande y sincera y sufrir un mortal desengaño. Y si no se quiere que esta haya sido la pasión más honda de Musset, por lo menos fue la que su imaginación transformó en poesía.

Esta página no hay para qué transcribirla aquí; es sobrado pública, como que se ha divulgado a campana herida, y casi diré que a toque de rebato, en periódicos y revistas y hasta en gruesos volúmenes, escritos expresamente para defender, ya la causa del poeta abandonado y vendido, ya la de la ilustre inconstante. Al arte y a las letras no les importa el nombre ni la ocasión; lo único que les interesa es que a la cruenta herida del alma de Musset se deben sus obras maestras, las que le harán inmortal; sus *bellos clamores*, sus *gritos divinos*, según la frase de Gustavo Flaubert; las incomparables *Noches*, más sentidas que el *Lago* de Lamartine, y casi tan puras como él, porque Musset, al contacto del dolor, acendró su inspiración y la elevó a la dignidad y a la hermosura que solo procede del verdadero sentimiento; dejó de ser el pajecillo, el *dandy*, y fue el hombre. Ni *Rolla*, ni *Namuna*, ni los proverbios, cuentos y comedias, ni la *Balada a la Luna*, ni aun el tierno *¡Acuérdate!* consagraron a Musset para la incorruptibilidad de la gloria, sino las *Noches* y la *Epístola a Lamartine*, poesías donde vierte sangre un corazón desgarrado, y donde la variedad y el contraste de los afectos, la indignación terrible y la repentina calma dolorosa, la invectiva y el ruego, los sollozos y los himnos, alternan con el magnífico desorden y el soberbio empuje de las olas del mar en día de desatada tormenta. Bien comprendía Musset que de sus lágrimas iba a formarse su corona de laurel, y en *La noche de Mayo* pone estas palabras en boca de la Musa, consejera del poeta: «Por más que sufra tu juventud, deja ensancharse esa santa herida que en el fondo del corazón te hicieron los negros serafines. Nada engrandece como un gran dolor: que el tuyo no te haga enmudecer; los cantos desesperados son los más hermosos, y los conozco inmortales que se reducen a un gemido. El manjar que ofrece a la humanidad el poeta es como el festín del pelícano: pedazos de entraña palpitante».

Cuatro son las admirables elegías tituladas *Noches*: la *Noche de Mayo*, la *Noche de Diciembre*, la *Noche de Agosto*, la *Noche de Octubre*. Están escritas en tres años: desde Mayo de 1835 a Octubre de 1837: tanto duró la impresión violenta y trágica que dicta sus estrofas. Tres de ellas tienen forma de diálogo del poeta con la Musa: el poeta solloza y se retuerce, y la Musa, la consoladora, la amiga, la hermana, la única fiel, le murmura al oído frases de esperanza, le vierte en el corazón los rayos lumínicos de su túnica de oro. En la *Noche de Diciembre* no es ya la Musa quien habla al poeta, sino una fúnebre visión, un hombre vestido de negro, que se le parece como un hermano, «Dondequiera que he llorado; dondequiera que he seguido ansioso la sombra de un sueño; dondequiera que, cansado de padecer, he deseado morir... ante mis ojos se apareció ese infeliz vestido de negro, mi propia imagen». Al final de la elegía sabemos el nombre de la visión: es la soledad, es el abandono..., compañero eterno del poeta, hermano gemelo de su alma. Sin duda la *Noche de Mayo* y la de *Octubre* son las más bellas de las cuatro elegías, y así lo declaran los críticos por unanimidad; pero en la de *Diciembre* hay una melancolía más penetrante y más incurable.

Hasta en prosa, lo mejor que escribió Musset fue inspiración directa de la historia de amor que él llamó misteriosa y sombría, aunque no pudo llamarla secreta. La *Confesión de un hijo del siglo*, novela autobiográfica, encierra, y no en germen, sino bien desarrollados ya, los temas y casos pasionales que con fortuna aprovecha hoy para sus celebradas novelas psicológicas Pablo Bourget; y al calor de la humillación y de la rabia, se forjó la intencionada e ingeniosa sátira *El mirlo blanco*, digna de ser comparada a los mejores cuentos de Voltaire. Cuando se cicatriza la llaga; cuando se mitiga el padecimiento y vuelve al espíritu de Musset la serenidad perdida; cuando la Musa cumple su misión consoladora; cuando atónito le parece que es otro y no él mismo el que tanto sufrió, al disiparse la embriaguez de la pena se disipa el estro: las últimas producciones de Musset ya no traen el sello de fuego, ni son obra de los negros serafines: el poeta acaba decadente y frío como placa de hierro apartada del horno. El ejemplo de Alfredo de Musset debiera hacer reflexionar a los que creen, como creía Flaubert, que la efusión del sentimiento, el

73

grito arrancado por la pena, son cobarde exhibición de flaquezas vergonzosas, y que el poeta ha nacido para callarse cuanto realmente le importa, a ejemplo de cierto diplomático famoso, que suponía que la palabra nos ha sido otorgada, no para revelar, sino para encubrir y disfrazar el pensamiento. Si fue flaqueza la que nos valió esas *Noches* incomparables, la verdad misma, porque brotan empapadas en lágrimas amargas; *Noches* en las cuales, según la sugestiva frase del poeta, diríase que fermentaba a deshora el vino de la juventud, no deploremos tal flaqueza, cristalizada en poesía.

IV
La segunda fase del renacimiento religioso. Los apologistas. Frayssinous. «El Papa». El renacimiento religioso deriva hacia el catolicismo liberal. Lamennais. Reaparece el hábito. Lacordaire. Montalembert. Ozanam. Exaltación democrática. Luis Veuillot

El gran movimiento religioso que empezó a producirse a la caída del Imperio, y que se enlaza estrechamente con el romanticismo, si ya no es el propio romanticismo, en forma genuinamente espiritualista, tomó al pronto aspecto de reacción contra la Enciclopedia y el terror jacobino. En su segunda fase, el espíritu liberal late ya en él, insinuado. La obra de desintegración comienza, en medio de un esplendor que tiene tanto de triunfal.

Lo que constituye la unidad de un período tan agitado y efervescente como el que se inicia hacia 1814 y decae hacia 1845, es el impulso general de renovación. Todo germina, todo florece, en una especie de fiebre de crecimiento vital, de esas fiebres que no aniquilan, sino que exaltan las facultades y las potencias, descubriendo horizontes de esperanza y evocando ilimitadas perspectivas. La inteligencia, llena de confianza en sí misma, se embarcaba todas las mañanas en una de las carabelas de Colón. La multitud seguía a la inteligencia con docilidad entusiasta, convencida de que encontraría tierras recónditas, nuevos paraísos, o por lo menos recobraría el Edén perdido, la verdad enterrada por la fatal filosofía de la Enciclopedia, y que, cual la hija del conde de Barcelona, permanecía viva en su sepultura.

No se deduce de lo que voy diciendo que el período romántico fuese de unanimidad y concordia: sabemos que era de combate y estrépito, de choque fragoroso. Mas las controversias y las polémicas de aquel tiempo ostentaron ese sello de sinceridad vehemente que caracteriza a las edades heroicas del pensamiento y del sentimiento, entre las cuales debe contarse, sin género de duda, el romanticismo. Si me preguntan en qué se distinguen las edades heroicas intelectuales, diré que es justamente en la incansable esperanza y en el ardiente anhelo de encontrar la verdad, y también en el convencimiento de haberla descubierto y sacarla a luz, coronándola.

De tantas aspiraciones y luchas; de tal persuasión de la victoria; de aquel programa ideal que comprendía, en la esfera política, la conciliación de la libertad con el orden; en la religiosa, la armonía constante de la razón y la fe; en la filosófica, la depuración y fusión de todos los sistemas, y en arte, la suprema fórmula de la vida y la pasión, queda, por lo menos, en el cielo un rastro lumínico, en medio de la crepuscular melancolía de lo presente.

Tal vez nos inclinemos a suponer que entonces, en el apogeo del romanticismo, apareció una raza de hombres superiores a los contemporáneos nuestros, dotados de más ricas facultades, de energías más poderosas. Sin afirmarlo ni negarlo, me parece preferible otra suposición: la masa reencontraba predispuesta. Los hombres excepcionales necesitan fondo y ambiente, y aquellos lo tenían. La muchedumbre ansiaba oír, aprender, creer; y del terreno removido por la espada, fertilizado por la sangre, como la cuenca del Nilo por las avenidas y riadas, brotaron los genios. Nada revela la virtud generadora de ese ambiente caldeado y electrizado por el entusiasmo, como el espectáculo de dos tribunas: la filosófica y la sagrada.

Napoleón había restablecido el culto mediante un Concordato con Pío VII. La Iglesia transigía con los compradores de bienes nacionales; el Estado protegía el ejercicio de la religión católica y su independencia. Aceptó la Iglesia esta situación, pero no pudo menos de recordar que bajo el antiguo régimen poseía la quinta parte del territorio, percibía el diezmo, no toleraba disidencias y sancionaba la constitución de la familia. Quedábale el deseo y casi la necesidad de la lucha para reconquistar lo perdido. La Restauración borbónica dio, naturalmente, alas a este afán. Carlos X y el volteriano Luis XVIII coincidieron en intentar reformar el Concordato en sentido ultramontano. Luchando con la sociedad nueva, se pretendía volver a la tradición del derecho divino, restableciendo leyes como la del sacrilegio castigado con la mano cortada, —que ya ni aplicarse pudo—. La persecución revolucionaria había hecho al clero popular; la protección restauradora le hizo tan odioso, que en 1830 los sacerdotes no se atrevían a vestir en la calle sus hábitos. La Monarquía de Julio evitó que el clero influyese en la política oficial; entonces le vemos recobrar su prestigio y el hábito religioso aparece en el seno de la representación nacional. Ténganse en cuenta estas fluctuaciones para comprender la batalla que se libró en el terreno intelectual, filosófico y literario.

Al tratar del movimiento religioso hasta el fin del romanticismo, fijan la atención dos episodios principales: las disensiones entre galicanos y ultramontanos, y la explosión del catolicismo liberal. Las primeras nacieron de un formidable libro del conde de Maistre, ariete y cimiento a la vez, titulado *El Papa* —con otro que viene a ser su apéndice o coletilla: *La Iglesia galicana en sus relaciones con el Soberano Pontífice*—, donde el autor pulveriza a Pascal y a los jansenistas y acorrala a Bossuet, cuya pluma y palabra aquilífera servían de fundamento al episcopado francés en sus alardes de relativa independencia respecto a la Santa Sede. Otro teórico fogoso iba a proseguir la obra del conde de Maistre, acabando de arrancar la raíz del galicanismo; pero el espíritu de la Iglesia francesa aún encontró defensor en el respetable Frayssinous. Este sacerdote, que ha sido comparado a Massillon, supo, ya desde la época del Imperio, atraer a sus pláticas de San Sulpicio, diferentes del clásico *sermón*, un auditorio de gente seria, ansiosa de aprender a creer, y explicó con moderación y claridad los puntos controvertibles de la doctrina y la tradición histórica. Prohibidas por el despotismo imperial estas pláticas, cuando la Restauración devolvió a la tribuna religiosa su libertad, volvió Frayssinous a su púlpito después de cinco años de forzoso silencio, y eligió para asunto, no ya los dogmas y la moral cristiana, sino la Revolución, en sus causas, efectos y fines. La persecución sufrida y la importancia del tema, entonces novísimo y cadente, valieron al fervoroso catequista de la juventud una ovación muda, la única a que el predicador puede aspirar. Dedicado desde entonces a la cátedra sagrada, Frayssinous reunió sus conferencias en una obra que tituló *Defensa del cristianismo*, y que si no llena las exigencias de la apologética de hoy —como tampoco *El genio del cristianismo* de Chateaubriand— por el influjo que ejerció merece no ser relegada al olvido. Lamennais, que entonces aún no había comenzado a disentir de Frayssinous, decía de él: «Ha sido suscitado por la Providencia un orador, capaz de confundir a la incredulidad con lógica poderosa».

Mas estos méritos de Frayssinous, la integridad y dignidad de su carácter, el desinterés y honradez de su apologética, su previsión de que el problema del porvenir religioso de Francia estaba en la instrucción pública, y de poco serviría la represión política si se abandonaban el aula y la escuela, no bastaron para reanimar al galicanismo. Las doctrinas del conde De Maistre sobre la primacía y autoridad suprema de la Santa Sede cundían y hacían prosélitos hasta entre los obispos galicanos; a ellas se adhería el catolicismo joven, bautizado con la sangre de los mártires de la Revolución; a ellas se afiliaban Lamartine y Lamennais. El dogma de la infalibilidad cuajaba en las conciencias. Las convulsiones revolucionarias, dividiendo al clero francés en juramentado e injuramentado, habían roto la unidad del sentimiento nacional y afirmado el eje espiritual fuera de Francia.

He hablado ya de José de Maistre; si hoy repito su nombre es para decir que fue maestro y guía de los primeros pasos de un hombre en quien al pronto vieron sus contemporáneos a otro San Agustín, y que después, fulminado como el ángel caído, sirvió de escándalo y aflicción de sus antiguos admiradores; se adivina que me refiero a Lamennais.[20]

Nació este apóstata, que en los primeros siglos de la Iglesia hubiese sido formidable heresiarca, en San Malo, en una casa de la misma calle donde años antes Chateaubriand había venido al mundo. El alma sombría del celta, su imaginación nebulosa, se revelaron en Lamennais desde la niñez. Huérfano de madre y muy enfermizo, fue uno de esos chiquillos de ojos verdes y cara pensativa que los provincianos del Noroeste solemos encontrar en las playas de nuestra tierra, y que, en vez de jugar, miran fijamente el ir y venir de las olas. Espíritus inquietos y amargos como el Océano, pero poéticos y soñadores.

Aunque penetrado de impulsos místicos, desde la adolescencia fluctuó Lamennais entre la incredulidad y la fe; su vocación eclesiástica, precedida por una infeliz pasión amorosa, fue tardía y como violenta; anduvo reacio para ordenarse, cual si presintiese que por aquel camino no llegaría a encontrar la paz. Bretón legítimo, afiliado a la escuela católico-monárquica de Chateaubriand y el conde De Maistre, la duda le atormentaba desde la adolescencia.

Eran, no obstante, preocupación continua para él las cuestiones religiosas, y antes de los treinta colaboraba con su hermano Juan en dos libros de apologética y de historia de la Iglesia. Este hermano era ya sacerdote: Felicidad Roberto Lamennais no lo fue hasta 1815.

Ni aun al decir su primer misa se sentía convencido; por extraña vacilación, se le vio ponerse lívido y casi desmayarse al consagrar.

---

20 Hugo Felicidad Roberto Lamennais. Nació el 19 de Junio de 1782: murió el 27 de Febrero de 1854. (N. del A.)

De Maistre y su escuela atrajeron a Lamennais, y en el periódico *El Conservador* inició una campaña en pro de la enseñanza religiosa, señalando al catolicismo el escollo de las instrucciones oficial y laica. También rebatió las teorías de Odilon Barrot, el cual sostenía que puede haber tantas creencias como ciudadanos y que la ley es necesariamente atea. Revelose ya desde entonces Lamennais polemista vigoroso y hasta descompasado y acre, siendo la naturaleza de su talento semejante a la áspera costa bretona, erizada de escollos y arrecifes, azotada por espumas que encrespa el huracán. Sin embargo, era casi desconocido todavía cuando en 1818 dio a luz, bajo el velo del anónimo, el primer tomo de una obra titulada *Ensayo sobre la indiferencia en materias religiosas*. Fue la publicación un suceso magno: la vibración inicial del renacimiento religioso persistía aún; la campana tañía, el órgano gemía en los corazones, y las generaciones jóvenes solicitaban argumentos y bases para la fe. Tenía el *Ensayo* un estilo suasorio, ardoroso y altivo, una dialéctica apretada, el paso seguro y resuelto de quien camina por el firme terreno de la verdad; y lejos de transigir con el error y guardarle miramientos, tratábale como a ciego y a niño incorregible, y le fustigaba con desdeñosa ironía. Hasta entonces, dice acertadamente un expositor de Lamennais, el catolicismo se había defendido; con el *Ensayo* tomaba la ofensiva. Ventaja tan considerable, que el insigne catequista Frayssinous, preguntado qué pensaba del autor del *Ensayo*, respondió con cristiana modestia: *Illum oportet crescere, me autem minui*. «Él tiene que crecer, yo que menguar».

Dícese que, no obstante la victoria de aquel primer volumen del *Ensayo*, la gente previsora no acertó a evitar cierto indefinible recelo, nacido, no solo del carácter apasionado que delataba en su autor, sino de algunas proposiciones peligrosas asomando entre la crítica más ortodoxa. Alarmaba también el núcleo de discípulos indiscretamente celosos que se formaba en torno de Lamennais, esperando de él nada menos que una revolución teológica, infiltrando a la vez en el alma del maestro aquella tentación de orgullo que San Agustín ha declarado tan fuerte e insinuante, y que lleva a preferir la alabanza del hombre al favor de Dios.

Se habían agotado cuatro ediciones del primer tomo del *Ensayo*, y corrido tres años desde su publicación, cuando apareció el segundo, preparado por el autor con intensa y concentrada energía, para que fuese, si era posible, más allá que el primero. Demostrose en él, no obstante, el aforismo de que nunca segundas partes fueron buenas. Contenía el libro, en su extenso prefacio, un admirable análisis pulverizador de la Reforma, que no echó en olvido nuestro Jaime Balmes cuando escribió *El protestantismo comparado con el catolicismo*; en cuanto al principal cuerpo de doctrina de la obra, era la aplicación del principio de autoridad a la adquisición de la certidumbre. Esa autoridad, según Lamennais, residía en Roma, en la persona del Sumo Pontífice. La proposición adolece de excesiva. Hay otros motivos de certeza, y los echaba al suelo Lamennais, abriendo así la puerta al escepticismo, el enemigo que pretendía combatir. El peligro era patente; el mismo conde De Maistre se asustó de aquel terrible hermano gemelo que le nacía, y hubo de darle, con prudentes reticencias, la voz de alarma, escribiéndole estas palabras verdaderamente humildes: «¿Qué es la verdad? Ya sabe que Jesucristo, el único que podía responder a tal pregunta, no respondió».

 Desde la publicación de este segundo tomo, acogido con tanta reserva por los pensadores y los teólogos cautos, Lamennais sentó el pie en el resbaladizo declive por donde muy pronto había de precipitarse. Caída de la cual no hay ejemplo de que haya salido moralmente vivo un sacerdote católico. De todos los destinos tristes, el más triste es acaso el del hombre que sin poder arrancar de sus ungidas manos la indeleble consagración, llevando, como la señal de fuego de Caín, la marca del sacramento, rueda desde una altura ideal hasta el fondo de las pasiones humanas. Si posee el don del genio —y Lamennais lo poseía— sufre ese genio como un suplicio más, como un peso abrumador que redobla la velocidad de la caída.

 No perdieron a Lamennais las tentaciones de los sentidos, sino otra tentación más insidiosa: la soberbia.[21] «Tenía Lamennais —escribe uno de sus biógrafos— esa terrible confianza en sí mismo y ese olímpico desdén de la autoridad jerárquica, escollo donde tropiezan los más grandes». En su primer viaje a Roma, el Papa le acogió con afecto. A su vuelta, rodeado de entusiastas discípulos, fundó el Seminario de Vannes; donde fue profesor Rohrbacher, el historiador de la Iglesia. La situación de Lamennais era eminente, pero él

---

21 Reciente está el descubrimiento de una correspondencia entre Lamennais y su amiga (por espacio de treinta y seis años), Madama Cottu, y es de lo más limpio y espiritual que cabe. (N. del A.)

la creía mucho más. Atreviose, en efecto, dos años después de publicado el *Ensayo*, a amonestar públicamente a Frayssinous, que ya ostentaba el anillo pastoral; y cuando el arzobispo de París reprendió su demasía, en vez de someterse, replicó con desabrimiento. Sin embargo, aspiró bastante tiempo a no perder el calor maternal de la Iglesia. Extremando la lógica hasta sus últimas consecuencias, apretó los tornillos al Gobierno para que eligiese entre los principios de la Revolución o los de Roma, en el libro *De la religión considerada en sus relaciones con el orden político y civil*; por este libro, el Gobierno le encausó, el episcopado francés se puso de parte del Gobierno, y Lamennais, impaciente y rabioso, hízose de golpe republicano —republicano católico todavía—. La prenda que dio al republicanismo fue otro libro con el epígrafe *Del progreso de la revolución y de la guerra contra la Iglesia*; obra destinada a ensalzar la libertad, la independencia del clero agrupado al pie del solio pontificio.

La revolución vino en 1830, y al punto Lamennais, lleno de ilusiones, fundó el periódico *El Porvenir*, cuyo lema era «Dios y libertad», *Papa y pueblo*, y cuyo programa puede llamarse un ultramontanismo democrático. A su alrededor, como colaboradores, se agrupaban nada menos que Lacordaire, que todavía no era el orador de Nuestra Señora, y Montalembert, que hasta seis años después no había de escribir la *Santa Isabel de Hungría*; algún prelado, y muchos notables publicistas católicos. Alarmó al episcopado francés la campaña del *Porvenir*; el alboroto llegó hasta la Santa Sede, y Lamennais, a fin de vindicarse, se dirigió a Roma, en compañía de Montalembert y Lacordaire; mas no obtuvo audiencia del Papa, y presto apareció una Encíclica condenando las doctrinas del *Porvenir*. Aparentó Lamennais someterse; hubo una especie de reconciliación, y se retiró al campo, pero fue para meditar en la soledad y en el despecho el opúsculo titulado *Palabras de un creyente*, del cual dijo el Papa, en otra Encíclica, que era chico por el tamaño, cuanto grande por la perversidad.

Es justo decir que la influencia de las doctrinas de Lamennais, en sus artículos del *Porvenir*, decidió la formación de esa Constitución belga que hizo posible el desarrollo del catolicismo más ilustrado y eficaz socialmente que conocemos: es necesario reconocer que, al apreciarse los resultados del sistema que Lamennais preconizaba, una corriente de rehabilitación se ha iniciado en favor suyo entre el clero francés. Una cosa es esto, y otra que se nieguen sus extravíos. Volviendo a las *Palabras de un creyente*, acabo de releer este librito, llamado también la *Apocalipsis del demonio*, y lo confieso: a la distancia que ya nos separa de la época en que vio la luz y consiguió tan prodigioso número de ediciones, y fue traducido a todos los idiomas del mundo, me parece una de esas anticuadas máquinas de guerra que se conservan a título de curiosidad en los Museos. Las *Palabras de un creyente*, por su vivo colorido, por su exaltación poética, son puramente románticas. Lo que sin duda prestó fuerza a ese opúsculo —amén de las circunstancias— fue la extrañeza del estilo, cortado en versículos y artificiosamente calcado en el del Antiguo y Nuevo Testamento, remedando los vuelos de águila del de San Juan en Patmos. He aquí una muestra de las *Palabras de un creyente*, que descubre el *pasticcio*, la mezcla de la afectada sencillez antigua y del fondo democrático y tribunicio a la moderna: «No tenéis más que un padre, que es Dios, y un maestro, que es Cristo. Si alguien os dijere que los poderosos de la tierra son vuestros amos, no le creáis. Si fueren justos, serán vuestros servidores; si injustos, vuestros tiranos. Iguales nacemos todos: nadie, al venir al mundo, trae consigo derecho a mandar. He visto en la cuna a un niño que llora y se baba, y en torno suyo ancianos que le llaman *Señor* y se postran adorándole; y he comprendido toda la miseria del hombre. Nuestros pecados han hecho a los príncipes; príncipes tenemos, porque los hombres no se aman los unos a los otros, y buscan quien los mande. Si, pues, alguien viniere a vosotros y os dijere: *Sois míos*, responded: No, somos de Dios, que es nuestro padre, y de Cristo, nuestro único maestro».

El anatema de la Iglesia cayó por fin sobre la cabeza del autor, que ya había olvidado hasta las fórmulas de la sumisión aparente y contestó a la Bula condenatoria con un libelo. En esto vino a parar el acérrimo teócrata, el que poco antes quería someter al Papa, no solo las conciencias, sino la soberanía y acción temporal de todos los monarcas del mundo, y resucitar aquella concepción de la Edad Media en que la potestad secular era la luna y el Papa el sol, ante el cual palidecía. Desde este previsto desenlace, Lamennais, convertido en tribuno, se lanza a la política activa; pero, como el Cimourdain de la novela de Hugo, no acierta a prescindir del carácter que imprime el sacerdocio, y le vemos siempre inquieto por las cuestiones religiosas, siempre deseoso de ejercer acción espiritual, y sintiendo formarse en torno suyo el hielo de la soledad, ese aislamiento que sufren los que abandonaron el hogar de su alma. Algunos siglos antes, lo repito, Lamennais pudo ser un gran heresiarca, un Arrio, un Prisciliano, un Lutero; en nuestro siglo no fue sino un descentrado, una hoja arrancada que el viento se lleva. El autor del *Ensayo sobre la indiferencia* no supo ser indiferente, ni resignarse a la separación, y afirmaba con una ingenuidad que en él no podía nacer de ignorancia, que, a pesar del entredicho y de los folletos contra el Papa, seguía siendo tan ortodoxo como en aquellos primeros y claros días de su vida de escritor, cuando parecía despuntar en él un Padre de la Iglesia, un apologista sublime. Y mientras tanto, Montalembert, Lacordaire, Gerbet, habían huido de él: morían los periódicos que fundaba, y hasta se le iba de entre las manos su único prosélito, Jorge Sand, que en sus *Memorias* describe el estado moral de Lamennais y le retrata enfermo, desconfiado, ulcerado y acercándose ya a la última etapa de una vida que acaba por un entierro laico en la fosa común, sin que un solo discípulo llore sobre los despojos del que, si alguna ambición alimentó, fue la del apostolado.

Vivo contraste con esta figura torturada forma la muy serena de Lacordaire.[22] No los comparo en cuanto escritores: Lacordaire es, sobre todo, orador, y en los dominios de la elocuencia sagrada, fértiles en la patria de Bossuet, de Massillon y de Bourdaloue, raya tan alto como Lamennais en la prosa. El terreno estaba preparado para que brotase un orador religioso extraordinario: cuando Lacordaire hizo resonar su voz en las naves de Nuestra Señora, le habían abierto camino, desde veinte años antes, las conferencias de Frayssinous en San Sulpicio y la obra apostólica y santa de las Misiones interiores, llevadas a cabo por el Padre Rauzán. Empresa modesta y casi olvidada, tuvo, sin embargo, la de las Misiones interiores momentos de sublimidad, y de sublimidad artística, porque si la elocuencia se propone causar en el ánimo movimientos bellos, y si esta belleza puede pertenecer al orden del sentimiento, no cabe desconocer que fue de divina hermosura el arranque oratorio del Padre Rauzán cuando, al terminar la misión de Nantes, al erigir la cruz sobre el mismo lugar donde había sido fusilado Charette, imploró de aquel pueblo

---

22   Enrique Lacordaire. Nació en Regey-sur-Ource, 13 Mayo 1802: murió en Soreze, 21 Noviembre 1861. (N. del A.)

tenaz y pródigo de su sangre en las luchas civiles el olvido de los odios y de los rencores, y el pueblo contestó unánime con un grito del corazón, eco de una emoción verdaderamente evangélica, uno de esos estremecimientos en que parece que azotan el aire las encendidas alas de un serafín.

Mas el predicador que transformó la elocuencia del púlpito, y rompiendo sus tradiciones clásicas y solemnes, la impregnó del espíritu del romanticismo, fue Enrique Lacordaire, que por la audacia, novedad y elevación de los conceptos; por el resplandor de la palabra, semejante a una espada desnuda, y por la adaptación de la retórica sagrada a las exigencias y aspiraciones de la época presente, fue el jefe nunca igualado de una escuela en que habían de afiliarse los Ravignan, los Félix y los Dupanloup. Unidos un momento por el correr de las ideas, Lamennais y Lacordaire difieren en el carácter. Lacordaire, nacido en una familia en que predominaban las aficiones científicas, hijo de un médico, hermano de un profesor de Historia Natural, de esa sangre borgoñona que también corrió por las venas de Lamartine y que da equilibrio al temperamento, no tuvo la niñez soñadora y contemplativa de Lamennais: era un buen estudiante, un aplicado alumno, y al presentarse en el mundo parecía un abogadito formal y de porvenir. A los veinticinco años sufrió su correspondiente crisis de melancolía romántica, su ataque de la enfermedad de René; pero en él tenía que ser pasajero; su espíritu necesitaba calma y esa alegría robusta que producen la realidad y la acción. Lacordaire era entonces volteriano y deísta; de pronto, por medios que el hombre desconoce, verificose el cambio; lleno de regocijo tierno y humilde, como el niño que, perdido en las tinieblas, siente una mano vigorosa coger la suya y una voz afectuosa decirle palabras de cariño, dejó el mundo, entró en el Seminario de San Sulpicio y se ordenó sacerdote.

Una circunstancia distingue a Lacordaire de los primeros grandes pensadores religiosos del período. El vizconde de Chateaubriand, el conde de Maistre y el vizconde de Bonald enlazaban estrechamente el catolicismo con el antiguo régimen y la monarquía; Lacordaire, desde el primer momento, y en esto coinciden él y Lamennais, aparece prendado de la causa de la libertad y hasta inclinado a la democracia. Por eso, cuando Lamennais, después de la revolución de 1830, funda su periódico con el significativo título de *El Porvenir*, Lacordaire corre a afiliarse bajo su bandera, reconociendo por maestro al demócrata cristiano. La idea de los Lacordaire y los Montalembert, que no ha dejado de abrirse camino, era que no convenía a los altísimos intereses de la religión ser confundidos con los de la monarquía y la aristocracia, ni con los de ningún partido político, así fuese el más poderoso; que la importancia social y moral del catolicismo es eterna, y transitoria la de los partidos; que la Iglesia está mejor libre que a sueldo del Estado, y que se podía en Francia y en todas partes ser católico fervoroso sin sombra de legitimismo. No ha de negarse que la obra pacificadora de León XIII complacería absolutamente a Lacordaire. Este, por otra parte, atendió a conservar encendida la lámpara, guiándose dócilmente por Roma, y cuando fueron reprobadas, no precisamente las tendencias, sino las exageraciones y osadías del órgano de Lamennais, la sumisión, en este ficticia, fue en Lacordaire sincerísima y perseverante.

Poco después inició Lacordaire sus *Conferencias* bajo las bóvedas de Nuestra Señora, la primer cátedra de París, por consiguiente, la primer cátedra entonces del mundo civilizado. Era su vocación, era su camino, desahogar la plenitud romántica en aquel templo romántico por excelencia, en las amplias naves que añadían vibraciones a su voz melodiosa de orador. Lacordaire era innovador, y no lo negaba, persuadido de que la oratoria sacra debe cambiar de matices, como cambia de colores el camaleón de la mentira y del mal bajo el sol de cada siglo. Era también atrevido, y lo comprendía: volaba sin querer, arrebatado por el estro; sentíase llevado a las cimas, pero nunca sufría el vértigo; su simpática humildad, de verdadero cristiano, le enseñaba a no perderse en el desierto abrasado donde agonizaba Lamennais. El carácter de éste siempre había sido desagradable y repulsivo a Lacordaire, cuyas cualidades eran la sensibilidad, la franqueza, la humanidad, la naturalidad y, sobre todo, el arte de hablar de lo que interesa al auditorio, de ser el hombre moderno que se dirige a la gente de su siglo, y aun tratando de verdades eternas, sabe descubrir el aspecto actual y relativo de esas mismas verdades.

Ya en la cumbre de la oratoria, vencedor y dominador de un público que tal vez había entrado allí con el corazón blindado, con ínfulas de juez, y que salía conmovido; apoyado en su fe y guiado por la fija luz de Roma, Lacordaire aspiraba a más; quería ser un foco psíquico y ver crecer y propagarse una espiritual familia. Para conseguirlo, concibió una poesía romántica en acción. Pronunció los votos, vistió el hábito de los Hermanos Predicadores, y restableció en Francia la ínclita Orden española de Santo Domingo de Guzmán. Esta gloriosa creación del siglo XIII, inspirada por la fuerza del Verbo que remueve al mundo, se ofrecía al orador sagrado del romanticismo con toda su gallardía de aguja ojival; la Orden era, a su modo, otro templo de Nuestra Señora; la imaginería del pórtico representaba filósofos, ascetas, sabios, iluminados y mártires, cantados en los tercetos del Paraíso de Dante Alighieri. El centro soñado por Lacordaire fue esa Orden extinguida, que al soplo de su ardiente boca iba a resurgir.

Y resurgió, en efecto, y nunca apareció Lacordaire revestido de mayor aureola ante su auditorio entusiasta que cuando en 1841, contra la opinión de gente muy conspicua —del mismo Rey—, vistió el hábito y se destacó sobre el púlpito de la catedral de París, con el blanco sayal, con el monástico cerquillo, fraile —fraile como San Antonio de Padua, como San Buenaventura, como Santo Tomás, como esos insignes atletas de las Ordenes mendicantes, que en la Edad Media italiana supieron juntar en íntimo lazo los mismos sentimientos que Lacordaire profesaba: el amor ardiente de la patria y de la libertad, y la incondicional adhesión a la Santa Sede—. Tal fue el coronamiento de la vida religiosa de Lacordaire, y a él responde su libro *Historia de Santo Domingo de Guzmán* (por cierto muy inferior a la de *Santa Isabel de Hungría*, de Montalembert).

Recordemos una amistad de Lacordaire, que nos hará observar un caso extraño: la existencia de un *salón religioso*; el de madama Swetchine. Realizó esta virtuosa dama, consorte de un general ruso y amiga de la nata y flor de los emigrados franceses y especialmente del conde de Maistre, el tipo singular de la santa mundana. Con un pie en la más sincera piedad, y otro en el trato social más delicado y cortés, y sin embargo, ni beata ni frívola, madama Swetchine es digna de mención en la historia literaria y en la del movimiento religioso, más aún que por sus cartas filosóficas, por la creación original de su salón, único en su género, un salón cristiano, sin intolerancia ni alardes de inoportuna mojigatería, pero donde las opiniones y las creencias se armonizaban y los adalides del catolicismo se reunían, se conocían, se entendían, se contaban y calculaban su fuerza. Con los nombres de los tertulianos de madama Swetchine podría escribirse la historia religiosa de Francia desde 1845 hasta 1857 —dice uno de sus biógrafos—. El único reparo que al tal salón he oído poner, es que el catolicismo solo estaba representado allí por nombres aristocráticos, y que si se pudo llamar a madama Swetchine una madre de la Iglesia, fue madre de la Iglesia del arrabal de San Germán. Esta censura revela que, por muy religioso que le consideremos, un salón es siempre un salón, es decir, una selección social. Sin embargo, para Lacordaire, que no era ningún descendiente de los Cruzados, se abrieron de par en par las puertas del salón de madama Swetchine, y entre el gran orador y la santa mundana se formó una de esas amistades, de alma a alma, del género de la de madama Guyón y el autor del *Telémaco*, y de las cuales conserva bastantes ejemplos la historia. El papel de madama Swetchine en la existencia de Lacordaire fue el de consejera evangélica; cuando las censuras de la Iglesia recayeron sobre las doctrinas del periódico *El Porvenir*, en que militaba Lacordaire bajo las enseñas de Lamennais, la mansedumbre, la docilidad de la leal amiga guiaron al amigo a la sumisión sin restricciones. Cuando, vestido ya el hábito de dominico, Lacordaire pasea en triunfo su elocuencia por las provincias de Francia, donde la muchedumbre se reúne bajo sus ventanas a victorearle, a madama Swetchine escribe estas satisfacciones que la flaqueza humana saborea, aunque la humildad se tape los oídos.

La paz y perseverancia de Lacordaire es el reverso de las agitaciones y variaciones continuas de Lamennais. Estos hombres a quienes la inspiración religiosa, la más alta de todas las inspiraciones, la más relacionada con el sentimiento, coloca en alto lugar, alumbrando al mundo, cuando caen, no caen solos; se llevan consigo la fe de otros a quienes sostenían. Hay una frase de Lacordaire que demuestra cómo comprendía esta verdad. «Aun cuando no hubiese —dice— sino un alma pendiente de la mía, sería en mí un deber no contristarla. Mas si somos el lazo de unión de muchas almas, el punto a donde miran para cobrar ánimos y consolarse, no hay sacrificio que arredre».

Otra figura noble, seria y consecuente del joven catolicismo liberal fue el conde de Montalembert, nacido en Inglaterra, orador parlamentario celebradísimo en la Cámara de los Pares, historiador y hagiógrafo, autor de la importante obra *Los monjes de Occidente* y de la preciosa leyenda dorada *Santa Isabel de Hungría*. Estos libros, traducidos y estimados en España, hemos de considerarlos como dos productos naturales del romanticismo, dos síntomas de su influencia ya decisiva en el orden religioso y en el histórico. La restauración del arte gótico, del sentimiento de la nacionalidad y de la poesía de la Edad Media, inspiraron lo mismo las páginas severas de *Los monjes de Occidente* que la vidriera de colores donde se desarrolla la mística historia de la landgravesa de Turingia.

Hay un género de belleza sentimental en el catolicismo que no se había percibido hasta la época romántica, aun cuando floreciese desde muchos siglos antes. Los que crearon el arte de la Edad Media, trovadores, arquitectos, cronistas, escultores, vidrieros, imagineros, tallistas, forjadores, pintores; los que elevaron esos monumentos que hoy nos parecen una Divina Comedia que escribe en piedra su profundo simbolismo, ¿sentirían como nosotros; comprenderían así, por un estilo tan hondo y delicado, la expresión de lo que ejecutaban? Misterio que no aclararemos jamás. Lo cierto es que en la Edad moderna, desde el período romántico, esa forma del arte se ha revelado a nuestro espíritu, y ha suscitado en él ideales antes desconocidos y nuevas tendencias. No solamente produjo esas nuevas tendencias, sino que se hincó tan adentro en algunas almas, que, por decirlo así, las formó a su imagen y semejanza, imbuyéndolas de la melancolía hermosa que nace de la religiosidad estética, y es como la nostalgia de un cielo soñado. Almas tales son almas de poeta, aunque hayan escrito en prosa; y entre ellas contamos a Federico Ozanam.[23]

El apologista cristiano que acabo de nombrar pertenecía a una familia de origen israelita; es decir que era de raza religiosa. Si Lacordaire fue un convertido, Ozanam mamó con la leche los sentimientos de piedad y devoción. Nacido en Milán en la época del destierro de su padre, se educó en Lyon, y aprovechó las enseñanzas de un sacerdote ilustre, que desarrolló los gérmenes ya vivos de su fe: no la fe del carbonero ni la del fanático, sino la más culta y enriquecida de sabiduría, en las doctrinas del catolicismo elevado, generoso y filosófico que entonces practicaba una escogida pléyade. Para ser un católico como Ozanam necesítanse dones naturales de inteligencia y carácter, y virtudes congénitas, que, sin esfuerzo, conduzcan la voluntad hacia el bien, y la alumbren con la belleza ideal y la acendren y depuren. Otros católicos,

---

[23] Antonio Federico Ozanam. Nació en Milán, 1813: murió en Marsella, Septiembre 1853. (N. del A.)

deseosos de llegar a este estado que envidiaría Platón, tienen que luchar contra el hervidero de sus inclinaciones y pasiones, medirse cuerpo a cuerpo diariamente con el tentador, y salir de la pelea ensangrentados y sin aliento. Entre estos luchadores pueden contarse hasta santos: verbigracia, San Jerónimo. No así Federico Ozanam, que estaba orgánicamente predispuesto a la santidad. Si no tenemos atribuciones para llamarle santo, creo que podemos ver en él a un justo, un obrero infatigable de la viña, y además, como antes he dicho, una de esas naturalezas poéticas, copas de puro cristal en quienes todo choque produce una vibración musical larga y misteriosa.

Cuando el joven Ozanam pudo levantar el vuelo desde Lyon a París, deseo de todo mozo ansioso de cultura, su primer homenaje fue para Chateaubriand; y razón tenía, pues el cantor de *Los Mártires* era el revelador de la hermosura del cristianismo, de su inagotable contenido estético; Ozanam le saludó conmovido y conservó perenne recuerdo de la entrevista; pero el gran amigo que encontró en París fue el sabio físico Andrés María Ampère, cuyo hijo, el incansable viajero y fecundo escritor, había de compartir el culto dantesco de Ozanam. Ampère padre recibió a Ozanam con los brazos abiertos, le admitió en su laboratorio, no se desdeñó de asociarle a sus experiencias y entabló con él una de esas comunicaciones efusivas que son puertas y válvulas de desahogo para las inteligencias pletóricas de ideal. Cierto día que conversaban acerca de las maravillas de la naturaleza, el sabio, acostumbrado a escrutarla y estudiarla, se cogió de improviso la cabeza entre las manos, y, como arrebatado de lirismo, exclamó: «¡Qué grande es Dios, Ozanam! ¡Qué grande es Dios!». En este arranque puede resumirse el sentido de la vasta obra de Ampère y también de la de Ozanam. Aunque de género tan distinto, las dos proclaman la magnificencia divina.

Para resumir la biografía de Ozanam, pues no podemos dejarnos llevar del gusto de detallar su hermosa y breve vida, recordemos que, a pesar de su siempre quebrantada salud, adquirió tan vastos conocimientos que a los veintiséis años su brillante tesis ante la Facultad de Letras le valió una ovación, no tardando en ocupar en la Sorbona el puesto de suplente del famoso y eruditísimo catedrático Fauriel, y en reemplazarle cuando murió. Las lecciones de Ozanam congregaron a una juventud entusiasta, saturada de cristianismo y de romanticismo; entre esta misma juventud había reclutado Ozanam, años antes, siendo todavía un menesteroso estudiantillo, los ocho socios con quienes instituyó la Sociedad benéfica de San Vicente de Paúl, hoy extendida por todo el mundo cristiano y en España arraigada profundamente. El día en que Ozanam tuvo esta idea, no era ilusión de su espíritu aquella creencia romántica que tenazmente profesó de que su madre, muerta hacía tiempo, no cesaba de encontrarse a su lado. El estudiante, desde su buhardilla, hizo una obra de caridad espléndida.

Evitemos la tentación de considerar solo los actos de Ozanam, y tratemos de sus libros, que actos son también, actos de fe y de esperanza. «Ningún hombre de corazón —escribe el mismo Ozanam— aceptará el duro cargo de escribir sin que una convicción le domine». Él escribía, quién lo duda, bajo el impulso de una convicción calurosa que le penetraba alejando la duda, la indiferencia y el escepticismo. No por eso se crea que lo más loable en Ozanam son las intenciones (triste elogio en verdad para el escritor). Si bien Ozanam no consiguió en vida ruidosa celebridad, y aunque en su manera pueda señalar la crítica defectos, y excesos de lirismo, sus dotes de artista son grandes y las dos o tres ideas nuevas (dos o tres ideas nuevas es mucho) desarrolladas en sus obras, ejercieron una influencia que aún persiste. El fin de Ozanam, desde los quince años, fue aquel mismo pensamiento ambicioso que quiso realizar Chateaubriand en *El Genio del Cristianismo*: el anhelo de todas las épocas en que se agita el pensamiento, anhelo que en la Edad Media produce la Suma teológica, y en el siglo XVIII la Enciclopedia.

Ozanam quería escribir nada menos que una *Demostración de la verdad de la religión católica por la antigüedad de las creencias históricas, religiosas y morales*. La edad viril no borró, pero modificó bastante estos planes de la adolescencia y limitó la ambición apologética al terreno de la historia; mas Ozanam había observado que el renacimiento religioso en Francia no producía historiadores, y la historia era o racionalista o francamente impía; cumpliendo, como decía él, la palabra empeñada a Dios, contraminando la mina de Gibbón y de su escuela, trazó el programa de una historia de la civilización en los tiempos bárbaros. No quiso Dios que el gigantesco propósito se realizase, y llamó a sí a su siervo Ozanam bien pronto, apenas cumplidos los cuarenta años, que es la edad del vigor y plenitud de conciencia para escribir obras sólidas y duraderas. Murió Ozanam con resignación ejemplarísima, y dejando escritas de su puño y letra estas palabras: «Ya que me llamas, Señor, aquí me tienes». De su proyecto quedaron, como fragmento y muestra, dos volúmenes publicados bajo el título de *La civilización en el quinto siglo de la Era Cristiana*. Estos debían formar la introducción de la magna obra, de la cual también son episodios los *Estudios germánicos*, y otros libros aún más influyentes: *Dante y la filosofía católica en el siglo XIII*, *Estudios sobre las fuentes poéticas de la Divina Comedia* y *Los poetas franciscanos*. Sainte Beuve, que tenía sobrada malicia profanísima para experimentar por Ozanam simpatía verdadera, reconoce en un párrafo esta virtud de sus libros. «Todos —dice con tinte de malignidad— nos resentimos de la nueva y ruda educación; todos nos agarramos por algún lado a la filosofía escolástica y a lo gótico; la Edad Media se nos impone y nos domina; todos, en fin, a dosis más o menos altas, hemos tragado a Ozanam...».

Este elogio ambiguo es, sin embargo, elogio.

¡Dichoso el que consigue descubrir una región y plantar en ella su estandarte! En el terreno de la erudición hay también inventores, y Ozanam es uno de ellos. Al encarecer el valor del trabajo de primera mano, no cuidamos de establecer una importante distinción. Si el erudito trabaja de primera mano sobre materias de última, no hay por qué estimar mucho sus hallazgos, que, a lo sumo, satisfarán curiosidades menudas; pero no modificarán sensiblemente la mentalidad, ni aun la cultura de su generación. El mérito de trabajadores como Ozanam es que supieron escoger, y cavaron, no para exhumar viles guijarros y tejuelos, sino para sacar a luz oro y perlas. Uno de los tesoros que encontró Ozanam fue el rico y bello de los poetas franciscanos, esos trovadores místicos del siglo XIII, que así lanzaban enérgicas invectivas a los tiranos y prevaricadores, como dirigían el enamorado serventesio a la dama Pobreza; arpas que exhalaban el quejido del éxtasis, cantores de un renacimiento religioso y artístico, franciscanos por el fuego del amor, pléyade que precedió a Dante como las estrellas al sol, y derramó por Italia un aura de inspiración, de libertad y de santidad. Solo por haber interpretado y rehabilitado a los trovadores de la Orden seráfica, y por haber visto en su fundador, ante todo, el poeta y el gran artista instintivo, habría que contar a Ozanam en el número de los felices inventores.

He dicho que los dos episodios capitales del movimiento religioso en Francia durante el romanticismo fueron la lucha de ultramontanos y galicanos y el catolicismo liberal. En ambos encontramos la huella de un hombre de genio, gran prosista, de los mayores que Francia ha poseído en este siglo, católico vehemente, atleta incansable: Luis Veuillot.[24] Aunque proceda del impulso romántico, realmente pertenece a la transición, al segundo Imperio. Bajo el pontificado de Pío IX, la voz más apasionada que oímos es la de Luis Veuillot, y en su corazón podríamos contar los latidos del sentimiento católico. La Iglesia, aunque reprimiese, ya severa, ya benignamente, el celo excesivo de los discípulos del conde de Maistre y desaprobase la concepción radicalmente teocrática de Lamennais, procuraba la unidad absoluta, la sumisión filial e incondicional del Episcopado, preparando la declaración dogmática de la infalibilidad: al mismo tiempo, sin dejar de complacerse en la obra de los Lacordaire y los Montalembert, no podía menos de oponer restricciones a las tendencias del catolicismo liberal. Antes de que los hechos y la experiencia demostrasen que el sufragio universal, el régimen parlamentario y la libertad política no son panaceas, el catolicismo lo había comprendido y lo había expresado por boca de Luis Veuillot.

Procedían las eminencias del catolicismo liberal de la alta aristocracia, como Montalembert, o de la burguesía acomodada, como Lacordaire: Luis Veuillot venía del pueblo, y del pueblo bajo. Hijo de un tonelero y de una tabernera, de niño quizás sirviese a los parroquianos. La miseria le había señalado hasta en el rostro: era picado de viruelas como son los hijos de los pobres. Las estrecheces y privaciones que ve en su familia, las tiranías y abusos de un patrón, le predisponen a sentir la injusticia social y la simpatía por los desheredados —sentimiento que no advertimos en los demás grandes católicos de su tiempo—, y determinan en él un odio profundo contra la burguesía, enriquecida, ahíta de carne desde la Revolución, y contra la sociedad capitalista, explotadora sin entrañas del pobre. «La sociedad no tiene misericordia —decía Veuillot— y Dios sí, porque es justo. Los ángeles que Dios envía a explorar el fango humano, saben que en él se encuentran perlas, acaso más que en las moradas de los ricos y en los palacios de los grandes...». Con razón se dijo de Luis Veuillot que, dada su manera de entender el mundo y la índole

---

24   Luis Francisco Veuillot. Nació en Boynes-Loyret, 1813: murió en París, 1883. (N. del A.)

belicosa de su genio, a no guiarle las creencias que sinceramente profesaba, hubiese sido el más tremendo de los refractarios y de los nihilistas; un Julio Vallés o un Ravachol de la pluma. «La sociedad —escribe Veuillot— había dicho a mi padre: 'Sé sumiso y honrado, porque si te rebelas, te mataremos, y si robas te llevaremos a la cárcel. Pero si sufres, no podemos evitarlo; si te falta pan, ¿qué nos importa?; y si enfermas, al hospital; no tenemos que ver contigo'. Entonces sentí, en la violencia de mi dolor, estallar el anatema. Empecé a juzgar, a conocer esta sociedad, esta civilización, estos pretendidos sabios, que *al renegar de Dios, han renegado del pobre*; han abandonado su alma fatalmente. Y entonces pensé: 'Este edificio social es inicuo: será destruido'. Cuando así discurría era ya cristiano; que a no serlo, desde aquel punto mismo me afiliaría en las sociedades secretas».

En realidad, la conversión de Veuillot, que jamás fue librepensador, ni ateo, se redujo al ansia de encontrar objeto y fin para su vida interior, y consuelo indeficiente para la tristeza y la indignación que le producía el estado social, más duro y amargo para el pueblo que el anterior al cataclismo revolucionario. Deseoso de echar el áncora, pasó a Roma, y volvió con una impresión indeleble. Desde aquel punto arregló su vivir y su pluma a sus creencias: pagó sus deudas, sujetó sus pasiones, rezó y practicó lo mismo que una pobre aldeana, y se apareció en la polémica y en el periodismo a estilo de campeón fuerte de Israel, de los que beben de pie en el hueco de la mano. El oficio de católico militante lo desempeñó con una constancia simpática y atractiva, de la cual se deriva la unidad y solidez del escritor. Su estilo forjado, musculoso como el cuerpo de un atleta, ganó poniéndose al servicio de convicciones bien trabadas y fortificantes. Hay un aspecto de Veuillot que importa considerar, puesto que tratamos del romanticismo, y es que Veuillot supo derivar del catolicismo la condenación de la egolatría individualista, sentando la doctrina de una especie de comunismo o fraternidad espiritual, que aplica los méritos de los santos a la salvación de los pecadores, y ofrece el sacrificio de cada uno por el bien de todos. La más peligrosa doctrina romántica se transformó así en caridad.

Que Veuillot se dejó arrastrar por el ardor de la polémica hasta la injuria, y que le faltaba ese sentido de la buena educación literaria tan difícil de adquirir si no se ha mamado con la leche, no puede negarse. Su arremetida era colmillada de jabalí, su esgrima popular y sin contemplaciones caballerescas: irónico, sardónico, maestro en la caricatura y en la invectiva, elocuente y nunca verboso, sensible y desengañado, colorista sobrio, realista a veces del género español, lleno de donaire, de sal y de vigor viril, fue en suma un escritor excelso. «*Los Librepensadores* y *Los olores de París*, dos obras de Veuillot, son —escribe Lemaître— nuestros dos mejores libros de sátira social».

La campaña de Veuillot y del periodo *El Universo* contra el catolicismo liberal es memorable, y bien sabemos hasta qué punto ha repercutido en España. Nada indignaba a Veuillot como esos católicos conciliadores, que aquí se han llamado *mestizos* y a quienes él nombraba la última encarnación de Tartufo. Celo violento e intolerable, que más de una vez moderó severamente quien podía hacerlo, poniendo a prueba la humildad de Veuillot, obligado a someterse y a reconocer que se le había ido la mano. Era como esos mastines demasiado vigilantes que su amo necesita encadenar para que no muerdan. No trato de hacer el panegírico de las ideas políticas de Veuillot; solo me creo obligada a advertir que sus desafueros tienen excusa en la sinceridad. No se podrá decir otro tanto de muchos que siguieron sus huellas en el combate.

Era Luis Veuillot, a la vez que gran prosista, notable poeta. Es frecuente oír y leer que ha desaparecido en este siglo la poesía religiosa. No juzgo difícil probar lo contrario, y si del concepto vago de religiosidad pasamos al concreto de catolicismo, también cabe afirmar que nuestro siglo ha producido poetas católicos admirables, dignos del XIII: Verlaine, por ejemplo, de quien hemos de decir mucho. En la hueste merece lugar insigne Veuillot, por su bellísima poesía titulada *Epitafio*. Traduciré en prosa dos estrofas.

«Poned a mi lado la pluma: sobre mi frente el crucifijo: bajo mis pies este libro; y clavad en pos el féretro. Después de la última oración, erigid la cruz sobre mi fosa; y si merezco una piedra que me recuerde, escribid en ella: Ha creído, y ahora ve».

«Decid al recordarme: Ya descansa: ha concluido su dura faena. O más bien: ahora se despierta, y ve lo que tantas veces soñó».

V

El romanticismo en las costumbres. La teoría emancipadora: el individualismo. La autocrítica romántica. Víctor Huyo. Primeros años. El poeta. El político. El estilista

Una escuela literaria puede circunscribirse a la esfera del arte o transcender a las costumbres y a la vida social. Este último caso es el del romanticismo, que no fue solo renovación de las letras, o que, por mejor decir, solo renovó las letras al través de una renovación profunda de la sociedad en todos sus aspectos, modificando hasta el histórico, y rebasando, por consiguiente, de los límites de la pasajera moda, para adquirir carácter de influencia decisiva hasta mediados del siglo. Cabría decir que la influencia romántica infiltró más todavía la sociedad que la literatura. De los literatos, muchos lucharon con la corriente romántica y retornaron al clasicismo y al enciclopedismo; otros la siguieron, nadando entre dos aguas, conservando la sencillez clásica (verbigracia, Lamartine); en cambio, la sociedad, y podríamos decir la vida nacional romántica, domina desde la caída del primer Imperio hasta el advenimiento del segundo. El triunfo del romanticismo, en las letras, fue azaroso, discutido y breve; en la sociedad, largo y natural, porque lo trajeron infinitas concausas, y, sobre todo, las de orden político e histórico. Desde principios del siglo, en Europa, agitada por las guerras napoleónicas, se despierta un ansia inmensa, no solo de libertad política, sino de independencia nacional; el conquistador, al pretender subyugar a las naciones, iluminó su conciencia, dio cuerpo a aspiraciones mal definidas y comunicó el impulso decisivo a que obedece Europa —hasta que la terrible cuestión económica se presente dispuesta a reemplazar a las cuestiones políticas e históricas, imponiéndose como problema más grave e insoluble—. Hungría, Polonia y Grecia, queriendo sacudir el yugo; Italia, sometida al Austria y aspirando a redimirse; España, destrozada por el combate entre la tradición y las nuevas ideas; Francia, ensayando todas las formas de gobierno y viviendo en perpetua convulsión; Alemania, rehaciéndose para el Imperio; Rusia, queriendo ahogar los gérmenes nihilistas bajo los hielos polares de Siberia —son naciones que sufren a la vez la crisis romántica—. Donde quiera se forman sociedades secretas, estallan insurrecciones, levántanse barricadas, corre sangre, se ocultan los proscritos, interesa su suerte, y el romanticismo histórico vence con todos sus caracteres, hasta los tradicionales; porque en ese período mismo, en medio de la fiebre de libertad y hasta de negación sistemática y ciega del pasado, el pasado se impone victorioso por el nuevo culto que tributa cada pueblo, cada raza y cada región a sus antiguos usos, a su idioma, a sus leyendas, a cuanto la distingue y caracteriza.

Volviendo a las letras, si el período clásico fue de sólida unidad, tranquilo y duradero, no así el romántico, cuyo sino era vivir en guerra, y que si vio ensancharse sus dominios no supo asegurar la posesión del terreno conquistado. El origen de esta diferencia es que el clasicismo era un método, y el romanticismo una explosión; y lo que hizo explosión por medio del romanticismo, era lo contrario de la unidad colectiva; el individuo, la personalidad, que es tanto como decir la variedad sin límite; las inagotables formas del sentimiento, del pensamiento y de la fantasía; los temperamentos, los gustos, las rarezas, los antojos —en resumen, el *yo*, afirmado anárquicamente—. Visto así el romanticismo —y así hay que verle— se explica que sea un Proteo que cambia de aspecto y de figura a cada instante, y se comprende la diferencia, o más bien la contraposición que existe entre poetas unidos para lo insurreccional romántico. Supongamos que varios políticos de tendencias inconciliables se coligan para derribar un poder que todos detestan, y aprovechan su caída, no realizando aspiraciones comunes, sino emancipándose y pretendiendo después cada cual imponer su dictadura; apliquemos la hipótesis a las letras, y tendremos la revolución romántica.

Por eso el grito de guerra de los románticos es *libertad*; pero la libertad que el romanticismo reclama no es aquella que sanciona el derecho de todos, sino la que reconoce, sin trabas ni cortapisas, el de cada uno contra los demás; ¡diferencia capitalísima! La libertad, entendida así, conduce derechamente a la anarquía, y quien considere el estado actual de las letras, sobre todo en Francia, donde el romanticismo tuvo verdadero carácter militante, notará la frecuente y peligrosa evolución desde la libertad a la licencia y desde la licencia a la atomística disgregación que presenciamos, y que ha dado por amargo fruto marcado descenso en el valor estético de la obra literaria y divorcio casi total entre el espíritu de las letras y el de los lectores.

Hubo, sin embargo, en el romanticismo un momento de unidad y cohesión aparente, bastante para producir una ilusión que todavía dura, hubo aparatosa muestra de compañerismo y fraternidad; hubo lazos de simpatía que remedaron otros más fuertes y duraderos, y hubo curiosas afinidades temperamentales, gemelismos del *yo*, sobre todo en poetas líricos que tal vez ni se conocían, que habían nacido bajo distintas latitudes, en diferentes esferas sociales; un Byron, un Espronceda, un Pouchkine. Sin duda que analizados estos gemelismos y afinidades, parecerían mucho menores; el análisis descubre la diversidad y borra la semejanza. Espronceda y Byron, por ejemplo, se parecían más en lo adquirido y artificial que en lo íntimo. Con todo, bastó este género de analogías, que saltaba a la vista, para acreditar la leyenda de las almas hermanas y para que se pudiese escribir con seguridad y leer sin sorpresa que Espronceda, por ejemplo, es el Byron español. La verdad es que, gracias a la emancipación del *yo* por el romanticismo, Byron pudo ser Byron, y cada uno ser cada uno (no se tome a perogrullada). El dictador aclamado por las masas de la revolución romántica es el individuo; en el romanticismo, la colectividad desaparece.

De aquí nace la dificultad insuperable con que se tropieza para definir el romanticismo; de aquí que las definiciones más opuestas tengan su parte de verdad; de aquí que en él quepan todas las tendencias y todas las direcciones, proclamadas y defendidas con igual derecho. Hay un curioso opúsculo en prosa, de Alfredo de Musset, que pone de manifiesto esta condición especial del romanticismo. Titúlase el opúsculo —ya lo he nombrado antes— *Cartas de Dupuis y Cotonet*, y su asunto— en que probablemente se inspiró Gustavo Flaubert al planear su prolija novela satírica *Bouvard y Pécuchet*— no es otro sino los apuros que pasan dos honrados provincianos para averiguar desde su rincón el intríngulis de ese romanticismo que tanta bulla mete. Los buenos señores, allá en la *Ferté sous Jouarre*, que es como si aquí dijésemos *Cabeza de Buey*, se devanan los sesos y se dan de calabazadas sin lograr enterarse. Sucesivamente van creyendo que el romanticismo será lo pintoresco, lo grotesco, la exhumación de la Edad Media, el desacato a las unidades de Aristóteles, los aires alemanes importados por madama de Staël, la mezcla de lo trágico y lo cómico, la españolería de chambergo y capa, el género histórico, el género íntimo, las rimas con estrambote, un nuevo sistema de filosofía y de economía política, la manía del suicidio, el neocristianismo, la desesperación al estilo de Byron, y hasta el uso de palabras crudas y gruesas —los Dupuis y Cotonet modernos (entre paréntesis), han solido imaginar que esto último era el naturalismo—. Sumidos en un piélago de confusiones, los dos provincianos consultan a cierto curialete petulante, con ribetes de literato, y este les informa de que el romanticismo no es nada de cuanto suponen, sino lo infinito y lo estrellado, el ángel y la perla, el lucero que llora y el pájaro que exhala perfume, y, por contera, lo diametral, lo oriental, lo piramidal y lo vertiginoso... Con tan gallarda explicación, huelga decir que Dupuis y Cotonet se quedan turulatos, sudan la gota gorda y entienden el romanticismo todavía menos que antes. La humorada de Alfredo de Musset tiene su miga: el romanticismo puede ser todas las cosas imaginables, si consideramos que un canon de su estética manda a cada escritor abundar en su propio sentido y ostentar por fueros sus bríos y por pragmáticas su voluntad.

De esta licencia desenfrenada nace la inmoralidad esencial del romanticismo. «Cuando un siglo es malo —escribe un autor francés-; cuando vivimos en épocas en que ni hay religión, ni moral, ni fe en el porvenir, ni creencia en lo pasado; cuando para estas épocas escribimos, bien podemos desafiar y conculcar todas las reglas, derrocar todas las estatuas, divinizar el mal y la fatalidad; quien se llame Schiller, dueño es de escribir *Los bandidos*, y responder de antemano a la posteridad: Mi siglo era así, y como lo he visto lo he pintado». ¿Quién estampó este juicio austero y pesimista? ¿Fue algún moderno padre de la Iglesia, un Bonald, acaso un Luis Veuillot? No por cierto. Fue el escéptico autor de *Rolla*, fue el libertino cantor de *Namuna*: el mismísimo Alfredo de Musset. El párrafo encierra en cifra el porvenir literario de nuestro siglo, y anuncia bien claramente ciertos monstruosos delirios que ya registra atónita la historia literaria: el satanismo y el culto al mal erigidos en religión estética, dentro del ciclo del decadentismo, y teniendo por sumo sacerdote a un poeta tan grande como Carlos Baudelaire. Graves consecuencias de un error de principio: la falsa interpretación del concepto de libertad, que, en arte, no es un fin, sino únicamente un medio, una condición para realizar la belleza.

No sospechaban los románticos del primer período que llevaban en sí tan funesto germen. Aunque clamasen por libertad a todo trance, existía en ellos el instinto de asociación y el deseo de solidaridad. Los cenáculos y el motín del estreno de *Hernani*, que a su tiempo recordaremos, revelaron esta tendencia, y acaso más claramente todavía la demostró el anhelo de tener una cabeza, un caudillo, lo que mejor produce la ilusión de la unidad. En la sangre de la generación que siguió a la de la época imperial fermentaba la levadura belicosa, herencia de sus guerreros padres, último rezago de la fiebre de gloria y del ansia de conquistas. Al pacífico terreno de la literatura traían ímpetus marciales, y sentían necesidad de aclamar a un capitán, de seguir una bandera y de respirar el olor de la pólvora. El Bonaparte que les faltaba, lo encontraron en Víctor Hugo.[25]

Encerrar este nombre prestigioso en algunas páginas, es como recoger el mar en un pocillo. No consiste la dificultad en la grandeza literaria de Víctor Hugo, sino en su amplitud: grande es Víctor Hugo sin duda, pero es más amplio todavía que grande. Están en tela de juicio sus méritos: se le discute con encarnizamiento, y no por una obra, sino por cien obras; no por un género, sino por tres o cuatro en que a la vez marcó su formidable huella; y si en otros escritores, Chateaubriand y Lamartine, por ejemplo, se puede aislar la vida pública de la literaria, en Víctor Hugo se eslabonan y compenetran de tal suerte la política y la literatura, desde la publicación de su primer tomo de versos, a los dieciséis años de edad, hasta la del último, a los ochenta y pico, que es doblemente difícil ver bien al poeta envuelto en la densa polvareda que el político arremolinó. Por otra parte, el papel político de Víctor Hugo rebasa de los límites de su nación y tiene algo de universal: su acento, en alas del arte —un arte muy poco helénico, ya muy decadente—, se difunde por los ámbitos de la tierra, y su aspiración, sobre todo en los últimos años de su vida, es a ser algo como Pontífice de la humanidad, la voz que habla desde lo alto de la montaña del espíritu, y concierta a los pueblos y fulmina a los tiranos. De todo lo cual no es posible hacer caso omiso, si hemos de fijar la personalidad literaria de Víctor Hugo con sus acentuados rasgos y su peculiar fisonomía.

Víctor Hugo nació de un noble lorenés de antiguo solar y de una bretona, hija de un rico armador de Nantes. Siguió el padre las enseñas de Napoleón y llegó a mariscal no sin glorias y fatigas; guardó la madre en su corazón la fe legitimista y la adhesión inquebrantable a los Borbones, y divididos los esposos

---

25 Víctor Hugo nació en 1802 en Besançon: murió en 1885 en París. (N. del A.)

por opiniones políticas, enfriose su cariño, hasta acabar la vida separados.[26] Mientras persistió el lazo que los unía, el niño Víctor Hugo rodó por Europa, en esa existencia nómada de la familia del soldado, a quien los azares de la guerra llevan de país en país, entre riesgos y emociones diarias. Aquellas aventuras sin duda despertaron la fantasía poética de Víctor Hugo, y eran muy propias para exaltarla y para teñirla de vivos colores y llenarla de imágenes y luces. La captura del célebre bandido *Fra Diavolo*, realizada por el padre de Víctor Hugo; la entrada en España arrostrando peligros sin cuento; la estancia en Madrid, son recuerdos indelebles que acompañan al poeta y adelantan la ya temprana primavera de su genio. España, sobre todo, no cesa un instante de ocupar la memoria del que a los ocho o nueve años de edad visitó la Catedral de Burgos, tiritó a pesar de los braseros en las desmanteladas estancias del Seminario de Nobles de Madrid, y al ver desde lejos el Escorial, lo tomó por un inmenso sepulcro.

Si lo que soñamos y lo que vivamente nos representamos tiene realidad en nosotros, no hay cosa más auténtica que el españolismo de Víctor Hugo. No importa que al tratar asuntos españoles, a que se mostró aficionadísimo, incurriese en errores muy donosos, demostrados y recontados por el docto hispanófilo Morel Fatio en sus *Estudios sobre España*; el mismo erudito que realiza este trabajo reconoce hasta qué punto actuaban sobre Víctor Hugo las impresiones recogidas, en la niñez, en nuestra patria —imborrables y profundas—. No fue solo la memoria, sino la plástica y vivaz fantasía de Víctor Hugo, lo que jamás perdió el sello español. Los críticos que le niegan las condiciones propias del genio francés, le reconocen las de un Góngora o un Lope de Vega. La energía del claro-obscuro, cualidad maestra de Víctor Hugo, es propiamente española y realza la sombría inspiración de nuestros pintores ascéticos; la amplificación, el énfasis, la pompa y sonoridad del lenguaje, dotes características, españolas también. Desde Corneille hasta nuestros días, ningún poeta francés fue más español que Víctor Hugo «el grande de España».

Otros recuerdos dominantes de la infancia de Víctor Hugo son los del huerto inculto e inundado de vegetación del convento de las *Feuillantines*, donde jugó con la niña que después llegó a ser su novia y esposa, y donde recibió lecciones de un proscripto, el General Lahorie, a quien un día cazaron

---

26 Tal es, al menos, la versión admitida. (N. del A.)

los esbirros de la policía imperial en el pabellón donde se refugiaba, y sacaron de allí para fusilarle, crueldad que encendió en el pecho de Víctor Hugo rencor violento (aunque no inextinguible, como veremos) contra Bonaparte y su causa. Dícese comúnmente que los niños precoces viven poco, y que mientras viven, son enclenques y enfermizos. Víctor Hugo desmintió esta regla: poseyó un organismo robusto y sano: fue un atleta y un patriarca, después de ser el rapaz prodigioso, el chiquillo sublime, como le llamó Chateaubriand. A los catorce años componía una regular tragedia; pocos meses después ganaba el premio en el certamen de la Academia; a los dieciséis escribía sus primeras *Odas*, que le procuraban alta nombradía; a los diecisiete *Bug Jargal*; a los dieciocho *Han de Islandia*, tétrica historia de un antropófago y vampiro; y los admiradores de la lúgubre novela no querían creer que la hubiese ideado el mozalbete lampiño, colorado y rubio, que mostraba los blancos dientes en alegre sonrisa juvenil. Abandonando la carrera militar a que pretendían dedicarle sus padres, la criatura seguía intrépidamente su vocación literaria, y se casaba antes de cumplir cuatro lustros, fundando un hogar sobre la base del producto en dinero de aquel *Han de Islandia*, tan horrendo y funerario. Las mil pesetas en que vendió el manuscrito fueron el primer pan de los jóvenes esposos, que entre los dos no sumaban treinta y cinco años.

En la juventud de Hugo triunfan los elementos maternales: el poeta es católico y realista ferviente; canta el sacrificio de las vírgenes de Verdun, la trágica suerte del niño martirizado en el Temple por el zapatero Simón, los sufrimientos de la familia real, el vaso de sangre humana bebido por la señorita de Sombreuil para salvar a su padre; su espada de caballero se cruza en el aire con la ligera y envenenada saetilla de Béranger, y la rechaza. Aquellas odas, adornadas con blanca escarapela, son el tributo de lágrimas que, tarde o temprano, había de rendir la poesía a las nobles víctimas de la Revolución.

No se mostró ingrata la Restauración con su precoz vate. El futuro irreconciliable enemigo de los reyes se vio pensionado, colmado de distinciones; cruzó su pecho la Legión de Honor. Descontento, a pesar de todo, inclinado ya al liberalismo por la sed de popularidad que había de aquejarle hasta su hora postrera, aprovechó un incidente curioso para hacer ruidosa profesión de fe bonapartista —el bonapartismo era el liberalismo de entonces—. Consistió el incidente en cierta insolencia, o, si se quiere, impertinente altanería del Embajador de Austria, que amaestró a un lacayo para que al decirle los Mariscales del Imperio sus títulos nobiliarios, los reemplazase, cuando anunciaba, con los apellidos a secas. Tres días después del diplomático agravio a los Mariscales, publicaba Víctor Hugo su memorable *Oda a la Columna*.

Desde aquella fecha figuró en la oposición, y se fundieron estrechamente en su persona el revolucionario político y el literario. En torno suyo se agrupó el Cenáculo, pléyade de pintores, de escultores, de poetas: los hermanos Deschamps, David de Angers, Luis Boulanger, Alfredo de Vigny, Sainte Beuve, Alfredo de Musset; foco de inspiración, tertulia fraternal en que todos se tuteaban. Sin premeditarlo, sin declararlo expresamente, reconocían por caudillo y jefe a Victor Hugo, siguiendo los derroteros que señalaba, y él justificaba su primacía con reiterados ensayos de titán, con la conciencia viva y firme de los nuevos rumbos literarios, probada en el célebre manifiesto de *Cromwell*. Bien pronto su nombre fue bandera; las luchas en pro del drama romántico inflamaron y soliviantaron a la juventud; la aureola de la popularidad, ese don de fanatizar que poseen las reputaciones mixtas, las que salen del terreno del arte puro y se identifican con el movimiento de la opinión, errado o no, en las grandes cuestiones de interés general y humano, levantaron a Víctor Hugo sobre refulgente pedestal, de talco y bronce. Repasemos sus obras, y casi siempre hallaremos aleación de elementos extraños al arte en sus mayores empeños artísticos. La poesía y la elocuencia de Víctor Hugo no se engendran en el alma por misteriosa y divina operación ni explicada ni explicable: vienen de afuera; la invaden, digámoslo así, la arrollan; pasan por ella a manera del torrente por la bóveda del abismo, y salen en bullidora cascada, después de haber salvado los bordes de la sima. Una excepción hay que hacer a esta regla en favor de algunas poesías de las *Contemplaciones*, inspiradas por el único golpe cruel que sufrió en su vida íntima Víctor Hugo:[27] la desgraciada muerte de su hija Leopoldina. La regla general es que cada volumen publicado por Víctor Hugo representa, además de una obra de arte, una acción, en el sentido más usual y positivo de la palabra —a diferencia de Lamartine, en quien la poesía era meditación y ensueño—. Las *Odas* y *Baladas*, son la acción en favor del altar y del trono; las *Orientales*, la acción en

---

27 Prescindo de cuestiones de orden enteramente privado, como las relaciones entre madama Hugo y Sainte Beuve. (N. del A.)

favor de la revolución literaria; *Los castigos*, un puro rasgo de acometividad, la acción contra el segundo Imperio; *Los Miserables*, la acción humanitaria; *El Papa*, la acción librepensadora. Seguid la serie de las producciones de Hugo, y reconstruiréis exactamente las diferentes fases de su vida pública, vida de combate, atacando hoy lo que defendió ayer: las campañas en la Asamblea legislativa por la República democrática y social, el destierro voluntario y calculado en Jersey y en Guernesey, la tenacidad en rehusar las amnistías, en ser el último que conservó la actitud de protesta, que le servía de pedestal, el conciso *no* a la interrogación del plebiscito, la vuelta a Francia en triunfo, los años de la vejez pasados entre el fulgor de la apoteosis y coronados por un entierro, en que el entusiasmo y la devoción de la muchedumbre tenían la imponente y aterradora violencia del Océano desencadenado.

No hay que dudarlo: el carácter político y revolucionario de la obra de Víctor Hugo hizo de él, ante la multitud, algo más que un poeta: un semidiós. La prohibición de sus libros, cuyos ejemplares pasaban secretamente las fronteras; las ediciones de cientos de miles de ejemplares en diez idiomas a la vez; los clamores apocalípticos desde el islote convertido en Patmos; el papel de apóstol y de profeta desempeñado, tomándolo por lo serio y sin miedo al ridículo, sacaron a Víctor Hugo de la esfera relativamente modesta y siempre humana en que se mueve el corifeo de una escuela literaria, y le transfiguraron. Yo no sé si los compatriotas de Víctor Hugo pudieron darse cuenta de esta transfiguración como nosotros, que la hemos contemplado desde lejos. Lo indudable es que se creó, en toda regla, el culto de Víctor Hugo. Nos lo dice Julio Lemaître: el único escritor francés cuyo ataúd fue expuesto a la veneración y a los homenajes de inmensa multitud bajo el arco de triunfo; el único inhumado en el Panteón, es Víctor Hugo,[28] indicio cierto de que para el Gobierno y para el público Víctor Hugo ocupó un lugar aparte, fuera de la literatura. Colocar a otros poetas en la misma línea, parece todavía a muchos un sacrilegio; y al citado Lemaître, por el delito de sostener que tanto monta Lamartine como Hugo, le hartaron de calificativos injuriosos, poniéndole de envidioso y de reptil.[29]

---

28 Lo era, cuando Lemaître escribía esos renglones. (N. del A.)
29 De hugolatría existieron también corrientes en España, y tal vez existan, aún hoy, hugólatras incondicionales. Yo he tenido ocasión de comprobarlo, por la indignación de algunos oyen-

Estar fuera de la crítica, sería para un escritor no menos triste y extraño que para un hombre estar fuera de la humanidad. Desvanecidos los prestigios que se debieron a elementos no artísticos, quedará en pie lo que sea gloria de Víctor Hugo, en cuanto poeta. En su figura literaria hay tres aspectos que examinar: el lírico, el dramático y el épico, o sea el novelista.

El examen de Víctor Hugo, poeta lírico, ha sido realizado en Francia cuando estaba en su apogeo, y por cierto con gran dureza. Un crítico concienzudo y fundado, Nisard, a quien Víctor Hugo consagró por este hecho un odio a muerte, y a quien con la vehemencia colérica que solía gastar trató de pedante y de asno, fue el primero en someter a revisión los títulos del vate. Nisard (que por más señas se llevó una cátedra de literatura a que Víctor Hugo aspiró inútilmente), representa ese aspecto del ingenio francés, que se manifiesta por reacciones de buen sentido y de equilibrio contra los desates de mal gusto. «La severidad de los críticos de Hugo —escribía Nisard— se explica por la provocativa intemperancia de sus turiferarios y admiradores». La censura de Nisard pecaba por donde suelen las censuras muy minuciosas, tratándose de un talento tan ancho y caudaloso como el de Víctor Hugo: justa y exacta en los detalles, negaba la grandiosidad del conjunto. Reconociendo con Nisard del exceso de colorido, el rechispeo de frases efectistas, la continuidad de la antítesis, el abuso de la lentejuela, lo material y profuso de las descripciones, en que la memoria se sustituye al pensamiento, la prodigalidad asiática de las imágenes, la irrestañable verbosidad, la funesta facilidad de poner en música los lugares comunes, el derroche de imaginación a expensas de la razón sólida y de la sensibilidad honda y delicada, la declamación, la poesía sacada del cerebro y no de la entraña, con otras muchas objeciones que cabe poner a Víctor Hugo —no por eso hemos de convenir con Nisard en que Byron, y sobre todo Béranger, sean líricos superiores al autor de las *Orientales*, y menos todavía en que Víctor Hugo no haya ejercido sobre su época y su país influencia. Ejerció demasiada—. Lo que Nisard dice de Byron, por otros motivos puede aplicarse a Hugo: ni sus amigos ni sus enemigos lo fueron a medias. Algo más que una curiosidad efímera excitó Víctor Hugo, y su acción es duradera, no en la política ni en la filosofía, sino en la técnica literaria. No

---

tes cuando, en mis lecciones del Ateneo, me atreví a poner a Víctor Hugo reparos. (N. del A.)

se muestra justo Nisard cuando dice que Víctor Hugo siempre fue *laureado* y nunca *poeta*; nunca creador y dueño de la idea, sino servidor y heraldo de las circunstancias. Con más equidad le juzgaremos nosotros que le vemos desde tan lejos, desde tan abajo, desde tan afuera; nosotros, para quienes no es un ídolo, —ni mucho menos—, al saludar su monumento, sostenido por dos columnas: la magnificencia de la forma y la novedad y riqueza fastuosa del lenguaje.

Ingrata sería Francia si no reconociese los beneficios que debe su hermoso y cultísimo idioma al genio renovador de Víctor Hugo; beneficios realmente incalculables, porque cuando un escritor reanima una lengua y le hace transfusión de sangre y de savia vital, no solo a las obras de ese escritor, sino a las de todos los de su época y de las siguientes se extiende la eficacia de su acción. En el lenguaje fue Víctor Hugo revolucionario, conquistador y triunfador; por esa victoria merece el nombre de Bonaparte del romanticismo, que le atribuí.

«La estrofa tenía una mordaza, la oda arrastraba un grillete, el drama gemía cautivo, cuando yo grité ¡guerra a la retórica y paz a la sintaxis!». Así escribió Víctor Hugo, y después añadía: «¡No haya de hoy más vocablos patricios ni plebeyos! Suscitando en el fondo de mi tintero una tempestad, mezclé la negra multitud de las palabras con el blanco enjambre de las ideas, y exclamé; ¡desde ahora no existirá palabra en que no pueda posarse la idea, bañada de éter y teñida del azul del cielo!».

Esta impetuosa renovación de la lengua por la ruptura total del frío sudario en que se envolvía la momia del clasicismo, no era, nótese bien, una concesión a la inferioridad de los débiles, como suelen ser las reivindicaciones de libertad literaria; Víctor Hugo, al refrescar la tradición de Villon y de Ronsard, al pedir al idioma todos sus recursos, y al diccionario todos sus tesoros, y a la gráfica frase usual todos sus encantos de sinceridad y verdor, toda su energía popular y a veces arcaica, no facilitaba la tarea de los que hubiesen de seguirle: al contrario, la dificultaba, haciendo del verso francés una obra de arte de consumada perfección, labrándolo a cincel y martillo, con el vigor de un Juan de Arfe. En este respecto, la superioridad de Víctor Hugo sobre Lamartine es de cien codos; como ejecutante, hay que otorgar a Víctor Hugo un puesto único. La maestría no la adquirió laboriosamente; era en él don natural, y apenas quebrantó las ligaduras clásicas que aún le ataban en sus primeras odas, apoderose del dominio de la palabra, de los secretos del arte, y hasta los últimos límites de la vida fue el artífice maravilloso, —aun caduco, vacío y palabrero, como aparece en sus obras de senectud—.

Los críticos suelen citar el siguiente pasaje, en que Víctor Hugo se define a sí mismo: «Su cabeza es horno ardiente, donde se caldea su ingenio, y lanza el verso de bronce, hirviente y humeante, en el misterioso molde del profundo ritmo, de donde se alza la estrofa desplegando sus alas por el ancho firmamento. El amor, la muerte, la gloria, la vida, la ola, que pasa seguida por otra ola, todo soplo, todo rayo, hacen chispear y relucir su alma de cristal, su alma polifónica, de miles de voces, puesta por Dios en el centro de todas las cosas como un sonoro eco».

Hay que llamar miope a Nisard cuando no ve la influencia artística de Víctor Hugo. Solo un tomo de sus poesías, las *Orientales*, ejerció tanta, que de él procede la doctrina del arte por el arte, una de las direcciones capitales de la estética moderna: la realización de la belleza por medio del carácter, el fondo sacrificado a la forma, y esta llevada al grado de perfección que engendra la impasibilidad, el esoterismo u ocultismo artístico y el pagano culto de la belleza pura. Nadie practicaba menos que Víctor Hugo esta doctrina; nadie más sediento que él de popularidad, más enemigo del aislamiento, más abrazado a la opinión, más codicioso de sus halagos; y, sin embargo, de Hugo proceden los impasibles, los sacerdotes del ideal artístico, retirados a la montaña; la escuela parnasiana de Leconte de Lisle.

Lo más digno de admiración en la poesía lírica de Víctor Hugo, es la fuerza propia que presta a las palabras. Él creía que la palabra no es un casual consorcio de sonidos, sino un organismo, y que una ley vital, oculta e inefable, preside a su génesis y a su desarrollo. Antes de Hugo las palabras eran signos representativos de las ideas; Hugo les atribuyó valor propio, musical, pictórico y hasta sensual y psicológico, y en este respecto descienden del maestro, no solo Flaubert y Goncourt, los coloristas y los tallistas y lapidarios del verbo, sino los decadentistas y simbolistas, como Verlaine y Mallarmé. Donde mejor demostró Víctor Hugo la vitalidad de las palabras, fue en la sátira y en la invectiva. La sátira no razona, porque si razonase, si probase, si apelase al juicio, dejaría de ser sátira; por el camino de la explicación se llega a la indulgencia, o, cuando menos, a la equidad. La sátira se hace casi sin ideas, con palabras acres, espumantes, sardónicas, palabras que son latigazos y gotas de plomo derretido; y esas palabras de fuego y de corrosiva ponzoña, nadie las supo engastar en el verso mejor que Víctor Hugo; nadie las hizo destellar así a la lívida luz de la cólera, como sangrientos carbunclos. Los *Castigos*, el tremendo libelo contra el golpe de Estado del que Hugo apodó *Napoleón el pequeño*, son, en su género, obra maestra. Hay momentos en que recuerdan los apóstrofes de los profetas bíblicos, y suenan como el retumbar del trueno o la voz de muchas aguas de que habla la Escritura. El efecto de una poesía tal es en cierto modo material y físico, abrumador y aplastante como un mazazo, y solo se puede escribir en semejante estilo desde la soledad que hipnotiza y el destierro que exalta, desde un peñón de la costa batido por el mar tumultuoso, turbio, confuso y rugiente como el alma del poeta.

Cuando quise saludar en París a Víctor Hugo, ya muy anciano, recuerdo que me preguntaron algunos franceses, de los muchos que empezaban a burlarse francamente de él: —«¿Por qué va usted a verle?». —«Porque es el último representante del romanticismo» —contesté yo. —«¡Ya lo creo! —con malicia replicaron-; como que se ha empeñado en enterrarnos a todos y en que le hagan el centenario en vida». Eran injustos mis interlocutores. Víctor Hugo fue el último romántico, no por viejo, sino porque, merced a sus facultades prodigiosas, la escuela se sobrevivió a sí misma; porque defendió y mantuvo enhiesto el pendón del lirismo, y, según la exacta frase de Brunetière, se atravesó en el camino de la evolución literaria, situándose a manera de dique ante la corriente de las nuevas direcciones. No cabía entonar el funeral del romanticismo mientras aparecían las *Contemplaciones* y los *Castigos* y estaba en su apogeo el genio lírico de Víctor Hugo.

VI
El drama romántico. Víctor Hugo. Alejandro Dumas (padre)

Hemos considerado a Víctor Hugo poeta lírico y político de acción *escrita*: ahora le toca la vez al dramaturgo. Veremos cómo el drama romántico da sus primeros pasos, y logra una victoria —muy disputada y pasajera—. Para comprender por qué el romanticismo militante asaltó con tanto empuje la escena, es indispensable recordar sucintamente la tradición del arte dramático francés. De cuantos géneros elevaron en el siglo de oro de Luis XIV las letras al ápice de la perfección, quizás fue el teatro el que voló más alto y llegó a realizar completamente un ideal artístico.

Los españoles acostumbramos decir que el teatro es nuestro verdadero título de gloria; con mayor razón podrían afirmarlo los franceses, pues ni Lope, ni Calderón, ni Tirso, con ser tan altos, llegan adonde llega el nombre único de Cervantes; mientras en Francia, en el siglo XVII, ninguno brilla como los de Corneille, Molière y Racine. Sepamos anteponer la justicia a un mal entendido patriotismo, y reconozcamos que el teatro francés, en su buena época y a su modo, no le cede la palma al nuestro. Son entre sí tan diferentes como el día y la noche, y el que se deleita con *El castigo sin venganza* y *La vida es sueño*, puede estar a pique de bostezar con *Poliuto* y *Atalia*. Observemos la curiosa contraposición del teatro francés y el español; no hay cosa que mejor haga resaltar la verdadera complexión literaria de ambos pueblos. En el siglo XVII nosotros poseemos, lozano y floreciente y hasta exuberante, un teatro romántico en toda regla, al paso que los franceses elaboran un teatro clásico perfectísimo, hecho a torno, según las reglas aristotélicas y las doctrinas horacianas, interpretadas y comentadas por Boileau. Nosotros atropellamos las unidades; ellos las acatan y las ponen sobre su cabeza. Nosotros buscamos el efecto, la sorpresa; ellos el análisis moral y la lógica. Nosotros damos rienda suelta a la imaginación; ellos cultivan la razón y la sensibilidad decorosa y fina. Nosotros empleamos un lenguaje conceptuoso y enfático, y salpicamos su oropel de chispas de diamante; ellos castigan la frase, la funden en un troquel de elegancia y nobleza, la hacen sobria y contenida, y tanto la sangran, tanto la castigan, que al fin se empobrece y contrae anemia profunda. Una influencia española, un aura de *tras los montes* hizo de Pedro Corneille precursor del romanticismo dramático: el público se extasió con el *Cid*, pero la crítica se mostró implacable: para que Francia tolerase el teatro romántico —ya veremos que nunca llegó a aceptarlo de corazón— se necesitaban todas las acciones disolventes del siglo XVIII, todo el huracán revolucionario y todo el torrente del Imperio. No nos es lícito ya rebajar la literatura dramática del siglo de Luis XIV y exaltar la del período romántico; hoy vemos más claro que se veía en 1830: está calificada la superioridad de Racine, Corneille y Molière... y hasta ¿por qué no estamparlo?, de Voltaire, (en cuanto autor dramático), sobre Víctor Hugo. Hagamos restricciones en favor de Alejandro Dumas, padre, columna del templo del romanticismo en la escena. El teatro francés es clásico de suyo, como el alemán, el español y el inglés son románticos naturalmente. Franceses y españoles han sido al fin y al cabo fieles a su escuela nacional. Y solo la comprobación de este hecho bastaría para demostrar lo ya dicho varias veces: que Francia no es naturalmente romántica.

A fines del siglo XVIII, Francia y España parecían haber agotado el contenido de su vena dramática; allí, el clasicismo teatral se moría solemnemente de languidez y sopor; aquí, el romanticismo había degenerado en figurón y parodia. Nosotros buscamos la curación alopática en la forma moratiniana, en la proporción y el buen gusto, en un realismo discreto; ellos —por el mismo método— en el efectismo y la intemperancia, en el desenfreno idealista y en la briosa renovación del lenguaje. Pero ni aquí llegó a prosperar el teatro clásico, ni el romántico logró aclimatarse allí. La tierra, abandonada a sí misma, vuelve a criar las vegetaciones que siempre crió. Inferior a Francia en la poesía lírica, España, en este siglo, produjo un teatro romántico rico y numeroso, y presenció hasta tres avatares o reencarnaciones del romanticismo (no sería difícil comprobar la filiación romántica de obras estrenadas hace pocos meses). Las corrientes del romanticismo dramático, que tan pronto se secaron en Francia, fluyen aquí todavía.

Con todo, si bien el romanticismo teatral no tuvo en Francia caracteres castizos, las circunstancias lo reclamaban, los tiempos lo llamaban a voces. Los soles que alumbraron el firmamento clásico dejaron en él, al extinguirse, la negrura y la tristeza del vacío. Al finalizar el áureo siglo XVII, en que lengua y literatura alcanzaron tal perfección, unida a ese no sé qué divino que emana de la juventud, el teatro perdió su condición desinteresadamente estética y se hizo propagandista: el dominio de Voltaire sobre la escena la convirtió en cátedra del filosofismo; no sin razón dice un historiador que el Mahometo de Voltaire se sabía de corrido la Enciclopedia, y su Edipo era todo un librepensador, digno de que el rey de Prusia lo admitiese en las tertulias de *Sans Souci*. Después de Voltaire, nueva transformación del teatro: de filosófico se hace político, con José Chenier y —traslado las palabras del historiador citado, Alfredo Nettement— «bajo la Revolución, los aullidos de la plaza pública, las roncas vociferaciones de los clubs, las blasfemias de las callejuelas, tienen eco en la escena; los autores dramáticos explotan la historia de Roma y de Atenas en pro de la República una e indivisible, y se empeñan en demostrar que la antigüedad clásica era... toda una descamisada». Por otra parte, no podía medrar la tragedia en la escena, cuando bastante tragedia era la vida; cuando el honrado Ducis decía que en cada esquina encontraba la espantosa familia de los Atridas, calzando en vez de coturno, grosero zueco —y cuando diariamente, en la plaza pública, se representaba un mismo sangriento drama, terminado por igual catástrofe—.

Al calmarse la tempestad revolucionaria, aparece petrificado el teatro francés. Le envuelven las vendas que ciñen los miembros de la momia; y ya no es filosófico, ni político, sino algo que parece la solución de un problema de mecánica, una jugada de ajedrez. También sobre el teatro ejerce presión la rígida disciplina del Imperio. El único dramaturgo digno de memoria de aquella época, en que, por otra parte, se estrenaron tragedias a centenares, fue José Chenier, de quien se dijo malignamente que más lágrimas habían arrancado sus leyes que sus tragedias. Así aleteaba moribundo el arte dramático, hasta que la restauración de la monarquía, tan bienhechora para las letras, vino a infundirle calor vital.

Los primeros ensayos de renovación se hicieron sin romper el clásico molde, grave y solemne. A esta tentativa corresponden las *Vísperas Sicilianas*, de Casimiro Delavigne, y la *María Estuardo*, de Lebrun. Ya había sido señal de los tiempos —prematura, mal interpretada aún— cierto artículo del *Mercurio*, del año 1804, que señalaba a los autores dramáticos el rumbo de la Edad Media, y declaraba no menos interesantes las aventuras y desventuras de Fredegunda y Meroveo, que las de Agamenón y Clitemnestra; a este atisbo romántico se debió, un año después, la aparición de *Los Templarios*, de Raynouard, acogidos con entusiasmo por un público que empezaba a sentirse ahíto de griegos y romanos, de Apolo y de Júpiter. Y, bien mirado, este cambio de asunto y época en la dramaturgia era nada menos que un cambio de religión social. Al penetrar en el proscenio la historia nacional, traía de la mano al cristianismo. También el teatro sintió el latido del renacimiento religioso.

Poco después, el año 9, una tragedia de Nepomuceno Lemercier, *Cristóbal Colón*, donde se prescindía de la unidad de lugar y aparecía una decoración que representaba el interior de un barco, produjo en los espectadores tremendo alboroto, un muerto y varios heridos. Fijémonos en estos datos, para que la lid campal del estreno de *Hernani* no nos parezca cosa inaudita y sin precedentes, y para comprender que la pasión literaria siempre se desencadena más en el teatro. Lo cierto es que el crudo impío Lemercier fue un precursor de esos que quedan relegados al olvido y no se dan cuenta de lo que anuncian, pues creyéndose fiel adicto a la tragedia clásica, en más de una ocasión sentó las premisas del drama romántico.

Justo es mencionar por el mismo concepto, o más bien en el de verdadero profeta, pues enunció sus teorías mucho antes de la Revolución, a Luis Mercier, cuyo *Ensayo sobre el arte dramático* es una impugnación de la tragedia de Racine y una proclama de independencia. Nadie le hizo caso; pasó por lunático y extravagante, como tenía que pasar, en el último tercio del siglo XVIII, el escritor que se reía de Boileau, que ponía en las nubes a Calderón, Lope de Vega y Schiller, que renegaba de imitar a los griegos, y que señalaba, como limpias fuentes de inspiración, la historia patria, y la sociedad y costumbres contemporáneas, la tradición y la realidad ambiente.

Prepararon también los caminos del romanticismo teatral los dramas del género flébil, entre los cuales hubo uno de origen alemán, imitado de Kotzebue, que logró tal éxito de sollozos y gemidos, de pañuelos y frascos de sales, que, según dice ingeniosamente un crítico, las señoras hicieron punto de honra ir a desmayarse en él. Pero el romanticismo teatral —no lo echemos en olvido— fue un Jano bifronte, una faz que lloraba a lágrima viva, adosada a otra que reía a carcajadas, una hibridación de lo trágico y lo burlesco y bufonesco; por eso debemos incluir también en la lista de los precursores a los autores cómicos que rehabilitaron la risa, secundando la explosión jovial del Directorio, parecida a la de Florencia, que después de la peste negra se deleitaba con las facecias de Bocaccio.

Advenida ya la Restauración, por todas partes se oye crujir el vetusto edificio del clasicismo. El público esperaba sin saber qué, y con cualquier pretexto se desbordaban su entusiasmo y su nerviosa inquietud. Cuando fermenta el alma del público, suele desahogar en el teatro. Las *Vísperas Sicilianas*, de Casimiro Delavigne —¡quién se acuerda de ellas hoy!—, obtuvieron una ovación tal, que el autor, conmovido, vertía lágrimas abundantes, y el maquinista, atónito, se atribuía el triunfo, por lo bien que había dado la campanada, señal del degüello. Ya reunía en 1819 Casimiro Delavigne aquella mesnada de admiradores y amigos resueltos a aplaudir, aquella hueste, que más tarde se agrupó en torno de Víctor Hugo y tomó el ejercicio de la alabarda con el celo que un devoto las prácticas religiosas; gente siempre dispuesta a encender los hachones y a desenganchar el tronco del coche para la apoteosis popular del autor dramático.

La tragedia clásica conservaba, sin embargo, apariencias de vida; la galvanizaba el talento del gran comediante Talma, de quien decía el pintor David, con frase gráfica, que al cruzar la escena parecía una estatua animada por la poesía. A fuerza de estudio —Talma no era espontáneo— conseguía fundir el hielo de los alejandrinos, prestarles animación y suplir con el arte las deficiencias del diálogo, levantar llama entre la ceniza de parlamentos convencionales y sin alma, dar acento de verdad a la glacial mentira. Cuando el excelso actor sucumbe en 1826 poseído hasta el último instante de artístico transporte, estudiando sus propios accesos febriles para reproducirlos en la escena, puede decirse que se lleva al sepulcro la literatura dramática del Directorio, del Consulado y del Imperio, y deja el paso franco a la de la Restauración y del romanticismo. Como más tarde la de Víctor Hugo, la gloria de Talma, en un momento dado, cerraba el horizonte y obstruía el porvenir.

Víctor Hugo pasa por fundador del drama romántico, porque formuló concretamente sus teorías, y publicó su Código fundamental en el célebre prefacio de *Cromwell*, al año justo de la muerte de Talma. Nótese de paso que, al contrario de la poesía lírica, la dramática aparece como un estado reflexivo de conciencia antes de traducirse en acción; y llamo acción a la obra literaria, sea poesía, drama o novela, porque no atribuyo a la palabra *acción* el sentido material que suelen darle los que la confunden con el esfuerzo de los músculos.

Reconocida esta verdad, debemos rectificar, admitiendo que también fue acción muy poderosa el citado prefacio de *Cromwell*. En este extenso manifiesto, tablas de la ley del Sinaí romántico, al través del velo de brillantes metáforas con que siempre revistió sus ideas Víctor Hugo, domina una afirmación esencialmente democrática: más que libertad, pide igualdad ante el arte. Había sido la tragedia una forma aristocrática; sus personajes, semidioses, príncipes, reyes y héroes; su ambiente, los palacios y los campamentos; su ideal, la nobleza del sentir, la sublimidad del conjunto. Las desdichas de la gente baja no podían aspirar a la dignidad del alejandrino. Para que las lágrimas conmoviesen, era de rigor que las derramase una princesa o una sultana; para morir trágicamente, había que envolverse en los pliegues de un manto de púrpura. Lo que pidió Víctor Hugo era que al lado de los poderosos saliesen a escena los humildes; que lo bello y lo deforme se mezclasen confundidos en el teatro como en el mundo, y que la fealdad, existente en la naturaleza, no quedase excluida de los dominios artísticos. No todo es bello en la creación —decía Hugo—, y lo bello coexiste con lo feo, como el mal con el bien y la luz con la sombra; así en el arte deben entretejerse lo abyecto y lo sublime, constituyendo, por la unión de lo trágico y lo cómico, la forma superior del teatro —el drama—. Esto es lo que, en resumidas cuentas, proclama aquella página memorable; y esta es la idea madre de la estética de Hugo, cuyos rudimentos asegura haber entrevisto, contemplando en nuestra maravillosa Catedral de Burgos la efigie grotesca del *Papamoscas*.

No le faltaban argumentos en pro de su tesis. El más convincente era el ejemplo de Shakespeare. En el teatro sespiriano, confundidos aparecen lo celestial y lo diabólico, lo monstruoso y lo idealmente bello, Caliban y Ariel, Regana y Cordelia; y a veces la deformidad física, unida a la deformidad moral, da por resultado caracteres como el de Ricardo III, de una beldad siniestra, la beldad del diamante negro; otras, en un mismo personaje, el de Shylock, se mezclan, como la escoria y el fuego en el volcán, los elementos de lo satírico y de lo trágico, produciendo admirable hermosura. Para Víctor Hugo, esta concepción del arte correspondía exactamente al doble ideal filosófico y estético a que se mantuvo fiel al través de las vicisitudes de su larga vida:

el maniqueísmo, que era su religión, y el violento claro obscuro, que era su manera artística, la fe en los dos principios del bien y del mal que combaten y combatirán hasta la consumación de los siglos, y el deleite en los juegos de la luz y la sombra, obtenidos por medio de la antítesis y del contraste.

Una de las cosas que más deben inducirnos a desconfiar de las teorías, es ver cómo las modifica la individualidad. Que si Shaskespeare formulase teóricamente la doctrina contenida en sus dramas, diría poco más o menos lo que dijo Víctor Hugo, parece indiscutible. Sin embargo, aplicando los mismos principios, Shakespeare creó un teatro inmortal, y Víctor Hugo engendró un teatro que a la vuelta de diez años había de caducar, quedándose como los viejos papelotes: conservado entre cartones, a título de curiosidad y documento.

Pero antes de referir la rápida decadencia del drama romántico, recordemos su advenimiento triunfal. Suficientes pormenores encontramos en Dumas padre, a quien en este caso se puede consultar sin desconfianza, y en quien beben todos los historiadores literarios. Interesante es, por otra parte, que nos refiera la irrupción del romanticismo el que tanto ayudó, sin querer, a su disolución, vulgarizándolo en innumerables libros secundarios, rebajando su nivel y prestándole cierto carácter industrial horripilante para el artista. Dice, pues, Alejandro Dumas, con su franqueza de *bon enfant* jactancioso, que lanzado el prefacio de *Cromwell*, solo faltaba aplicarlo, y que la revolución dramática la inició feliz y atrevidamente su drama *La Corte de Enrique III*, acogido con atronador aplauso, que en pocas horas hizo del muchacho desconocido el autor ruidosamente célebre. Estimulado Víctor Hugo por la fortuna de la obra de Dumas, tendiole la mano, exclamando: «Ahora me toca a mí», y desde aquel punto y hora dedicose a escribir *Marion Delorme*, joya sin más defecto que la manía de hacer entrar a los personajes por las ventanas habiendo puertas. (Esta crítica es de Dumas, que en *Antoni* aprovechó también la ventana para dar paso al héroe.) Terminada *Marion*, solo faltaba saber si colaría por el tamiz de la previa censura. Azuzada esta por los clásicos, se podía recelar todo: no había faltado quien instigase a Carlos X a que prohibiese la representación de *La corte de Enrique III*, a lo cual contestó el rey con excelente sentido: «Señores, tratándose de espectáculos, no tengo más puesto que mi asiento de espectador». Al recelo de los conservadores respondía la ciega exaltación de los innovadores. Saliendo de oír leer en el Teatro Francés el manuscrito de *Marion*, uno del Cenáculo señaló con desprecio al cartel que anunciaba la función de aquella noche, y gruñó: «¡Desdichados! ¡Pues no van a representar una tragedia del mentecato de Racine!».

Repartido y en estudio el drama, súpose que, en efecto, lo prohibía la censura. A fin de interceder por su obra, pidió Víctor Hugo una audiencia a Carlos X, y hubo de acudir a ella con un atavío nada romántico en verdad: casaca, calzón corto y espadín. En hermosos versos ha narrado Víctor Hugo su diálogo con el anciano rey, que negaba al joven soñador la verdad histórica de *Marion* y quería vindicar a su antecesor Luis XIII, asaz malparado en el drama. Ni el monarca alzó la prohibición, ni Víctor Hugo quiso mejorar la semblanza de Luis XIII. Como se lamentase el empresario, el poeta le mandó volver dentro de un par de meses; y al plazo fijado, le entregó el manuscrito de *Hernani*.

¡Bajo qué feliz conjunción de astros nacía este drama, en opinión de su autor impregnado de españolismo, y por el cual hubo crítico que le otorgó generosamente la categoría de *grande de España de primera clase*! Venía *Hernani* a sustituir a *Marion Delorme*, y antes de nacer ya atraía como el fruto prohibido; venía después de *La corte de Enrique III*, aperitivo para los golosos de novedad y los revolucionarios; sonaba su vibrante nombre ibérico como primer toque de llamada convocando a la juventud barbuda y melenuda que salía de los estudios de pintor y escultor, de las aulas de Derecho y Medicina, de las cervecerías y *estaminets* del barrio Latino, de los Conservatorios y las Bibliotecas: hueste arrogante y provocativa, que chorreaba pendencia, que respiraba ansiosa el olor de la pólvora, y acudía como las hechiceras del aquelarre, rasgando el aire, predispuesta a la aclamación y al aullido. Antes de estrenarse *Hernani* ya era atacado rudamente y defendido con devoción idolátrica.

Los que describen el estreno de *Hernani*, sin pensarlo se sirven de la fraseología militar. Los espectadores no se sentaban, tomaban posiciones; no buscaban el sitio mejor para ver, sino el punto estratégico para combatir; y cual los ligueros en la noche de San Bartolomé, tenían sus jefes y capitanes, se daban contraseñas para reconocerse y caer en masa sobre el enemigo. Divididos en destacamentos de veinte a treinta, requerían en el fondo del bolsillo sus armas ofensivas —las huecas llaves—, o fregaban las palmas preparándose al aplauso que había de cubrir el estridente silbido. Hasta en el traje y en el pergeño parecían irreconciliables los dos bandos. Mientras los clásicos movían con desprecio sus burlonas cabezas trasquiladas y ostentaban sus calvas lucias, los románticos desplegaban orgullosos sus luengas crines merovingias y sus barbas dignas de un estuche como el que gastaba el Cid Campeador; y sobre los pantalones verde mar, la nota rabiosa del jubón rojo de Teófilo Gautier recordaba el trapo con que se cita al toro para enfurecerle y la bandera de las revoluciones. Los de la nueva escuela tenían en su favor el arrojo, esa misteriosa tensión de la voluntad y esa acometividad ciega e irreflexiva que todo lo arrolla. Eran la mocedad, mientras los secuaces del clasicismo representaban la fuerza de inercia, la resistencia de lo inmóvil. Como uno de los del bando clásico demostrase en alta voz desaprobación, levantose una cuadrilla de jaleadores románticos y gritó: *¡Fuera ese calvo!, ¡fuera!, ¡que se largue!* Y al punto el jefe de otra brigada se alzó más indignado todavía y clamó: *¡No, que no se escape! ¡Matarle, que es un académico!*

La contienda de Hernani ¡cosa curiosa!, puede reducirse a un altercado de peluquería. La injuria de los románticos a los clásicos era llamarles *pelucones* y también *rodillas*, aludiendo al parecido de una calva con una rodilla desnuda. Los clásicos replicaban mofándose de los melenudos y amenazando trasquilarles como a borregos inocentes.

¿Y quiénes eran aquellos reventadores de *Hernani*, derrotados con tal estrépito por una juventud bulliciosa y obscura? Realmente, lo más lucido de la sociedad y de la clase intelectual: gente madura y sólida, de autoridad y de peso, algo volteriana, bien avenida con la poética de Boileau, muy a mal con el calenturiento Schiller, el bárbaro de Shakespeare y el inquisidor de Calderón. El clasicismo expirante tenía de su parte a la censura, a los salones, a la opinión y a la prensa de circulación e influjo; por suya la Academia, por suyos los cuerpos docentes, por suyo el poder, por suyos a los actores. Dumas cuenta detalles divertidos de la hostilidad de las actrices contra el teatro romántico. Muerta la Staël y consagrado a la política Chateaubriand, creíanse dueños de la situación; jactábanse de representar la fidelidad al genio francés, a la razón, al buen gusto y al aticismo; y para defender sus caducas y vetustas tragedias habían hecho creer al vulgo que Shakespeare era un ayudante de campo del duque de Wellington, y el romanticismo una enfermedad como la epilepsia. Y, sin embargo, en solo una noche, con una especie de motín de estudiantes, una gresca de chiquillos, el romanticismo venció en toda la línea, y quedó la tragedia depuesta en su sarcófago de mármol.

La victoria embriagó a Víctor Hugo, y le indujo a uno de esos yerros que fácilmente cometen los escritores al juzgarse a sí propios: se creyó autor dramático. El aplauso del teatro, aplauso material, que suena y agita las ondas del aire, fascina más que todos. Acordémonos de que Cervantes se acogió a la novela después de una decepción en el teatro, por el cual sentía vocación irresistible. En el teatro es donde la gloria se toca y se palpa. Pero la ilusión de Hugo fue breve. Solo trece años habían transcurrido desde el estreno de *Hernani*, cuando cayeron al foso los *Burgraves*, y allí se quedaron para siempre jamás. Víctor Hugo, ante el fracaso, renunció al teatro definitivamente. Y al mismo tiempo que sucumbía, entre la indiferencia y la severidad del público, el último drama de Víctor Hugo, resonantes y locos aplausos saludaban a una tragedia, ¡la *Lucrecia*, de Ponsard! En los trece años que dominó en las tablas el romanticismo, no se había aplaudido ni por casualidad una tragedia. La muerta resucitaba.

Increíble nos parece hoy la corta vida que disfrutó ese teatro romántico, que tanto dio que hablar y con el cual se creyó descubrir un mundo. No falta quien se frota las manos recordando la temprana muerte de la escuela naturalista. Más en agraz se malogró el teatro romántico. Hay cosas que parecen haber durado mucho, por la intensidad febril con que se agitó en ellas el espíritu de sus creadores, por la resonancia de las disputas que suscitaron. Vieja es la comparación de estas cosas con las estrellas cuya luz vemos mil años después de extinguida; pero no encuentro otra más exacta. El teatro romántico sucumbió, dejando, eso sí, largo rastro, efluvios penetrantes y duraderos. Por lo demás, hay que reconocer su fracaso. Quiso dar a Francia un arte escénico nacional, y el tiempo ha demostrado que lo nacional en Francia son Racine y Corneille, Molière y hasta Voltaire y Régnier, y que los románticos procedían de una influencia exótica de Inglaterra y España, y reflejaban a Shakespeare y a Lope de Vega como un espejo convexo que desfigura el rostro. Quiso el romanticismo seguir las huellas del gran Guillermo, traer a las tablas la realidad libre, y trajo principalmente inverosimilitudes absurdas, pasiones hinchadas y huecas como vejigas, situaciones violentas y desenlaces descabellados y de un efectismo burdo: los dogales, puñales y pomos de veneno de la vieja tragedia, reforzados con narcóticos, subterráneos y mazmorras; los desafíos, los raptos, las mujeres arrojadas por el balcón, los verdugos vestidos de rojo y los ataúdes enlutados. De esto algo había en Shakespeare; pero bajo el convencionalismo escénico se advertía la pulsación natural y el copioso torrente sanguíneo de la verdad y de la vida. Si Shakespeare pudiese imaginar, por ejemplo, una ficción semejante a *Hernani*, jamás la desenlazaría con el recurso de la bocina de caza y la antihumana resignación del sentenciado a morir de tan extraña manera. El héroe de Shakespeare saldría del paso riñendo con Silva, lo cual sería mejor que tomarle, según la frase de Don Juan Tenorio, por un cortador de oficio. A Shakespeare no se le ocurriría semejante final, ni permitiría que, como dice Larra, un viejo inexorable y celoso consiga matar a trompetazos el amor más puro y el porvenir más lisonjero de dos esposos felices.

Nótase en el talento dramático de Víctor Hugo que desde el primer instante aparece en plenitud, y, en vez de subir, va decreciendo. El drama de Hugo nace adulto: obra al fin de quien empezó por codificar el arte dramático. Hay más: a medida que Víctor Hugo se pone en contacto con el público del teatro, gradualmente se desorienta y se extravía. Su primer drama, *Marion Delorme*, pasa, y con razón, por el más perfecto. En él aparece ya la tesis favorita del poeta, la rehabilitación de los seres degradados y la depuración del mal por medio de una sola gota de bien, como una sola gota de leche del seno de Juno bastó para trazar sobre el negro firmamento el rastro luminoso de la *Vía Láctea*. *Marion Delorme*, es la cortesana impura, pero sinceramente enamorada de Didier, el cual, desconociendo su historia, la consagra un culto fino y acendrado; este sentimiento la redime. No importa que, por salvar a Didier del cadalso, Marion se entregue a Laffemas; su dolor, su desesperación, su vergüenza: su horror de la ignominia, son claras señales de la redención de su espíritu hasta entonces abyecto. Igual pensamiento domina en *El rey se divierte* y en *Lucrecia Borgia*. Un vil bufón, escoria de la humanidad, asalariado por su monarca para acribillar a sarcasmos a la virtud; un repugnante corcovado de cuerpo y alma, un monstruo, conserva, sin embargo, un destello divino, el amor paternal, y es suficiente para despertarle al remordimiento y al arrepentimiento la maldición del viejo ultrajado, y sobra para infundirle la dignidad de hombre, y para que en su conciencia se sienta igual al rey, capaz de pedirle cuentas y de lavar con su sangre la honra de la inocente niña seducida y abandonada. Es la tendencia de Rousseau, la divinización de lo humano. En *Lucrecia Borgia* sube de punto la atrocidad moral. La *Lucrecia* de Hugo, nada semejante a la de la historia, pero sí a la de la leyenda, es la hembra luciferina, vaso de abominación, abismo de crímenes nefandos; su nombre es un estigma, y sus actos los de una tigre sedienta de sangre. Pero en el obscuro antro de su corazón penetra algo como rayo de luna visto por la claraboya de un calabozo; la fiera ha tenido secretamente un hijo, y el cariño que le tributa hace que nos interese Lucrecia, que la compadezcamos, y que tal vez nos a traiga con más fuerza que heroínas que nunca han pecado ni sufrido. *Ruy Blas* es otro aspecto de la misma tesis. Entre la hez de la sociedad busca Víctor Hugo a un mísero lacayuelo, y deposita en su alma el amor, un amor ideal y puro. Gusanillo prendado de una estrella, el lacayuelo se atreve a querer a la reina de España. Al influjo de la pasión adquiere *Ruy Blas* ese modo de sentir que parece privilegio exclusivo de los nobles y los magnates: el honor caballeresco; y otra cosa que aún vale más; la magnanimidad, la alteza de miras, el patriotismo sublimado hasta la abnegación heroica.

No puede negarse que en esta idea hay cierta grandiosidad, pero sobre que no se funda en la psicología científica, implica una especie de sistema mucho más mecánico que todas las unidades, reglas y cortapisas de Boileau. Sirve este sistema para buscar contrastes y efectos, no para trazar caracteres reales, de la casta de Otelo y Macbeth, ni para estudiar el alma como la estudiaba Racine.

La forma de Hugo era espléndida; las situaciones, aunque violentas e inverosímiles, de singular prestigio; pero apagadas las candilejas, cuando el espectador volvía a su casa, cuando el crítico tomaba la pluma, producíase la inevitable reacción contra aquella fantasmagoría vana y brillante. Esperábase con impaciencia la obra maestra, el fruto ya sazonado, una de esas creaciones que subyugan a la envidia, y solo se veía un descenso vertiginoso hasta llegar a las terroríficas y melodramáticas escenas de *Ángelo tirano de Padua* y de *María Tudor*, o a la peregrina y desatinada Edad Media de *Los Burgraves*. La obra aclamada unánimemente no llegó a producirla Víctor Hugo, ni tampoco —aunque le anduvo más cerca— el otro dramaturgo de la escuela, Alejandro Dumas, padre.[30]

Tal vez alguien se escandalizará viendo que pongo a Alejandro Dumas más alto que a Víctor Hugo en cuanto autor dramático; pero si es mérito la novedad, mi opinión carece de ese mérito: hace muchos años dijo esto mismo un hombre dotado de sagacidad crítica; me refiero a nuestro *Fígaro*, D. Mariano José de Larra. A propósito del estreno de un drama de Alejandro Dumas, escribía Larra lo siguiente, que al pie de la letra transcribo: «Entre los escritores dramáticos modernos que ilustran a Francia, Dumas es, si no el primero, el más conocedor del teatro y de sus efectos, incluso el mismo Víctor Hugo. Víctor Hugo, más osado, más colosal que Dumas, impone a sus dramas el sello del genio innovador y de una imaginación ardiente, a veces extraviada por la grandiosidad de su concepción. Dumas tiene menos imaginación, en nuestro entender, pero más corazón; y cuando Víctor Hugo asombra, él conmueve: menos brillantez, por tanto, y estilo menos poético y florido, pero, en cambio, menos redundancia, menos episodios, menos extravagancia; las pasiones hondamente desentrañadas, magistralmente conocidas y hábilmente manejadas, forman siempre la armazón de sus dramas; más conocedor del corazón humano que poeta, tiene situaciones más dramáticas, porque son generalmente más justificadas, más motivadas, más naturales, menos ahogadas por el pampanoso lujo del estilo. En una palabra: hay más verdad y más pasión en Dumas, más drama; más novedad y más imaginación en Víctor Hugo, más poesía. Víctor Hugo explota casi siempre una situación verosímil o posible: Dumas, una pasión verdadera».

Larga es la cita, pero no quise abreviarla, porque también es substanciosa; encierra un paralelo exacto, aunque benévolo en demasía, cuando otorga a Dumas ese conocimiento del corazón humano y de las pasiones que no poseía en tanto grado, teniendo en cambio el don de saber manejar los resortes dramáticos, un instinto doblemente seguro que el de Víctor Hugo para elegir asuntos nacionales e históricos, como aventajado discípulo de Walter Scott, y un tino especial para abrir caminos al drama romántico, adaptándolo a los

---

30 Nació en 1803 en Villiers-Cotterets: murió en 1870 en Puys. (N. del A.)

asuntos modernos, al movimiento político y filosófico, al espíritu revolucionario, carácter que Larra reconoció en *Antony*, drama importante de Dumas padre, donde está en germen todo el teatro de Dumas hijo, ideológico, pasional y esencialmente moderno.

Importábame también la cita de *Fígaro*, porque hace justicia a un gran literato popular, desdeñado con exceso: a un temperamento exuberante y lozanísimo, a un escritor prolífico e inexhausto, a uno de esos pródigos de las letras y del arte a quienes todo el mundo se cree con derecho a mirar por cima del hombro, pero a quienes se lee con deleite siempre que el espíritu pide descanso y solaz; y agrada ver cómo la crítica, no influida por la rutina del elogio, tiene a veces la misión de bajar a los poderosos de su silla y exaltar a los humillados. Laméntase un crítico de que en Francia se haya arraigado la mala costumbre de desdeñar y aun de despreciar a los que ya no representan las ideas o los caprichos del momento, y señalando el olvido en que murieron Lamartine, Thiers y Béranger, entiende que los extranjeros aprecian con mayor equidad y tranquilidad las reputaciones francesas. No siempre: los fanatismos no se detienen en la frontera, no pagan derechos de aduanas. A España, por ejemplo, se ha comunicado no solo la incondicional hugolatría, sino también el menosprecio de Alejandro Dumas padre, considerado únicamente escritor folletinesco, de novela por entregas. Hora es ya de rectificar: en el drama romántico, el puesto de Dumas está a la derecha y delante de Víctor Hugo.

La biografía de Dumas padre es menos interesante que su temperamento. Puede resumirse en estas palabras: escribió sin cuento y supo hacerse leer. Los antecedentes de familia, el atavismo y la transmisión hereditaria, caracterizaron a Dumas. Su padre, que era, como el de Víctor Hugo, general de los ejércitos de Bonaparte, había nacido en Santo Domingo, y la feliz mezcla de sangre y de razas que hizo del padre de Dumas un gigante mulato, de fuerza hercúlea y de arrogante belleza, prolongó su acción hasta producir la robustísima complexión literaria del hijo. Cierto que su abundancia y fluidez tenían el defecto de la vegetación tropical: eran como esas frutas de América, dulces y saturadas de melaza, pero de excesivo tamaño, de pulpa floja e inconsistente, y en que lo azucaroso no está contrastado como en las europeas por cierta sana acidez. Los escritos de Dumas cunden y se ramifican y se visten de hojarasca, cual la flora de la zona tórrida: y no era solo en esto, ni en los signos fisionómicos, los gruesos labios y el crespo cabello, en lo que se le conocía la sangre negra, sino en caracteres morales; la ingenua vanidad, la impávida e incorregible satisfacción de sí mismo, y cierta eterna juventud o más bien infancia de la fantasía, que con todo se encanta, porque todo le parece nuevo y hecho *ex profeso* para su goce, para su uso exclusivo, y en todo país ve una tierra que descubrir y conquistar. Del negro eran también en Dumas el desorden económico, la afición al lujo y al derroche, el invencible abandono y la tendencia a la pereza sensual y feliz, pereza que en Dumas, por combinación singular, se unía a una laboriosidad que yo llamo volcánica, pues se parece a continua erupción de lava ligera y enfriada presto, que se desborda en forma de novelas, dramas, historias, memorias, narraciones de viaje, cuentos, reflexiones, críticas y hasta artículos de cocina, con un tesoro de recetas. Así como en Dumas hijo preponderó la raza caucasiana, Dumas padre fue siempre el hijo de Cam. Escudada con la doctrina de Taine, que no solo autoriza, sino recomienda las anécdotas en la crítica literaria, referiré una que muestra la irreductible disparidad de las dos generaciones de Dumas. Cierto día que Dumas padre no tenía botas que poner, pidió a su hijo un par prestado. Este abrió un armario, y diciendo «escoge», le señaló veinte pares de botas en fila, muy bien embetunadas y relucientes. Dumas padre tendió la mano, tomó las que le gustaron más, y encogiéndose de hombros, murmuró con el desprecio más profundo: «¡Y después dirán que mi hijo es un genio!».

    Entre las particularidades del temperamento de Dumas padre, descollaron la alegría y el buen humor; en sus escritos se advierte este regocijo temperamental, que no nace de las circunstancias exteriores, sino de la salud y de la plenitud fisiológica. Nunca aparece Dumas nervioso, fatigado, hipocondríaco; nunca le faltan ánimos, y solo su excelente estómago y su vigor sanguíneo explican cómo pudo resistir las orgías de trabajo a que se entregaba. Sus enemigos le acusaron de plagiario y de que sostenía una fábrica de novelas en que solo era suya la firma. Cierto que asalarió colaboradores secretos como Augusto Maquet; pero si se procuró esa ayuda material, fue porque el tiempo, estírese como se estire, no da más de sí que sesenta minutos por hora; y aun cuando restemos de la obra de Dumas lo que no hizo más que revisar y autorizar con su nombre, queda una cantidad tal de labor, que se presenta para Dumas el mismo problema que para el célebre Tostado: tuvo que escribir mientras dormía. Así lo dice en sus *Memorias*: «Mis escenas históricas del reinado de Carlos VI fueron uno de los primeros triunfos de la *Revista de Ambos Mundos*, y este éxito me determinó a escribir una serie de novelas que se extendiesen desde el reinado de Carlos VI hasta nuestros días. Mi primer deseo es siempre ilimitado; mi primera inspiración tiende siempre a lo imposible, y después llego a realizarlo, porque me empeño, mitad por orgullo, mitad por amor al arte. ¿Cómo se hace el milagro? Trataré de explicarlo, aunque no lo comprendo bien yo mismo. Se hace trabajando como nadie trabaja; suprimiendo todos los detalles de la vida y renunciando al sueño». El que puede quitarse de dormir y no pierde el equilibrio, la placidez y el ingenio; el que en esa producción incesante como el curso de un río, no es arrastrado y no sucumbe; el que conserva su personalidad y se mantiene presente en su obra y no desciende completamente al fárrago insulso, bien justifica la frase de Michelet, que escribía a Alejandro Dumas padre: «Le quiero y le admiro a usted, porque es usted una fuerza de la naturaleza».

    Volveremos a hablar de Dumas padre al llegar a la novela; hoy solo tenemos que considerarle como autor dramático, y en ese terreno, si Víctor Hugo goza los honores y ostenta los distintivos de la jefatura, es realmente Dumas quien sugiere, no solo las distintas formas del drama romántico, sino sus ramificaciones, que todavía subsisten. Dumas hijo, Augier y Sardou no deben poco a Dumas padre. Repasad los veinticinco tomos que forman el *Teatro completo* de Dumas, y allí encontraréis los gérmenes, más o menos desarrollados, del drama histórico, del histórico novelesco, del de intriga, del de pasión y hasta del jurídico. El drama histórico, con asunto nacional, es patrimonio del autor de *La corte de Enrique III* y *La Torre de Nesle*, y el drama pasional y psicológico procede de *Antony*, obra que, sin duda, cualquiera que sea el concepto que nos merezca su tesis, y aun cuando repitamos, con *Fígaro*, que es inmoral, que es la expresión de una sociedad caduca y un grito de desesperación lanzado por la humanidad, descuella entre todo lo que produjo Dumas. Si algún drama romántico pudo aspirar al dictado de obra maestra —imperfecta como los *Bandidos de Schiller*— es *Antony*, y por ella habría de sobrevivir el nombre de Dumas padre, aun cuando la corriente del olvido arrastrase sus demás producciones; porque el hospiciano *Antony*, con todas sus exageraciones y énfasis, sello genuino de la época, es una figura alta y poderosa, de singular energía dramática y de gran acción sobre nuestra fantasía. *Antony* ha tenido posteridad, y ha hecho soñar y sentir. Las donosas críticas de *Fígaro* al asunto de *Antony* están en pie y conservan todo su chiste, salpimentado de buen sentido; porque Larra, que por dentro fue una especie de *Antony*, era en crítica el más templado y razonable de los eclécticos y hasta el más prudente de los conservadores; pero las faltas de lógica que Larra nota en el drama de Dumas podrían reprenderse en otros que pasan por inmortales; en nuestro *Don Álvaro*, en el *Tenorio*, en casi todos los de Schiller; y en la obra maestra de Dumas hijo, que es, sin género de duda, *La dama de las Camelias*, ha observado Zola, sagazmente, iguales ilogismos, nacidos de que los personajes no discurren bien; tienen una falsa concepción de la vida. Si los personajes del drama fuesen santos, sabios o impecables filósofos, no habría drama posible. La misma indignación que suscitó *Antony*, las controversias, las acres censuras, indican su vigor, denuncian que es de raza vividera y activa. De las obras que nadie combate, desconfiemos; tal vez es que han nacido muertas.

Aunque Dumas padre no era un gran crítico, tenía suma perspicacia, y lo demostró al escribir de *Antony*: «Esta fue, no solamente mi obra más original, mi obra más personal, sino una de esas obras raras que ejercen influencia sobre una época». Bien dicho, aunque en alabanza propia. Fruto de esa emancipación del *yo* que trajo el romanticismo, y que fue principalmente labor de la lírica, *Antony* es un drama lírico, pasional, de sentimiento; Dumas ni aun lo cree drama, sino una escena de amor, celos y cólera, en cinco actos. Si el nombrar a Goëthe al lado de Dumas padre no pareciese malsonante, yo diría que *Antony*, por sus antecedentes psicológicos, y, sobre todo, por su íntima fuerza, es el *Werther* francés. ¿Y por qué no? El personaje de *Antony* es hermano de Werther, de René, de Obermann, de Jacobo Ortis, de Rolla, de todos los desesperados del romanticismo, poseídos de una especie de satánica soberbia, que tuvo grandeza propia. A la acusación de inmoralidad tantas veces lanzada contra *Antony*, Dumas respondía que sus dos culpables, Adela y Antony, recibían terrible castigo: para la una la muerte, el presidio para el otro. Era verdad, pero no por eso queda limpio Antony de la inmoralidad esencial romántica: el desenfreno del lirismo, el *yo* hecho centro del mundo y pisoteando cuanto se opone a su expansión, leyes, Códigos, respetos humanos, conveniencias sociales, y, por último, la sacra antorcha de la vida. Y por esta condición de *Antony*, porque el lirismo romántico no se expresó jamás en la escena con tanta energía, con tan impetuosa y diabólica arrogancia, es *Antony* el primer drama del teatro romántico francés.

Hemos visto que si la poesía lírica fue una gloria para el romanticismo, el drama fue al fin y al cabo un desastre. Ahora tenemos que seguir al romanticismo a otro terreno, el de la novela, que será como ir sobre tizones encendidos, porque ya nos acercamos a lo que acaloradamente se discutió hace bien pocos años, y aún no se ha sentado la polvareda que cegó tantas pupilas e hizo a tanta gente confundir los rebaños de carneros con ejércitos en marcha.

VII

La novela romántica. Los modelos anteriores o precursores del romanticismo. La novela subjetiva: Adolfo y Obermann. Las novelistas. Víctor Hugo en a novela. Superioridad de Nuestra Señora de París. La novela simbólica y social

Hemos recorrido los dominios de la poesía lírica y del drama romántico, y llegamos a la novela, género en que el romanticismo no representa un adelanto, sino más bien una dirección falsa, una confusión o error de rumbo; un extravío.

Al servirme de la palabra *extravío*, quisiera que fuese bien explicada por mí y bien comprendida por los que me leen. El extravío de un género, dentro de un movimiento tan hondo y de tan vitales consecuencias como el romanticismo, no es incompatible con la aparición, en el mismo género, de varias obras dignas de admiración y aplauso, como la derrota de un ejército no es incompatible con los episodios heroicos y las bizarras acciones que realiza. Hay que fijarse en que el romanticismo era una tentativa de renovación general, y aspiraba a hacer tabla rasa de lo vigente y establecido, trayendo a cada esfera y a cada orden de la producción artística y literaria nuevas formas e ideales nuevos, y al par exhumando los que yacían ocultos (según se nota en la arquitectura, donde el papel del romanticismo fue mera rehabilitación de los estilos gótico, románico y oriental). Cuando se emprende la tarea de renovar e innovar, el criterio para juzgar del valor de la innovación es, ante todo, comparativo. Si lo nuevo supera a lo que destruye, la innovación era buena y lícita. Si, por el contrario, lo nuevo parece inferior y acusa decadencia; si, pasado el primer instante de sorpresa, gastado el peculiar goce que siempre causa la novedad, se advierte que no alcanza la perfección y riqueza de contenido de lo antiguo, entonces hay un error fundamental de concepto en la dirección innovadora. Así se juzgan, no solo las revoluciones estéticas, sino también las políticas, y por eso el movimiento político de Francia, en todo un siglo, no ha logrado infundir respeto a la historia.

En el romanticismo —recuérdese que de Francia hablamos—, la lírica y aun la historia son dos aciertos. Acaso no es dado al lenguaje ni a la inspiración llegar más allá de lo que llegaron Víctor Hugo, Lamartine y Alfredo de

Musset; y si recordamos la sequedad y pobreza de la lírica en el siglo XVIII, veremos cuán necesaria era la renovación. Como las victorias bien ganadas son siempre fecundas, los grandes poetas líricos que sucedieron a Musset, Hugo y Lamartine tienen todos filiación romántica, más o menos clara, pero real; ninguno cuenta entre sus ascendientes a los rimadores del siglo XVIII: saben que proceden del Cenáculo y que no serían lo que son a no haberse bañado en las ondas del lago lamartiniano. Otro tanto, como veremos, puede decirse de los historiadores: las obras históricas de Voltaire, lo más lucido y sustancioso de la historia dieciochena en Francia, no hubiesen bastado para motivar la aparición de los Michelet y Thierry.

Pero, en el teatro, el romanticismo no tuvo más valor que el del cambio, que a veces conviene solo por ser cambio, aunque nada mejore. La tragedia clásica era superior al drama romántico; y esta afirmación, demostrada por trabajos de crítica seria y sincera, es una verdad patente, ya hoy reconocida. De estas verdades vive la crítica, cuando se eleva a la altura de ciencia exterior y superior al antojadizo gusto personal, y cuando enseña al hombre a juzgar rectamente, aun contra las sugestiones de ese gusto, no depurado por la sensibilidad y la cultura estética. Los testimonios en favor de la superioridad del teatro clásico en Francia, son, no solo una crítica ilustrada y serena, sino el asentimiento de las generaciones, que a la larga presta consistencia de bronce al erguido pedestal de las obras maestras. Racine, Corneille, Molière, y varios escalones más abajo Voltaire, son en Francia los triunfadores del teatro, y por eso hay que inscribir entre las derrotas del romanticismo el drama.

La novela romántica, o al menos la que generalmente recibe este nombre, es otra derrota, o como antes decíamos, un extravío, una desorientación, un error; pero, por razones especiales tuvo apariencias de acierto y aureola de popularidad, más duradera que la del drama. En el drama tenían que luchar los románticos con el recuerdo de glorias muy altas, muy puras, sancionadas por la tradición; en la novela, esa misma tradición, aunque existía, no se había definido, no ostentaba el rico barniz del tiempo; y si antes del romanticismo poseía Francia modelos del género novelesco, no los consideraba tales, porque acababan de aparecer cuando la Revolución lo arrasó todo. La lucha entre la tragedia clásica y el drama romántico terminó con la muerte de ambos adversarios, y la revelación de otra forma nueva, mixta y de transición; nadie refrescó —ni era posible— los laureles de Racine y de Corneille. No así la novela, que sin ruido y a espaldas del romanticismo, y a veces a su sombra, pero no bajo su bandera, supo soldar la cadena de la tradición donde se había roto, para revestir una variedad y riqueza de formas, matices y tonos que probaron su vitalidad, su frondosa lozanía, haciendo de ella el género moderno por excelencia, el más comprensivo, el más amplio, el más hospitalario para toda clase de ideas y sentimientos —el poema universal de este siglo, disperso en cientos de miles de estrofas entonadas por millares de voces.

La novela francesa, inmediatamente anterior al romanticismo, ya no era clásica. No la sujetaron, como decía con palabras de oro Diderot, ni las reglas de Aristóteles ni los preceptos de Horacio; la parte que tuvo de clasicismo se derivaba de la influencia del genio nacional en la prosa, en la lengua; por eso Francia contará siempre entre las joyas de su tesoro literario algunas narraciones de Voltaire, como *Cándido*, *Micromegas* y *Zadig*. Al lado de ese clasicismo que podemos llamar espontáneo, y que brilla en dos cualidades tan francesas como la sencillez de la forma y la diafanidad del pensamiento, encontramos desde el siglo XVIII anticipadas todas las direcciones de la novela que han de sobrevenir. La tierna e inconsciente *Manon Lescaut*, del abate Prevost, ¡qué posteridad va a tener en las infinitas Magdalenas más o menos arrepentidas, desde *La Dama de las Camelias*, hasta la recientísima *Thais*! La lírica *Nueva Eloísa*, de Juan Jacobo Rousseau, ¡qué serie de estudios pasionales va a inspirar! ¡Qué sartas de corazones doloridos y despedazados va a enhebrar por el hilo de una prosa tan sugestiva como los mejores versos! En cuanto a Dionisio Diderot, los novelistas contemporáneos reconocen en él a su maestro, y a veces insuperable.

Prescindiendo de lunares con que la impiedad y la lubricidad de su época afearon las páginas de *La Religiosa*, de Diderot, es imposible narrar con mayor sentimiento y fuego que aquel escritor desigual e impetuoso, aquel formidable *Pantófilo* que producía a la vez que la enorme *Enciclopedia*, paradojas y teorías estéticas, primorosas novelas y cuentos, dramas, ensayos históricos, y que, por escribir, con largueza inconcebible, hasta escribía las obras de los demás. Entre los cuentos de Diderot, hay uno que, enteramente moderno en la intención, recuerda sin embargo una de las mejores novelas ejemplares de Cervantes, *La Tía Fingida*; me refiero al titulado *Madama de la Pommeraye y el marqués de Arcis*, cuyo argumento ha servido para el drama *Fernanda*. Al final de esta encantadora historia, clásica en la forma y humanísima en el fondo, es donde Diderot, que sabía adivinar, y que predijo exactamente los destinos de la poesía lírica, escribió estas palabras, muy significativas entonces: «Si he pecado contra las reglas de Aristóteles y de Horacio, en cambio he referido este suceso tal cual ocurrió, sin quitar ni poner».

Desde mucho antes del advenimiento del romanticismo, poseía, pues, la novela francesa modelos, no clásicos, sino realistas, psicológicos, humanos. Cuando el romanticismo asoma, la novela que inspira es, en resumen, poesía lírica, escrita en prosa: la ráfaga del lirismo, que hacía palpitar las páginas de la *Nueva Eloísa*, sopla, mansa y dulcemente, en el idilio de *Pablo y Virginia*, más sentimental que el de *Dafnis y Cloe*. Vibrantes poemas líricos son también la *Atala* y el *René*, de Chateaubriand. Durante el primer período romántico, la prosa servía de válvula al lirismo, hasta que pudo derramarse a sus anchas en las estrofas de Lamartine y Musset. Mucho tienen de líricas también, por lo autobiográficas, la *Corina* y la *Delfina* de madame de Staël, y lirismo puro fue luego el *Rafael*, de Lamartine.

La corriente lírica en la novela, bajo el romanticismo, procede de *Werther*, y se manifiesta con igual fuerza sugestiva y con esa especie de maléfico hechizo que se nota, no solo en el caso morboso de *René*, sino en dos libros menos conocidos en España: el *Adolfo*, de Benjamín Constant y el *Obermann*, de Esteban Senancourt.

Benjamín Constant, el más francés de los suizos, la antítesis del formal Sismondi, no se parece en nada al tipo del novelista de oficio de la época realista, hombre que lleva a cuestas el deber profesional y sale a caza de documentos, de descripciones, de colores y de formas, atiborrado de teorías y constante y metódico en la producción. Solo por casualidad fue Benjamín Constant novelista. No se dedicaba a la amena literatura; inclinábase a los estudios serios; había cursado filosofía y ciencias en Inglaterra y Alemania; escribía libros graves, de historia religiosa, y folletos políticos de gran resonancia; ardiente tribuno y orador, sus compañeros le evitaron el destierro que le impuso Napoleón al mismo tiempo que a Madama de Staël; y sus inconsecuencias frecuentes, ni amenguaron su popularidad, ni impidieron que a su muerte el pueblo quisiese llevar al panteón sus despojos. Con todas estas circunstancias, Benjamín Constant apenas obtendría dos renglones de mención en las historias de la literatura, si no acierta, en un momento de efusión lírica y doloroso subjetivismo, a emborronar la breve novela titulada *Adolfo*.

El origen de *Adolfo*, como el de las *Noches*, de Alfredo de Musset, es un desengaño amoroso, menos cruel, aunque mortificante para el orgullo. Seguía Benjamín Constant la estela de Madama de Staël, aspirando a casarse con ella en segundas nupcias, y viose desairado en esta lícita pretensión. Constant tenía amor propio y le hirió la negativa; por despecho, se dio prisa a unirse en matrimonio con una dama alemana de altos blasones. Toda esta historia, con muchos pormenores tragicómicos, v. gr., el conato de envenenamiento de la esposa de Benjamín Constant, es pública por indiscreciones de Sismondi, que recogió con fruición Sainte Beuve, fiel a su sistema de que, para juzgar acertadamente a los escritores, es preciso conocer al dedillo su vida privada, y muy en especial sus amoríos: sistema que otro crítico ilustre llamó «hacer la historia de los grandes hombres con el catálogo de sus pequeñeces».

Tal episodio, que bien puede referirse en el estilo semi-serio que emplea Sainte Beuve, no bastaría para engendrar en otro hombre el tedio mortal, el hastío árido y desolador que se desprende de las páginas de Adolfo. Igual reflexión ocurre acerca de *René*: es preciso que un alma sea de condición especial para que desilusiones que todos sufren alguna vez, inspiren esas elegías, esas rebeliones contra la ley del destino y ese descontento satánico y rabioso. *Adolfo* se escribió en 1814, aunque no se publicó hasta 1816, y su autor, según la costumbre de entonces, lo había leído manuscrito a varios amigos y en tertulias íntimas; se hablaba del libro, se comentaba antes de que apareciese. El asunto, sencillo y amargo, es un caso de pasión; pinta dos caracteres, el de una mujer constante y apasionada, y el de un hombre aburrido y gastado por dentro, enfermo del mismo mal de *René*, el famoso mal del siglo: hombre desecado por el análisis, helado antes de la vejez, que quisiera sentir y no puede, y en cuyas manos todo se marchita. Había en *Adolfo*, en la elegante sobriedad de su refinada prosa y en la contenida vibración de su sentimentalismo, arte suficiente para dorar la verdad; y había también lirismo sincero bastante para infundir la simpatía que adivina el drama real al través del velo de la ficción. *Adolfo* fue, pues, de esas obras afortunadas en que una generación ve su retrato fiel y exclama: «Así sufría yo, así sentía, pero no sabía expresarlo».

A la misma familia intelectual y moral de *René*, de *Werther* y de *Adolfo* pertenece el *Obermann*, de Esteban Senancourt: como el altanero *René*, otro hijo desdichado de nuestra edad, que «ni sabe lo que es, ni a qué aspira, ni qué anhela; que llora sin causa, que desea sin objeto, y para quien nada es como debe ser, sino que todo está fuera de su lugar y en el mundo solo reina el tedio, sentado entre la anarquía y el desorden». En esta desolación incurable, a la legua se trasluce el discípulo de Juan Jacobo, doblemente contaminado por tan peligroso maestro, porque la Naturaleza le castigó con una complexión endeble y un alma nebulosa y triste como un día de lluvia. Senancourt era un muchacho enfermizo, a quien las vagas melancolías de la pubertad condujeron al seminario, y a quien, una vez reconocida la deficiencia de la vocación eclesiástica, quedó siempre, como marca de ella, el retraimiento, la afición a la soledad. Esta clase de hombres llevan la desgracia en el carácter; se suicidan imaginariamente todos los días. *Obermann*, inferior a *Adolfo* por el estilo y el análisis —Constant era mejor literato y tenía más experiencia del mundo—, es tal vez superior por la sinceridad y franqueza con que el novelista descubre su alma ulcerada. *Obermann* pudo ser el modelo de *Adolfo*: se publicó en 1804, dos años después que *El Genio del Cristianismo*, donde iba incluido el episodio de *René*.

Bien se ve que estos primeros novelistas románticos pertenecen al lirismo subjetivo, y tienen, como diría Baudelaire, los ojos atractivos y fascinadores de un retrato. Nos interesan porque hacia donde quiera que nos volvamos, nos miran fijamente. No hablan sino de sí mismos; narran su corazón. Invaden las letras como legión de egoístas sin ventura, repitiendo la frase del maestro Juan Jacobo: «Yo no me parezco a los demás; yo no soy como las otras personas...». Penetran en el alma como una cuchillada en las carnes, y afirman su *yo* insolente y altivo, o quejumbroso y doliente, enseñando con arrogancia a la multitud el corazón ensangrentado. La impersonalidad, que más adelante veremos proclamada a título de canon del arte de hacer novelas, por Flaubert y por Zola, es la reacción contra estos novelistas que mendigaron simpatía o emoción, así como la impasibilidad de los parnasianos es otra protesta contra los poetas que, a ejemplo de Musset y Lamartine, confían a la grosera muchedumbre el secreto de su padecer.

Más tarde que esta dirección lírica, despunta en la novela, respondiendo a una necesidad general, la dirección épica. Los que pueden asimilarse libros como *René*, *Adolfo* y *Obermann*, son siempre minoría: un público formado por la juventud, las almas ardientes y soñadoras, predispuestas al contagio del lirismo. La mayoría, masa anónima e indiferente, ávida de distracción y de novedades que hagan olvidar el peso de la vida, esperaba la novela narrativa, el tipo normal y mediano de la novela; y la muchísima gente a quien interesaban los problemas políticos y sociales, aguardaba la novela de tesis. Por un momento agradaron a los lectores las obras de madama de Souza, madama de Krudener y madama Cottin, aquella a quien Barbey d'Aurevilly, furibundo detractor de literatas, llamó «inspiradora de todos los relojes cursis de sobremesa». De las tres, fue sin duda madama Cottin la que consiguió más fama y lectores, y hasta mereció la gloria de que Chateaubriand se inspirase en su *Malek-Adel* para la figura del *Último Abencerraje*; sin embargo, nada escribió la Cottin tan romántico y sentido como la *Valeria*, de la exaltada profetisa madama de Krudener. Recibíanse entonces como el maná ficciones que hoy parecen lánguidas y soporíferas, y cuando el mediocre novelista Fiveé daba a luz una sencilla narración, *La dote de Susanita*, el hecho adquiría proporciones de acontecimiento, las ediciones se sucedían agotándose rápidamente. Los hábitos intelectuales del pueblo francés le preparaban a exigir el pan cuotidiano de la novela; pueblo de racionalismo y de prosa, el lirismo poético solo podía dominarle por accesos y a favor de las circunstancias.

Ya despuntaba en estos primeros tiempos del romanticismo un escritor ramplón y pedestre, que no tiene significación artística, pero sí una caracterizada fisonomía nacional: me refiero al verde y jocoso Pablo de Kock, que en sus defectos y cualidades lleva el sello del achatamiento parisiense, y cuya literatura grotesca y bonachona está cortada a la exacta medida de clases sociales que ya no son el pueblo de antes de la Revolución: mesocracia llena de sentido llano, privada de alto instinto estético, y tan dispuesta a llorar en el melodrama y a embelesarse con la inventiva de Ponson du Terrail y Montepin, como a descalzarse de risa con las travesuras de *Gustavo el Calavera* y otras ficciones cuyo solo título lastimaría los oídos menos delicados. Si algún elogio puede hacerse de Pablo de Kock, es que en sus cuadros existe un realismo, —burdo y bajo, es cierto— que todavía puede comprobarse viajando por el interior de Francia o recorriendo ciertas zonas estratificadas de París.

Antes de llegar a la novela objetiva, y a sus representantes, debo aclarar un punto cronológico. En historia literaria no hay nada más engañoso que la cronología. En el período de 1825 a 1840, cuando ensordece el aire el estrépito de las ficciones de Alejandro Dumas, Víctor Hugo y Eugenio Sué, es cuando también florecen y cunden otros géneros de novela bien distintos, algunos de ellos, anuncio de tiempos nuevos, en que el romanticismo novelesco será solo una memoria. Antes de la época llamada de transición, que suele fijarse hacia mediados del siglo, la transición existe; o al menos, se marcan sus líneas generales. En 1826 aparece el *Cinq Mars*, de Alfredo de Vigny, tan concienzudo en materia histórica como era desenfadado Alejandro Dumas. En 1834, Teófilo Gautier, en la plenitud de su talento y jefe de la escuela cismática del arte por el arte, da a luz *Mademoiselle de Maupin*. Un año antes, publica Sainte Beuve su extraña novela erótico-teológica *Voluptuosidad*. Y de 1827 a 1830 nacen, es verdad que entre la indiferencia del público, las mejores obras de Stendhal, y poco después las impecables narraciones de Próspero Merimée. Los maestros que acabo de nombrar, aunque en el tiempo coinciden con el apogeo de Dumas y Sué; aunque alguno de ellos bajó al sepulcro antes de que se conociesen las últimas novelas de Hugo, son de otra generación artística, son a la vez más modernos y tradicionalistas: enlazan la novela francesa, a la que fue encanto del siglo XVIII; continúan a Voltaire y Diderot, y siguen a Rousseau en la tarea de escrutar el corazón humano y estudiar las pasiones. Aunque no les falten resabios de romanticismo (los han tenido, tardíamente, los naturalistas más crudos), ni Stendhal, ni Merimée, ni el mismo Gautier, son novelistas románticos de escuela; y el gran *Teo* sería capaz de volver a morirse de rabia si solo un instante le metiésemos en docena con Sué y Dumas padre, escritores sin estilo y sin exigencia artística. A los otros, a los estilistas, hay que considerarles aparte, según desearon y merecieron.

No solo por orden de fechas pertenece a Víctor Hugo el puesto de honor entre los primeros novelistas románticos. Si Alejandro Dumas padre le vence en el drama, en la novela hay costumbre de poner a Víctor Hugo sobre el creador de *Artagnan*. En el teatro, la magnificencia del estilo, la calidad superior de la fantasía artística, no pueden reemplazar a la acción, al interés, al movimiento dramático y a la variedad y originalidad de las situaciones y caracteres. Víctor Hugo es un gran poeta, pero Dumas es un fecundo e inagotable inventor, aunque vista sus invenciones el ropaje de una prosa harto fácil. Parece que Alejandro Dumas hijo —que también fue acusado de usar mala ropa— explicaba la decadencia rápida de la nombradía de su padre por las deficiencias del estilo, mirra que embalsama y conserva la obra literaria.

Repasad la serie de las novelas de Víctor Hugo, y notaréis que son poemáticas. Si su autor las hubiese versificado, serían un canto más de la *Leyenda de los siglos*. El don que poseía Víctor Hugo de agigantarlo todo, de ver en una gota de agua reflejado el universo, brilló en sus novelas, las de la primera época y las de la segunda. Esta tendencia a la epopeya y al símbolo, y a que ideas y figuras revistan proporciones colosales, se revela cada vez más en las novelas de Hugo, ya narrativas y dramáticas, ya apostólicas y apocalípticas, como himnos a la caridad universal, apoteosis de los pobres, los abandonados y los humildes, y vaticinio del triunfo final del bien y la luz sobre la maldad y la ignorancia: Ormuz y Arimanes, númenes del poeta.

Las primeras novelas de Víctor Hugo son, no obstante, más sencillas, más conformes a lo que por novela solemos entender. Una de ellas, *Bug Jargal*, puede pasar por modelo: el poeta la escribió a los diecisiete años, cuando las reglas y tradiciones clásicas sujetaban aún su impetuosa fantasía. Los vuelos de esta se notan ya en la siniestra figura del lipemaníaco *Han de Istandia*, y en las espeluznantes páginas de *El último día de un reo de muerte*, estudio digno de una clínica, donde se diseca, no el cuerpo, sino el alma, lacerada por el terror y presa del vértigo ante el más allá. Esta obra no merece el olvido en que yace: es de un vigor dantesco, y pocas veces habrá conseguido Hugo unir tan estrechamente la concisión y la energía. El autor inicia allí la campaña contra la pena de muerte, que sostuvo después en la tribuna parlamentaria. Fue siempre en Víctor Hugo, desde los días de la juventud, una obsesión fatídica, una especie de constante escalofrío, la idea de la muerte. En sus versos ha registrado Brunetière numerosos pasajes, donde se nota el estremecimiento de horror que le sobrecoge al pensar en el desenlace inevitable de la vida, sobre todo desde que pereció ahogada una hija del poeta. En el espanto que le infundía la muerte era sincerísimo Víctor Hugo. Sin duda opinaba, conforme con nuestro Espronceda, que la palabra *inmortalidad* es una de las muchas consejas con que entretenemos al Genio, tan niño como el Amor.

Para obtener eso que decimos inmortalidad, no necesitaría Víctor Hugo haber escrito versos: bastaría *Nuestra Señora de París*. Un aspecto del romanticismo, el más genuino y universal, está condensado en lo que no sé si llamar novela o poema. Hay naciones donde el romanticismo fue sobre todo el regreso a la tradición y la exhumación del pasado poético y glorioso: España se cuenta en el número de estas naciones, por lo cual ha visto en Zorrilla la expresión más cabal del espíritu romántico. Alemania y Escocia también sintieron el romanticismo, principalmente, desde el punto de vista histórico y legendario, como corriente épica: las nieblas y las baladas, las ondinas y las Loreleys del Rin, los héroes de cota de malla y mano de hierro, las retortas y alambiques de Fausto, las ruinas de las abadías y las almenas, vestidas de hiedra, de las torres; Goëthe, Schiller, el falso Osian y Walter Scott, son el romanticismo en sus fuentes primitivas, nacionales. Francia, romántica en la Edad Media, aunque se transformase después por la unidad monárquica y el clasicismo, tenía esta misma veta, que hasta Víctor Hugo nadie había sabido explotar, excepto Alejandro Dumas en algún drama histórico. Estaba reservado a Víctor Hugo reunir en una obra el sentimiento histórico, el religioso y el arqueológico: resucitar la edad Media, «enorme y exquisita».

Hay, entre las impresiones estéticas, una que ha sido descrita por los artistas de la palabra con mágica frase y saboreada en silencio por los que yo llamaría poetas mudos: es la que causa una solitaria catedral. Solemne y mística emoción se apodera del que, al caer la tarde, se pierde en las naves, a la sombra de los pilares majestuosos, en cuyos capiteles de hojarasca quiebra sus luces multicolores el calado rosetón florecido y abierto sobre el muro como una rosa celestial. Hubo, sin embargo, un tiempo en que las piedras nada decían al alma del hombre; en que hasta el poeta pasaba indiferente bajo las bóvedas, y en que ni el oro amortiguado de los retablos, ni el aéreo encaje de las agujas, ni siquiera la voz del órgano, despertaban en su espíritu los prolongados ecos que hoy despiertan; al contrario, suscitaban repugnancia y enojo contra los siglos de barbarie que alzaron esas torres y prolongaron esas ventanas ojivas y grabaron esos capiteles historiados y simbólicos. La impresión deliciosa tan dulcemente sentida por Bécquer y tan magníficamente sugerida por Zorrilla, no es espontánea: requiere una educación, una preparación literaria y artística, una operación de las cataratas de la fantasía, que abre sus ojos a la claridad misteriosa de un ideal. Antes de *Nuestra Señora de París*, padecía Francia de ceguera; ciego estaba Chateaubriand, que hablaba tan torpemente de la arquitectura gótica; ciegos los pintores, los escultores, los arquitectos, los demoledores vandálicos de iglesias, abadías y castillos. Víctor Hugo, anticipándose a los arqueólogos eruditos y a las pacientes y científicas restauraciones de Viollet le Duc, descubrió las encantadas regiones de la Edad Media y dio un nuevo continente a la fantasía. El poeta presintió lo que habían de confirmar los sabios. El cenáculo romántico, que las noches de luna corría a contemplar, bañados en olas de plata, los endriagos y alimañas fantásticas en la *era de plomo* de *Nuestra Señora*, y se extasiaba ante las gárgolas y cresterías, ante las agujas de filigrana y los pórticos de rica imaginería y bordadas archivoltas, practicaba el rito de un nuevo culto, que hoy siguen todos los pueblos civilizados.

¡Cómo vive, y con qué extraña vida imaginativa, la catedral de Víctor Hugo! Más que las convencionales figuras de Claudio Follo, de Cuasimodo y de la Esmeralda, la anima el pueblo que hierve y bulle en sus naves, prestando a las piedras el calor de la historia y del sentimiento; los mendigos y los nobles, los truhanes y los arqueros, el populacho fanático, ingenuo, pueril, apiñado en torno de la picota o embelesado ante las danzas de la gitana. La idea de la fatalidad, del *Ananké* terrible, que algunos censuran, es en mi concepto la impresión profunda de la Edad Media, en que fuerzas ciegas preparan el porvenir y empujan los sucesos. En *Nuestra Señora*, Víctor Hugo cumple su programa: lo grotesco realiza lo sublime.

Ya sé cuanto se ha dicho acerca del grado de verdad histórica y científica que alcanza *Nuestra Señora de París*. Ni aquel populacho, ni el templo mismo, ni detalle alguno del cuadro, son fiel trasunto de la Edad Media que el autor quiere retratar. Ni Gringoire, ni Frollo, ni el capitán Febo, ni ninguno de los personajes se asemejan en lo más mínimo a lo que pudieron ser en aquel tiempo sus congéneres. Todo es falso, todo visto por los ojos de un poeta del Cenáculo, que narra sus ensueños, la sugestión de su mente ante un edificio maravilloso. Y no dudo de que sea fundado este reparo; lo innegable es que otro tanto pudiera decirse de cuantas novelas histórico-arqueológicas figuran en los anales literarios. Ni las de Walter Scott, ni la *Novela de una momia*, ni *Salambó*, ni aun las que pretenden, ante todo, alardear de exactitud y precisión en los estudios que las precedieron y fundaron (como las de Ebers, verbigracia), serán un documento exacto respecto a una época; porque hay algo en la esencia del pasado que se nos escapa, que al tocarlo se evapora, y estamos condenados a que ni el novelista, ni quién sabe si el mismo historiador profesional, logren devolvernos la imagen exacta de lo desvanecido. Lo único que podemos exigirles es la ilusión y más que la ilusión misma, la excitación imaginativa que nos permite *recrear* interiormente lo que ningún poder conseguirá volver a la vida que tuvo.

Un ejemplo de esta sugestión, es el ya citado hecho de la influencia que ejerció sobre el historiador Thierry la descripción de Meroveo en su carro de guerra, en la mágica, pluma de Chateaubriand. ¿Supondría Thierry que tan bello trozo literario era pintura exacta del encarnizado combate que describe? No cabe que así lo creyese. Ni tampoco es necesario que el poeta persuada como el erudito, concordando y depurando textos, indagando noticias aisladas, aquilatando contradictorias opiniones. No diré que no convenga siempre acercarse lo más posible a la verdad, y que deba darse de una época pintura enteramente caprichosa y anacrónica; ni menos sostendré que Víctor Hugo se cuente entre los más escrupulosos, ni entre los auténticamente documentados. A veces se creería que Víctor Hugo, que en algunos de sus poemas y en digresiones de sus novelas hace un derroche de erudición, sabía realmente poco, lo justo para poetizar, y nada más que eso. No fue hombre de sujetarse a quemar aceite, porque su propio foco imaginativo le calentaba y alumbraba sin medida.

Otro mérito, aunque ajeno a las letras, pero no al arte, tiene *Nuestra Señora*. Y es que se enlaza con la campaña que realizó Víctor Hugo para salvar los restos de los monumentos de antaño que todavía quedaban en pie sobre el suelo de Francia y que las «bandas negras» demolían. La fantasía de Hugo, que después ha de llenarse de humareda política, de intenciones y escenas humanitarias y revolucionarias, en que el pueblo aparece como un Cristo cargado con su cruz, estaba, en la época de *Nuestra Señora*, poblada por cuadros de la Edad Media, y aleteaba en el azul de lo caballeresco, lo poético y lo bufonesco de aquel período. Harto se ha dicho que, en Víctor Hugo, la idea un poco persistente adquiría caracteres de alucinación visionaria. Alrededor de la basílica de bordadas piedras, de misteriosos rincones, de ecos profundos que duermen bajo las bóvedas, Hugo agrupó todas sus brujerías y hechizos, toda la vida extraña que presta la imaginación al pasado, por lo mismo que el pasado no puede desmentirla. Y es inútil buscar otra cosa en *Nuestra Señora*, y ha sido lo bastante para que un movimiento romántico y apasionado se produjese, y el respeto y el entusiasmo por las piedras viejas fuesen uno de los dogmas del arte y de la poesía.

Obsérvase un caso muy frecuente en literatura; y es que dos grandes escritores rivales y que se contradicen, coinciden, sin embargo, en un aspecto esencial de su genio, y sin quererlo, y aun repugnándolo, siguen el mismo camino y van a parar al mismo fin. En apariencia, nada más opuesto que Víctor Hugo y Emilio Zola. Representa el uno el poético romanticismo y el señorío de la desatada imaginación: el otro, el plebeyo naturalismo, la teoría del «documento». Son dos jefes de escuela, de escuela enemiga: para que el uno suba, el otro tiene que descender; dos astros que no pueden estar juntos en el horizonte; se detestan, se excomulgan, se denuncian recíprocamente como un peligro para las letras o una ignominia del arte. Diríase que se rechazan cual el aceite y el agua. No sé si los críticos franceses habrán observado que los supuestos adversarios tienen muchos puntos de contacto, y lejos de contraponerse, se reúnen en la senda del poema épico. Las novelas de Zola, en su mayoría, ofrecen singular semejanza con las de Víctor Hugo. Unas y otras pasan de los limites de la novela propiamente dicha, y, a su manera, sustituyen a las heroidas antiguas, rimadas y con intervención de máquinas sobrenaturales. La epopeya militar, heroica y cosmográfica, *La Araucana*, *Las Luisiadas*, *La Henriada*, se vuelven sociales, y llámanse ahora *Los Miserables*, *Los Trabajadores del mar*, *Germinal* o *La Derrota* —que también las derrotas son epopeyas—.

En Zola, como en Víctor Hugo, se advierte la tendencia, no solo al personaje simbólico, sino al protagonista impersonal. ¿Quién es el verdadero héroe de *Nuestra Señora de París*? Ni Cuasimodo, ni Frollo, ni la Esmeralda, sino la Catedral. ¿Y en los *Trabajadores del mar*? El Océano. ¿Y en *Noventa y tres*? La Revolución y la Vendea, el torreón y la guillotina. Observad lo mismo en Zola; sus personajes principales son ya los mercados, ya un almacén de novedades, ya un tren en marcha, ya una mina llena de trabajadores, ya un huerto inculto, ya la tierra, ya una vasta capital, y siempre la muchedumbre, lo colectivo, sobreponiéndose al individuo y anulándolo, y siempre el lirismo queriendo romper la corteza épica —el lirismo indestructible, el *cáncer*, según confesión de Zola—. La observación minuciosa, vigorosa y hasta prolija de la realidad externa, no es más que la cubierta del método de Zola; las crudezas, porquerías, obscenidades y brutalidades, procedimientos retóricos, que también encontramos en Víctor Hugo, el cual, como sabemos, trajo la novedad de llamar a las cosas por su nombre y de igualar a las palabras gordas, apicaradas y plebeyas con las palabras aristocráticas, selectas y cultas. Si leemos primero *Los Miserables* y después *Germinal*, esos dos himnos a los desheredados y a los proletarios, percibiremos la conformidad del talento y hasta del procedimiento en dos hombres que parecen antagónicos.

Si fuese dable extenderse todo lo que pide el asunto, me agradaría motivar y explicar la aparente contradicción entre mis elogios a Víctor Hugo y los infinitos defectos que veo en él. Para concretar en juicio breve mi opinión total sobre el poeta y el escritor que ha llenado el siglo, y teniendo la suerte de encontrar este juicio, bastante conforme con el mío, en un libro de D. Juan Valera, no haré más que trasladarlo, con ventaja del lector.

Antes de formular ese juicio Valera en los *Apuntes sobre el nuevo arte de escribir novelas*, empieza por hacer una divertida anatomía de las ideas y el estilo de Hugo. No cabe más ática ironía, más fina y mordaz intención satírica, que la de Valera al pintar a Hugo apóstol, príncipe, emperador y pontífice de los románticos, y al fustigar su afectación, su amaneramiento y sus inaguantables extravagancias, que, según frase de Valera, abundan más en sus obras que las amapolas en Julio, en mal escardada haza de Andalucía. Citaré el párrafo, para que se aprecie su tono de indulgente severidad: «Imposible parece que el que ha sabido escribir los más hermosos versos de que pueda jactarse Francia, haya podido acumular tanto delirio, tanta rareza, tantos dichos estrafalarios, que parecen frases de un loco. ¿Qué engreimiento, qué soberbio desdén hacia el público no suponen las audacias y los extravíos de estilo de Víctor Hugo? ¿Quién sino él se hubiera atrevido a llamar jamás a la duda «murciélago que extiende sobre el espíritu sus lívidas y asquerosas membranas»; al punto, «bola fatal que cae sobre la *i*, boliche tántalo»; a Dios, «arriero triste», yal mundo, «burro resabiado»; al caos, «huevo negro del cielo»; a la hidra, «crisálida del ángel»; al rey, «paria siniestro de la aurora»; al defecto, «ombligo de la idea», y a Voltaire, «pulga que, esgrimiendo su aguijón radiante, salta, átomo espantoso, la anchura de la tierra y la altura de un siglo»?

Tal sarta de rarezas es flor de cantueso para los estupendos absurdos que va anotando Valera en las obras de Hugo; afirmaciones inauditas como la de que «la ignorancia relincha y la ciencia rebuzna», o que «el ideal es un ojo que la ciencia arranca», lo cual no quita para que la ciencia, pocos renglones después, sea «Dios líquido corriendo por las venas de la humanidad». A lo cual debemos sumar incesantes contradicciones filosóficas; la existencia de Dios tan pronto afirmada como negada, y peregrinas y estrafalarias lamentaciones sobre leyes fisiológicas a que está sujeto el género humano y necesidades que le aquejan, que no me atrevo ni a indicar aquí. Después de recontar en substanciosas páginas las calenturas de la musa de Hugo, Valera termina con este párrafo:

«Aquí entra lo vergonzoso, lo humillante para mí. A pesar de tantas monstruosidades, Víctor Hugo me gusta. Y no me gusta así como quiera, sino que, hechizado por la magia potente de su palabra, por la prodigiosa fuerza de sus conjuros, me inclino a declararle uno de los más grandes poetas que ha habido en el mundo, y el mayor acaso de nuestro siglo, tan rico en grandes poetas». Para explicar por medio de una anécdota la aparente contradicción, Valera refiere el caso de aquella dama que, habiendo visto al rey intruso José Bonaparte, a quien le pintaban feo, estúpido y borracho, echose a llorar, y dijo llena de rubor: «¡Soy una traidora! Pepe Botellas me parece guapo. En vez de ser tuerto, tiene dulces y hermosísimos los ojos. ¡Soy una traidora!». «No menos compungido», añade Valera, «me acuso yo de debilidad y de traición semejante. La musa de Víctor Hugo me parece guapa musa; pero mi debilidad es más imperdonable y mi traición más negra que la de la dama. Yo no soy tan inocente como ella era entonces; ella, además, vio que el rey intruso no era tuerto, feo ni borracho, y yo sigo viendo en Víctor Hugo todos los desatinos, todas las extravagancias que he apuntado, y millares más que no apunto para no cansar, y, sin embargo, yo pongo a Víctor Hugo en el trono como rey de los poetas».

Compartiendo en algún modo los sentimientos de Valera respecto a Hugo, no llego a otorgar al autor de las *Orientales* la monarquía poética. Aun en ese terreno tiene para mí rivales, y rivales acaso preferidos. Como novelista, representa dentro del romanticismo el sentido épico, y para regresar al lirismo, tenemos que volvernos hacia Jorge Sand.

VIII

La novela. El folletín: Dumas padre. La gran influencia romántica: Jorge Sand. Su primera manera

Al nombrar a Alejandro Dumas padre, no ya en concepto de autor dramático, sino de novelista, noto el hecho de que, en este caso, la crítica literaria se aparta del público, y no contenta con apartarse, rompe a andar en dirección opuesta. Ante la crítica, no es Dumas padre, novelista, un autor discutido, injuriado, maltratado; que a serlo, por vivo le tuviéramos. Es un autor arrinconado, a quien parece de mal tono, no digo estudiar, sino hasta citar. Los críticos le han barrido: no existe. Entre los muchísimos libros franceses de crítica que consulto a cada paso al trazar estos capítulos, encuentro media docena de páginas dedicadas a las novelas de Dumas padre; y entre ellas, habría que incluir la fulminante diatriba de Zola contra el proyecto del monumento de bronce que a Dumas ha elevado la ciudad de París, y que, en sentir del autor de los *Rougon*, fue una usurpación a Balzac.

El público, en cambio, guarda fidelidad silenciosa a las novelas de Dumas. He preguntado a libreros españoles, y contestan que mientras nadie pide ya un ejemplar de aquellas novelas poemáticas de Hugo, que hace treinta años se despachaban a millares, Dumas se vende sin interrupción. Ni se ha cesado de traducirle, ni los periódicos de circulación han dejado de ver en sus creaciones un atractivo. Si estas cuestiones del mérito literario pudiesen resolverse mediante plebiscito, aún hoy Dumas se llevaría la palma.

Para mucha gente, acaso para la mayoría, los libros de Dumas realizan el ideal del género novelesco. ¿Qué debe proponerse el novelista, según la turba? Recrear, divertir, cautivar y suspender el ánimo con un relato en que el interés no desmaye un punto, en que sin fatiga del entendimiento y hasta casi sin su intervención, se espacie la fantasía, ya con aventuras y lances sorprendentes y extrañas dramáticas peripecias, ya con el desfile de una colección de telones donde aparezcan bocetadas a brochazos y retocadas por la imaginación, las principales escenas de la historia moderna y antigua, a guisa de epopeya barata y vulgar; y todo esto, diluido en un estilo incoloro, amorfo, claro y corriente como agua; que ni pese ni brille; el pan nuestro de cada día de los lectores a la buena de Dios, que detestan los primores de la forma porque obligan a admirar, la verdad porque es ejemplar y triste, la psicología porque recalienta los cascos, y la observación de lo real porque es prolija, y aunque el novelista se encargue de desempeñar la labor, los lectores a que me refiero se parecen a aquel patricio romano, harto de deleites, que sufría congojas al ver trabajar a un esclavo.

Lo que el público agradeció a Alejandro Dumas es que supiese, como los narradores de los apólogos orientales, contarle cuentos amenos, y al mismo tiempo hacerle cosquillas en la planta de los pies para que se durmiese sin sentirlo. La facultad dominante en el hombre, la que se sobrepone a la razón, es la imaginación, y abundan más las imaginaciones frescas e incultas, parecidas a la del niño o del salvaje, que las descontentadizas, remilgadas y exigentes por el lastre de cultura. De la imaginación nace la credulidad, el ansia de lo extraordinario y estupendo, que antaño llamaron *maravillosidad* los frenólogos; y la imaginación y la credulidad se pusieron resueltamente de parte de Dumas, cuando este restauró las novelas de caballerías y los relatos de las *Mil y una noches*, renovando las Sergas de Esplandián y los prestigios fabulosos de la encantada cueva de Aladino, atestada de rubíes, perlas y diamantes.

Es justo reconocer que si carecía Dumas de elevadas exigencias artísticas; si no es posible extraer de sus novelas página que pueda incluirse en una *Antología*; si no nos ha legado un profundo estudio humano, ni una obra de esas que abren surco en el pensamiento, nadie como él poseyó las cualidades secundarias, la inexhausta vena, la prodigiosa facilidad, la sorprendente inventiva, la amenidad, la alegría y buen humor en el trabajo; nadie como él devanó la enredada madeja de la narración; nadie encontró en mayor copia los recursos que avivan el interés e incitan a la lectura; y el conjunto de estas cualidades, en el grado en que Alejandro Dumas las reunía, compone una poderosa personalidad. Entre otros rasgos peculiares de Dumas debemos contar su destreza para el *pasticcio*. Hay entre sus obras una serie de cuentos imitando tan bien la manera tétrica y terrorífica de Hoffmann y de Edgardo Poe, que solo los inteligentes pueden distinguirlo, como solo un experto distingue la piedra falsa de la verdadera. Y es que Dumas se lo asimilaba todo, menos los primores del estilo; por lo cual es difícil, si no imposible, separar de entre la inmensa producción de Dumas la parte que corresponde a sus colaboradores asalariados, dándose el caso de que sabiendo, por ejemplo, que tal novela no la escribió Dumas, sino verbigracia, Augusto Maquet, de Dumas nos sigue pareciendo, y como de Dumas la miramos. Peregrina manera de ser, análoga a la de una máquina de fabricar papel, que de mil despojos heterogéneos, trapos, manuscritos, fragmentos de hojas impresas, saca una pasta homogénea.

Se ha sostenido, sin pretensiones paradojales, que una de las cualidades que más favorecieron a Dumas fue su ignorancia. «La ignorancia» —afirma un crítico eminente, Albert, cuando después de remilgos desdeñosos se determina a decir algo sobre Dumas— «tiene muchas ventajas. Al que sabe, le atan las manos mil escrúpulos; las cuestiones de Historia, de Filosofía y de Arte, le estorban; las reminiscencias le molestan; el temor de imitar le paraliza. En cambio, el ignorante camina impávido». Sin duda los primeros estudios de Dumas fueron deficientes, y no se quemó las cejas; pero esto de la ignorancia, que se le atribuye como rasgo distintivo, no me parece del todo exacto. Los escritores de *amena* y *vaga* literatura no han solido ser unos sabios profundos, y menos especialistas; lo son por excepción únicamente: en general, se les puede calificar de *ingenios legos*, como a nuestro Cervantes. Comparado a Agustín Thierry, ignorante es Dumas, sin duda alguna; pero no hemos de exigir la conciencia del historiador documental al que decía desenfadadamente: «La Historia es un clavo que me sirve para colgar mis lienzos». De esa varia y pintoresca instrucción que necesitan el novelista y el autor dramático, se apoderó Alejandro Dumas por sorpresa, como él lo hacía todo, ya asaltando las bibliotecas a manera de niño que asalta una alacena de golosinas, y removiendo empolvadas crónicas, ya leyendo a diario, con voraces y alegres ojos de incansable viajero, ese libro inmenso que se llama el mundo. Además, vivió, cosa de que a veces se olvidan los doctos. Vivir y viajar, son dos aulas donde se aprende mucho; recordemos que Cervantes llamaba *universidad* a las almadrabas de la pesca del atún. De estos estudios que realizó Dumas, otro sacaría el escepticismo de la desengañada experiencia; él sacó una ilusión vivaz, y la tela de grueso cañamazo indispensable para bordar sus invenciones; ora el libro de caballerías, que cuenta las fazañas de los Artagnan y los Porthos; ora las narraciones de viajes, en que a cada momento mezcla y diluye cinco partes de verdad, en forma de descripción o de recuerdo histórico, con noventa y cinco de novela y de divertidas patrañas. Aquí hemos comentado las trapisondas de su *Viaje de París a Cádiz*: en Italia, con ser el país favorito de los viajeros impresionistas, no han concluido aún de reírse de las inofensivas y cómicas farsas del *Speronare* y el *Corricolo*. Pues bien; para urdir tanta leyenda sobre motivos de Historia, de Geografía y de Arte; para tanto patrañear, no se puede ser un ignorante cerrado, el prototipo de la ignorancia, como hoy se pretende representar a Dumas: al contrario, es preciso saber bastantes cosas a diestro y siniestro y atesorar nociones y conocimientos, batiéndolos a punto de nieve para sacar unas merengadas tan huecas y a veces tan gustosas.

Lo que hay es que en Dumas, esa *fuerza de la Naturaleza*, como dijo Michelet, la vegetación natural, viciosa y exuberante de la fantasía, ahogaba toda simiente de estudio. La fecundidad de Dumas era fenomenal y sin ejemplo. Aquí llamamos fecundo a un autor cuando escribe todos los días algunas cuartillas, lo cual debería calificarse de regularidad, y no de fecundidad; Dumas publicó en un año más de lo que podría escribir un copista, funcionando noche y día como una máquina. Dos periódicos fundó para redactarlos exclusivamente, y así y todo le faltaba espacio; no tenía canales por donde desahogar y se hubiera anegado en tinta, a no encontrar válvulas en el folletín, esa postdata o coletilla de la prensa periódica.

El folletín nació con nuestro siglo, y al principio dio asilo a la crítica literaria y teatral. En él se hacían y deshacían las reputaciones. Pero, bajo la monarquía de Julio, el folletín abandonó los dominios de la ciencia, del buen gusto y la razón, y se entró por los de la imaginación, solicitando las novelas de Dumas y Eugenio Sué. La popularidad del folletín fue súbita y vertiginosa: el público estaba pendiente de aquellas ficciones, hasta un grado que hoy apenas se concibe. Al pronto, los periódicos serios y de gran circulación se desdeñaron de recurrir al folletín; después no tuvieron más remedio que bajar la cabeza y solicitar con empeño y pagando cientos de miles de francos, las novelas socialistas de Sué y las novelas de aventuras del autor de *Los Tres Mosqueteros*. La evolución del folletín es sobrado conocida. Dumas y Sué eran semidioses del arte al lado de los industriales y prestidigitadores que les siguieron, y que todavía infestan con sus engendros disparatados el piso bajo de muchas publicaciones, sin conservar más lectores que la hez del vulgo intelectual, que puede vestir de seda o de andrajos, porque se encuentra en todas las esferas sociales. Comparándole a los Richebourg, los Montepin, los Ponson y los Gaboriau, resalta la superioridad del narrador e inventor Alejandro Dumas, la dramática fuerza de algunas de sus novelas, por ejemplo, *El Conde de Montecristo*, y el vivo sabor de ficción caballeresca de otras, entre las cuales descuella como modelo *Los Tres Mosqueteros*.

Hay que tomar en cuenta la diferencia que existe entre Dumas y Sué, su rival folletinesco, y que basta para que Sué se diferencie y deba figurar en otra subdivisión, precediendo a Víctor Hugo en la novela social, de tendencias, y anticipándose también a los rusos que predican la supremacía del pueblo y la piedad anárquica. Por este carácter de Sué, no es aquí donde se hablará de él, sino en el segundo tomo, *La Transición*, porque la tendencia social, que es otra evolución del lirismo romántico, a la transición pertenece. Reyes, ambos, de folletín, se distinguen Alejandro Dumas y el autor de *El Judío errante*: mientras este puede incluir, en primer término, entre los elementos de su inmensa popularidad, el halago a las novedades e ideas que las revoluciones habían fomentado, y que habían de manifestarse en las letras, mientras les llegase la vez de salir del terreno de la imaginación y concretarse en su forma positiva, sociológico-económica, el otro, el autor de *Los Tres Mosqueteros*, es ajeno a la política, no ataca a los jesuitas, no retrata príncipes errantes disfrazados de obreros, internándose en las tabernas de los suburbios parisienses a fin de salvar a una inocente obrera joven que la desgracia ha sepultado entre el cieno. Alejandro Dumas, para sus fábulas, al menos para las que le han valido tanta celebridad, tantos lectores, y tanto lucro, no ha menester sino la fuerza de su fantasía inagotable, propia, notémoslo, del fértil dramaturgo, que era aquel negroide —dramaturgo de acción, de emoción fuerte y de trama sólida—. No es que Dumas haya dejado, en su vida llena de actividades, muchas veces caprichosamente desordenadas, de mezclarse en política ni menos que profesase ideas conservadoras, a pesar de sus amistades con reyes y príncipes y de su megalomanía y pretensiones nobiliarias; es que en sus novelas, ya históricas, ya contemporáneas —al menos en las más famosas, porque no respondo de haberlas leído todas, ni son suyas, sino más bien de sus colaboradores, muchas que corren con su marca—, nunca asoma el sectarismo de Sué, ni las pretensiones redentoristas del mismo. Interesan, como queda dicho, por el arte especial de enredar la narración, de prestarle atractivo con graciosa rapidez y a veces con un sentido de lo cómico, de que carecieron por completo sus continuadores en la explotación del género folletinesco. Quizás sea lo cómico lo más excelente de *Los Tres Mosqueteros*: en *El Conde de Montecristo* domina más la nota trágica, a veces muy vigorosa. Cuando resucite la gasconada heroica, con el verso de Rostand, habrá que reconocer que sus antecedentes se encuentran en los dos tipos inmortales de Artagnan y del Capitán Fracasa, de Gautier.

Llegado el momento de tratar de Jorge Sand,[31] quiero ante todo advertir que el relativo detenimiento con que hablaré de esta mujer famosa no se deberá a sus méritos literarios considerados aisladamente, sino al oficio y papel que desempeñó en la evolución y en la formación, incremento y descomposición del romanticismo, más encarnado en ella que en nadie, según reconocen críticos de suma autoridad y perspicacia, por ejemplo, Brunetière.

Los que me leen saben que por ahora no hemos salido del período romántico, el cual, prescindiendo de otros nombres —sin duda gloriosos, pero menos significativos—, puede darse por iniciado con Rousseau y Chateaubriand, y por llevado a sus últimas consecuencias con Víctor Hugo. Pues bien; siguiendo el mismo método, de dejar a un lado momentáneamente los nombres que no pertenecen a ese movimiento, podemos decir que con Jorge Sand se cierra el período romántico, y que en las varias épocas y maneras de su producción abundante es fácil seguir paso a paso la transformación y decadencia del romanticismo, los nuevos aspectos que el siglo presenta, y, en suma, el cambio radical sobrevenido en los veinte fertilísimos años comprendidos entre 1830 y 1850.

Para demostrar que Jorge Sand tuvo efectivamente la representación que le atribuyo, me sería útil detenerme en su biografía, pero la creo tan conocida y efectista, que procederé con la mayor sobriedad.

Es la biografía romántica entre todas. Sin llegar al extremo a que llega Hipólito Taine, cuando sostiene que lo único importante que hay detrás de un libro es un hombre o una mujer, paréceme que la significación de los libros se completa muchas veces con la de la vida; y cuando los libros son, como los

---

31   Armandina Lucila Aurora Dupin, baronesa Dudevant. Nació en París en 1804; murió en Nohant en 1876. (N. del A.)

de Jorge Sand, esa vida misma —interna o externa— derramada por las hojas del manuscrito, y si además esa vida concentra la substancia de las ideas y de las esperanzas y ensueños que agitan al siglo y subvierten profundamente su mentalidad, no cabe dudar que interesa lo biográfico tanto o más que lo libresco. Sin embargo, me limito a recordar, en la biografía de *Lelia*, los elementos de romanticismo que la dominan y que se comunicaron a tantas almas, a tantos individuos que acaso ni habrían leído a la gran narradora.

El españolismo fue un tópico romántico, y la Sand recibió, como Hugo, sus primeras impresiones imaginativas en España, de la cual recordaba mil detalles asaz pintorescos. La fantasía, otro elemento integrante romántico, era poderosísima en Aurora Dupin (fantasía no plástica como la de Hugo, sino ensoñadora). Las influencias de Rousseau, en la Sand, hacen explosión en un intenso cariño al campo y a la naturaleza, no desmentido hasta la muerte. El prurito religioso del romanticismo, y su anarquismo sentimental, encuentran terreno donde desarrollarse en el alma apasionada y naturalmente mística de la mujer. El espíritu del peligroso sofista, de Juan Jacobo, entra en el alma de Jorge Sand por la brecha que habían abierto las emociones religiosas del claustro. Voltaire era repulsivo a *Lelia*, en quien el entusiasmo constituyó enfermedad crónica.

En su primera época, lo que se destaca en la fisonomía moral de Jorge Sand, lo que la ha de hacer tan influyente, es su actitud de *incomprendida*. Poco menos sutil que el contagio del «mal del siglo», y bastante relacionado con él, es este de las «almas superiores» oprimidas, asfixiadas por el ambiente. El hombre tiene medios de sustraerse al ambiente, de buscar espacio y aire; la mujer enferma y languidece en el rincón de una provincia, como la «musa del departamento», como la Bovary. El soplo lírico ha afinado sus sentidos, y cuanto la rodea la ahoga en prosa, en materialidad, en pequeñez. De esta lucha entre un espíritu y un medio, harán con el tiempo Flaubert y Balzac estudios desgarradores, sátiras amargas. Jorge Sand, no cabe duda, capitanea esa legión de mujeres pálidas, de largos tirabuzones, que alisan con mano marfileña, para quienes el marido es el ser grosero y tirano, y la provincia el destierro entre los Sármatas. La Bovary se liberta con el suicidio: Jorge Sand estuvo muy a pique de hacer otro tanto antes de emanciparse con la rebeldía y la fuga. Hacia 1831, la baronesa Dudevant llega a París, resuelta a trabajar para sostener a su niña pequeña.

Y en esta etapa fue influyente, porque adquirió celebridad ruidosa, muy presto. La imagen de Jorge Sand que por tanto tiempo dominó la imaginación, es la del azaroso período de su vida, cuando la cobijaba su buhardilla del malecón de San Miguel, y recorría el barrio latino vestida de hombre. El retrato de Jorge Sand que permanece en la memoria, es el de la cabeza de melena romántica, envuelta en el humo del cigarro. Fue, sin embargo, una actitud impuesta por las circunstancias. No tuvo siquiera la extrañeza de la novedad. Hay pocas cosas nuevas bajo el sol, y en nuestra misma literatura española no faltan ejemplos de damas que anduvieron algún tiempo en hábito varonil, desde la poetisa Feliciana Enríquez de Guzmán hasta la pensadora Concepción Arenal. Sería, además, desconocer el carácter de Aurora Dupin creer que aquella excentricidad obedeció al deseo de llamar la atención. Bien como para salir a cazar codornices en Nohant había adoptado las polainas y la blusa, adoptó en París el traje masculino por razones de comodidad y economía.

El traje masculino de *Lelia* fue, sin embargo, la bandera de la rebeldía romántica, la quintaesencia del *yo* proclamado como ley del mundo; y las aventuras pasionales (que tampoco eran cosa para maravillar, después del siglo XVIII, no muy recatado ni evitador del escándalo en ninguna clase social, hasta en las gradas del trono) se revistieron, no obstante, de peculiar colorido; las *Noches* de Musset consagraron su carácter de inquietud nueva y honda, más allá del sensualismo. Los actos humanos son poco en sí cuando no llegan a la región del espíritu y no levantan en ella tempestades. Lances bien corrientes, amoríos y concubinatos hasta vulgares, se revistieron de influjo perturbador, por traer el sello genuino del romanticismo.

Y es lo único que importa en la historia de Jorge Sand, amenamente contada por ella misma; lo que puede dar idea de su papel capital dentro del romanticismo, que en cierto modo simboliza esta escritora —a quien, según confesión de Caro, hoy apenas se lee—. Reconocemos en Jorge Sand los siguientes elementos: la procedencia sajona, que explica la tendencia al ensueño; el enlace desigual de su padre y la lucha de familia que provocó, y de la cual se originaron las ideas igualitarias, la incesante protesta y prurito de arreglar la cuestión social por medio de la nivelación amorosa; la convivencia con la naturaleza, que inspiró las novelas *geórgicas* de la tercera manera de Jorge Sand, e hizo de ella una gran paisajista; las lecturas de Rousseau, que determinaron la crisis religiosa y las explosiones del lirismo; la exaltación mística del convento, que reveló el fondo de religiosidad natural; la nostalgia de la «incomprendida»; la emancipación, el sentimentalismo, el predominio constante de la ilusión sobre el juicio y el entendimiento.

Lejos de ser lo que se entiende por una inteligencia varonil, fue *Lelia* un talento eminentemente femenino. La característica atribuida al talento femenino, es sufrir las influencias ajenas; recoger, como una epidermis, las benéficas acciones, y también las infecciones del ambiente exterior, las ideas de los demás, y prestarles forma y expresión eficaz y elocuente. Esta característica está patente en Jorge Sand, que es realmente un eco sonoro, un límpido espejo de aumento donde las imágenes se presentan más refulgentes y grandiosas. Los que se la representan como una especie de Safo delirante y rugiente, la entienden tan mal como aquellos pacíficos naturales de Bourges que se la figuraban vestida de pantalones colorados y con un par de pistolas al cinto. Ella misma nos dice: «Yo no soy más que una buena mujer, a quien se han atribuido ferocidades de carácter enteramente fantásticas».

Así, Emilio Faguet ha podido escribir con exactitud que Jorge Sand fue —a pesar de las apariencias— una de las organizaciones mejor equilibradas, y que su talento es lo contrario del tipo genial: un equilibrio de facultades.

La vejez, lejos de endurecer su corazón, lo ensanchó para la doble maternidad de la abuela, y los últimos años de la fantástica *Lelia* no conocieron más ilusión que la de entretener a los nietecillos con cuentos, juegos y representaciones en el teatro de marionetas de Nohant. «El instinto maternal —dice Caro en su bello estudio sobre Jorge Sand— se apoderó de su vida como un amo, y casi como un tirano, haciéndola esclava sumisa de sus hijos y de sus nietos».

No podíamos prescindir de recordar este modo de ser de Jorge Sand, porque la muestra profundamente femenina, guiada e impelida por la ley de su sexo, encargado de la penosa faena de la maternidad, y a veces (cuando las mujeres son tan mujeres como la autora de *Mauprat*), subyugado por ella.

Si Jorge Sand, por haber sido tan femenina, ofrece en sus obras un compendio o resumen de la sucesión de las ideas estéticas y sociales de su época, no por eso pierde la personalidad del gran escritor y del artista natural y espontáneo. Entre las cosas más injustas que se han dicho de Jorge Sand, cuento aquella maligna y conocidísima frase: «En Jorge Sand, el estilo es el hombre». Precisamente el estilo de Jorge Sand nació con ella, puede decirse, porque desde las primeras páginas que trazó, encontrose dueña de su forma propia sin esfuerzo, sin atravesar el laborioso período de imitación y culto de los modelos de que apenas ningún escritor se exime. Tan de manantial era en Jorge Sand el estilo, que no había cosa que la asombrase y compadeciese como las fatigas que pasaba su amigo Gustavo Flaubert para retocar una página, sustituir un adjetivo o acicalar un giro. Escribía Jorge Sand sin levantar mano, sin tachar, sin titubear; como hacen panales las abejas. «Su estilo» —dice Lemaître— «es amplio, suelto, generoso, y ninguna frase lo caracteriza mejor que esta antigua calificación: *Lactea ubertas*». De esta misma índole son siempre las imágenes que sugiere el estilo de Jorge Sand: mientras Lemaître la compara a la *vaca Io*, nodriza de los dioses, Caro la asimila a la *Fuente azul* de las montañas del Jura, tranquila, atractiva y honda, que refleja el paisaje y el cielo. Así como el estilo de Víctor Hugo inspira comparaciones metálicas, y el de Gautier comparaciones pictóricas, el de Sand recuerda la hermosura del agua, cuyo rumor y cuyo aspecto no cansan jamás.

No fue, pues, en el estilo, sino en las ideas, donde Jorge Sand recibió y adoptó, y devolvió con nuevo prestigio y revestidas de elocuencia, aunque sin orden ni lógica rigurosa, y con cierto candor aún más infantil que femenil, las ya no muy sólidas doctrinas de sus amigos.

Hay que dividir la producción de Jorge Sand en tres épocas por lo menos, tal vez en cuatro, y agrupar sus novelas con arreglo a esta división. No cabe que las estudiemos una por una, pues las obras de Jorge Sand forman más de cien volúmenes de lectura compacta. Atribuiremos al primer grupo las novelas de inspiración lírica, subjetiva o personal, las más profundamente románticas, entre las cuales descuellan *Lelia*, *Indiana*, *Valentina*. En estas novelas, por el mismo procedimiento de Chateaubriand, Byron, Senancourt, Musset y tantos otros poetas y novelistas románticos, Jorge Sand se encarna en sus personajes, y por boca de ellos y en el conflicto de su destino, expresa sus propios desencantos y las turbulentas aspiraciones de su alma. ¿Qué amarguras tenía que desahogar Jorge Sand por boca de sus exaltadas heroínas? Hasta entonces, sus contrariedades, algo aumentadas por la imaginación y por el carácter, eran fruto del matrimonio; por eso *Indiana*, *Valentina* y *Lelia* proclamaban el derecho a la pasión y la ruptura del lazo conyugal.

Cuando la gente repite, un poco rutinariamente, que las novelas de Jorge Sand son inmorales, no se cuida de especificar a cuáles de ellas debe aplicarse esta severa calificación: si no se ha olvidado ya lo que dije acerca de la inmoralidad esencial del romanticismo, ahora es ocasión de aplicarlo: las primeras novelas de Jorge Sand, inmorales son, en efecto, con la inmoralidad del egoísmo individualista: son inmorales, no porque describan amoríos, sino porque en nombre de la pasión oponen al individuo, a la sociedad entera. Desplómese la sociedad, caigan por tierra las instituciones, sacudidas, como las columnas del templo filisteo, por un solo individuo, para aplastar a miles de personas; húndase el mundo y sálvese la pasión; tal es la fe y las doctrinas de Jorge Sand. Y la reclusa de Nohant, al respirar las primeras bocanadas de aire libre, tan transportada se siente, que asocia a las aspiraciones de su corazón, con sacrílega inconsciencia, los altos y reservados decretos de Dios. Hay un pasaje de la novela *Valentina* que dice: «La Suprema Providencia, presente donde quiera a despecho del hombre, había puesto en contacto a Benedicto y a Valentina; pero entre los dos se atravesaba la sociedad, haciendo impía, absurda y culpable su recíproca elección. La Providencia hizo el orden admirable de la Naturaleza, y los hombres lo destruyeron». Es la misma idea del *Antony*, de Dumas; la misma, aunque todavía vacilante, que hemos podido ver despuntar en Chateaubriand; pero sostenida con más vigor y convicción; transformada, de queja dolorosa, en himno triunfal; elevada a rito religioso.

Este propósito de glorificar el sentimiento, de santificar hasta sus extravíos, Jorge Sand lo confiesa paladinamente: «Hay que idealizar el amor —nos dice— y prestarle sin recelo todas las energías a que aspira nuestro ser, todos los dolores que padecemos. No hay que envilecerlo nunca entregándolo al azar de las contingencias; es preciso que muera en tiempo, y no debemos recelar atribuirle una importancia excepcional en la vida, acciones que vayan más allá de lo vulgar, hechizos y torturas que sobrepujan a lo humano, hasta la cantidad de verosimilitud que la mayoría de las inteligencias admite». En este pasaje descubrimos la raíz del idealismo de Jorge Sand. Sin dejar de ser una egolatría individualista, no es la del individuo varón, simbolizada en el hosco y melancólico *René*, en el lacio y aburrido *Oberman*, en el fogoso y arrebatado *Antony*. Jorge Sand completa el individuo representándolo por medio de la *pareja*, el hombre y la mujer; y por este concepto, su lirismo supera en intensidad y en sugestión al de todos sus contemporáneos y predecesores; se extiende como un contagio, y provoca una explosión de fanatismo lírico. La idea pseudo-mística que Jorge Sand amalgama con el amor humano, se ve más clara todavía en otro párrafo de sus *Memorias*, que transcribiré modificando o suprimiendo lo más escabroso que encierra: «He oído decir —escribe— que no es muy difícil realizar los fines amorosos; que, para conseguirlo, bastan un hombre y una mujer. Yo digo que hay que ser tres: un hombre, una mujer, y Dios en ellos». Esta singular variante del *Deus in nobis* sirve de divisa a las novelas de la primera época de Jorge Sand: es la nota sobreaguda del lirismo y la apoteosis más anárquica del *yo*. No negaré que se hayan exagerado bastante los riesgos que tales doctrinas pueden entrañar. Sin que desconozcamos que son veneno para algunas almas juveniles, quizás predestinadas a adivinar y practicar esas teorías, aun cuando nadie se las hubiese inculcado, siempre parecerá el idealismo místico-erótico de Jorge Sand una enfermedad excepcional. Pero las doctrinas de un escritor pueden ser muy inmorales, aunque no sean dañosas; como que la moralidad, o no es nada, o es en sí.

    Haciendo el Conde León Tolstoi un examen crítico de las obras de Guy de Maupassant, observa que los novelistas franceses de este siglo parece que no ven más objeto para la vida que el amor. La observación es exacta; de cien novelas francesas modernas, noventa y cinco dan vueltas al mismo asunto que Jorge Sand declaraba el único poético e interesante. Este virus que desorganiza y corrompe la literatura francesa no puede dudarse que se lo inoculó en gran parte Aurora Dupin. No vacilemos en estampar un juicio severo cuando la verdad lo exige. La antigüedad fue viril y grande, porque si elevó altares a Venus, se los consagró también a la sabia Minerva, a la casta y vigorosa Diana, al inspirado Apolo y al sacro Jove; y las islas donde exclusivamente se adoraba a la Afrodita, quedaron infamadas. Se objetará que el amor divinizado por Jorge Sand fue un idealismo transcendental; pero bien sabemos cómo por el hilo de esos idealismos se saca el ovillo de la afeminación y la decadencia de una época literaria y hasta de una sociedad.

IX
La Historia. Los románticos puros. Apologistas e impugnadores de la Revolución. Thierry, Michelet

Al lado de la novela, se presenta lógicamente una forma épica, poderosamente influida, sin embargo, por el romanticismo; que tiene con la novela estrechas afinidades, y que si bien se funda en los altos progresos de ciertas ramas de la ciencia, y en el conjunto de los adelantos humanos y de la dirección civilizadora, pertenece por otro concepto a los dominios del Arte. A la historia me refiero.

Al hablar de los historiadores, no me coloco a tanta distancia como parece de los novelistas. No es que vaya a repetir la célebre humorada de Alejandro Dumas padre, cuando decía de Lamartine, refiriéndose a *Los Girondinos*: «Lamartine ha elevado la Historia a la altura de la novela». Lo que pretendo significar es que historia y novela son dos manifestaciones de la epopeya; en la novela puede ser elemento integrante el lirismo, y en la historia, la pasión y el sentimiento del historiógrafo pueden introducir el lirismo igualmente. Por otra parte, una de las grandes direcciones de la historia, en nuestro siglo y en Francia, procede directamente de la novela; la otra dirección principal se deriva de los sacudimientos, alteraciones, guerras y conquistas de las épocas revolucionaria e imperial, que despertaron a los pueblos, infundiéndoles la conciencia de la nacionalidad, y suscitaron partidarios de la sociedad nueva, que la defendieron en obras históricas.

Aunque la historiase nutre del jugo de la ciencia, por su forma pertenece al Arte. Los insignes historiadores de la antigüedad, propuestos como modelos a las generaciones, no fueron ciertamente, si exceptuamos a Polibio y a Tácito, pensadores muy profundos, y todavía menos, eruditos abrumados bajo el peso de la investigación; pero fueron artistas: estilistas consumados, como Herodoto; lapidarios de la frase, como Tácito; retratistas de mano maestra, como Plutarco. Entre las crónicas de la Edad Media, las que han conseguido sacudir el polvo de los archivos y reaparecer llenas de vida y frescura, son las que, obra de un poeta como Froissart, tienen el atractivo y el encanto de un entretenido libro de caballerías y aventuras. No bastan, sin embargo, a la historia las galas de la ficción: necesita descansar en el sólido cimiento de la verdad documentalmente probada. Así lo enseña Taine: «La Historia — dice— es, sin duda, un arte; pero es también una ciencia: pide al escritor la inspiración, pero también la reflexión; tiene por artífice a la creadora fantasía, y por instrumento la prudente crítica y la generalización circunspecta; sus cuadros deben ser tan vivos como los de la poesía; su estilo tan ajustado, sus divisiones tan marcadas, sus leyes tan demostradas, sus inducciones tan rigurosas, como las de la Historia Natural». Y Menéndez y Pelayo, al considerar *la historia como obra artística*, entiende que debe producir, aunque *por sus propios medios*, efectos semejantes a los que producen el drama y la novela.

Cuando se considera que el historiador necesita reunir las condiciones del sabio y del artista, y reunirlas en grado eminente; cuando se piensa que no le basta la inspiración del vate, la animación y colorido del novelista y la sentenciosa profundidad del filósofo, sino que, con largas vigilias e ímproba labor, tiene que captar tantas ciencias auxiliares, ramificaciones de la Historia en su acepción rigurosa —la sociología, el derecho, la cronología, la arqueología, la etnología, la lingüística, la numismática, la epigrafía—, y que todos estos conocimientos y otros innumerables, ocultos y disimulados, por decirlo así, han de infundir tono y vigor al cuerpo de la obra histórica, corriendo secretamente por sus venas —cuando se considera, repito, lo que el historiador ha de ser para realizar esa ideal conjunción del arte y de la ciencia, comprendemos que es alta gloria del siglo XIX haber presenciado el renacimiento y florecimiento de los estudios históricos, y ser llamado por antonomasia *el siglo de la historia*—.

En esta gloria le cabe a Francia parte considerable. No en vano fue el territorio francés escenario donde se desarrolló el más tremendo y conmovedor drama histórico, y donde se forjó inaudita epopeya, comparable a las de las edades heroicas del mundo. Lo que en ellas produjo un Homero, o al menos una personificación que la leyenda llamó Homero, en la nuestra hizo surgir una legión de homéridas, armados de punta en blanco con las armas de la erudición y del análisis.

Desde los últimos años de la Revolución, advirtiose en Francia la tendencia de la juventud hacia los estudios históricos; hacia lo que podemos llamar contemplación del pasado. Empezaron a aparecer historiógrafos que se apartaban igualmente de la superficialidad de Voltaire y de la aridez y sequedad de los Benedictinos de San Mauro y los miembros de la Academia de Inscripciones. Entre estos heraldos de la historia nueva se cuenta el ginebrino Sismonde de Sismondi,[32] conocido en España por su estudio sobre las literaturas meridionales, economista y celoso propagandista de las doctrinas de Adán Smith; amigo leal de Madama de Staël, espíritu optimista, prendado de las ideas progresivas, y bueno con esa bondad seria y sencilla de los suizos, cuyas almas parece sanear el aire puro de las montañas y el claro cristal de los lagos. Por desgracia, una cosa es la bondad del alma y otra la del estilo, y el de Sismondi pecaba de incorrecto y lo afeaban modismos ginebrinos y construcciones que el francés castizo rechaza. Nótase también en Sismondi, sobre todo en su *Historia de las Repúblicas italianas*, una levadura de hostilidad sistemática contra el catolicismo y el Papado, que suele atribuirse a resabios de la vieja sangre gibelina que llevaba en las venas —la familia de Sismondi era oriunda de Italia y refugiada en Suiza—. El mérito de Sismondi consiste en ser el primero que se remontó hasta las fuentes y pensó en utilizar, para explicar los cambios y vicisitudes de los Estados, el conjunto de hechos del orden económico, legal y moral, que hoy se entiende por *sociología*. Al presente, los historiadores no prescinden de apreciar estos hechos, y Taine, en sus *Orígenes de la Francia contemporánea*, y Macaulay en su *Revolución inglesa*, y sobre todo el afamado Thorold Rogers, tal vez examinan con mayor cuidado las consecuencias históricas de un impuesto que las de una batalla campal.

    La otra dirección histórica moderna, que podemos llamar de inspiración poética, aparece con la *Historia de las Cruzadas*, de José Michaud. Este autor tuvo una fisonomía muy curiosa, y sus fluctuaciones políticas y sus amistades y odios literarios merecerían párrafo aparte. Como el espacio de que dispongo no lo permite, me contentaré con entresacar del primoroso estudio que le dedica Sainte Beuve tres episodios de su vida. El primero es triste, y prueba hasta qué extremos puede arrastrar la excitación de las guerras de pluma. Empeñado en una polémica con José Chenier, Michaud no vaciló en señalarle la frente con la marca de Caín, acusándole de haber dejado guillotinar, pudiendo impedirlo, y movido de oculta envidia, a su hermano el gran poeta Andrés Chenier. La imputación de fratricidio cayó sobre la cabeza de José como una losa de plomo; le amargó la existencia, y le infamó ante la posteridad. No

---

32   Juan Carlos Leonardo Sismonde. Ginebra, 1773-1842. (N. del A.)

menor malignidad desplegó Michaud en sus ataques a madama de Staël, a quien trató con injusticia feroz. La casualidad le hizo encontrársela en casa de una amiga de ambos, y el ingenio le enseñó a salir bien de tan embarazosa situación con estas frases: «Señora, aunque no soy un héroe de la Iliada, me ha pasado lo que a Diomedes: luchando entre las tinieblas, en la confusión de la batalla he herido a una diosa».

El tercer rasgo interesante de la biografía de Michaud, es el origen de su idea de historiar las Cruzadas. Michaud era hombre sociable, discreto y culto, y por estas condiciones tenía que agradarle el trato de las damas. Al par que adversario de la Staël, fue amigo de otras escritoras de talento menos viril, a quienes podía aconsejar y proteger en cierto modo; entre estas se contó la famosa iluminada y novelista rusa, madama de Krüdener, y la no menos célebre novelista, madama Cottin, popularísima entonces, hoy relegada al más profundo olvido. ¿No evoca el nombre de madama Cottin ningún recuerdo en los que me leen? Y ese recuerdo, ¿no va unido a las impresiones de la cándida niñez? ¿Existe alguien que no haya visto en su propia casa o en las humildes posadas y ventorros de los trasconejados pueblecillos, litografías que representan a un árabe guapo, caballero en fogoso corcel, y llevando al arzón a una mujer desfallecida y lánguida, envuelta en flotantes cendales blancos? El grupo romántico-sentimental de Malek-Adel y Matilde, en estampas, relojes de sobremesa y candelabros, hizo competencia a la tierna pareja criolla de *Pablo y Virginia*. Pues bien; la autora de *Matilde* o *Las Cruzadas*, no fue otra sino madama Cottin. De esta mujer exaltada, que acabó suicidándose de un pistoletazo en mitad del corazón, andaba prendado Michaud cuando se prestó a escribir el *Discurso preliminar* de *Matilde*; trabajo que hizo germinar en su mente el plan de otro más extenso, que llegó a ser la empresa eminente de su vida, y la que hoy nos obliga a recordar su nombre, el cual estaría no menos arrinconado que el de madama Cottin, si solo hubiese lucido en polémicas periodísticas, en acerbas sátiras o en narraciones de viajes efímeras de suyo. La *Historia de las Cruzadas* es, en su género, obra clásica, porque no se ha escrito todavía sobre el mismo asunto ninguna que con más gusto se pueda leer, ni con más provecho consultar; en el día sigue aún reimprimiéndose, y hay ediciones ilustradas por Doré. Encariñado con su tarea, y sintiendo el influjo del renacimiento religioso, que de la poesía pasaba a la historia, Michaud, aunque endeble de salud y ya en edad madura, no vaciló en realizar el viaje a Oriente, recorriendo los lugares donde se habían librado combates, asaltos, rotas y martirios de cristianos, rebuscando documentos, depurando noticias y enriqueciendo la obra, en nuevas ediciones, con copia de investigación. «Esta historia —dice un notable crítico, refiriéndose a la de Michaud— es sana y honrada, aunque nada ofrezca de superior su desempeño. Procede el autor de buena fe, buscando lo que considera más probable: es puntual y bien informado; pero no sobrecoge, no arrebata; aspira a repartir la razón entre los que admiran la inspiración religiosa y mística de los cruzados, y los que reprueban sus depredaciones y su bandolerismo; en suma, es Michaud historiador recortado, frío y elegante, sin ese íntimo ardor que se comunica a los lectores». ¡Lástima grande que el sugestivo asunto de las Cruzadas, que chorrea poesía, no hubiese caído en manos de un escritor, dotado, al par que de conciencia y honor histórico, de instinto artístico; verbigracia, un Agustín Thierry!

He dicho que una de las dos grandes corrientes históricas que aparecieron bajo la restauración procedió de los acontecimientos, del cataclismo social de Francia y de las guerras europeas. Aunque la máxima tensión revolucionaria hubiese sido pasajera, como es toda lo violento, la labor transformadora del siglo XVIII era sobrado honda para que sus huellas se borrasen tan fácilmente. La restauración monárquica descansaba en terreno poco firme, que se disponían a minar en todos sentidos cientos de zapadores preparando otra restauración liberal, con un espíritu posibilista que no habían conocido los energúmenos del 93. Quien primero escarbó la mal apagada ceniza, fue madama de Staël, desde la tumba, porque las *Consideraciones sobre los principales sucesos de la Revolución francesa* son obra póstuma. El efecto era seguro. La autora narraba acontecimientos que había presenciado, que la afectaban directamente; y su voz, ahuecada por las graves resonancias de la bóveda sepulcral, adquiría nuevo prestigio sobre el que ya debía a la larga persecución sufrida bajo el Imperio, a la autoridad de testigo ocular, y a una noble actitud tan adversa al despotismo como a los bárbaros excesos de la demagogia. Así y todo, las *Consideraciones* de madama de Staël no están dentro de la Historia propiamente dicha, ni aun en la intención de su autora, que al poner mano en ellas solo aspiraba a vindicar la memoria de su padre, el ministro Necker. Fue aquel libro tal vez el primero en que se presentó, a título de ideal para los pueblos latinos, la Constitución inglesa, pensamiento que, como otros muchos de la Staël, hallábase dotado de singular vitalidad y fuerza difusiva, como que aún asoma periódicamente en las discusiones políticas y las teorías de los anglófilos entusiastas. A pesar de haber sido escritas las *Consideraciones* cuando ya la robusta organización de madama de Staël estaba quebrantada por los padecimientos, contienen trozos primorosos y ofrecen aquel grato sabor de madurez y seriedad que tan dulces frutos otoñales prometía en la escritora. Incompleto y todo, el libro fue una vindicación del nuevo régimen y un golpe fatal para la escuela reaccionaria, y puso nervioso al conde de Maistre, que escribía a Bonald: «Los libros de la Staël me impacientan siempre, pero sobre todos este último. Esa mujer tiene el talento del mal; concentra, sublima y dora los errores de la Revolución». No menos amostazado, Bonald emprendió la tarea de refutar las *Consideraciones*, tratándolas de *novela casera*, fundada en los afectos domésticos, y exclamando con afectación de desdén: «*Consideraciones* se titula el libro, lo mismo que si madama de Staël pudiese considerar cosa alguna».

Había tratado la Staël su asunto cual testigo apasionado en quien vibra el recuerdo y la apología nace de la sensibilidad; los que van a continuar su obra son hijos de otra generación, y viendo desde cierta distancia la época que estudian, podrán tener, ya que no la imparcialidad, por lo menos la sangre fría y el reposo del verdadero historiador. A la cabeza de los secuaces de madama Staël hay que colocar el nombre conocido, casi familiar, de Thiers el pacificador;[33] uno de esos nombres que, sin ser en rigor geniales, son, en momentos dados, universales. Los dos lustros que transcurren entre las *Consideraciones*, de la Staël, y la *Historia de la Revolución*, de Thiers, bastan para que en vez de la parte interesada hable el juez, no tan recto como pretende ser, pero al fin sereno.

Thiers llegó de Marsella a París ávido de salir de los limbos de la obscuridad y la pobreza. Este episodio del mozo provinciano que busca en la gran capital el foco de luz y el pedestal de la fama, es muy frecuente en los anales de las letras, solo que generalmente el primerizo suele traerse bajo el brazo un cuaderno de renglones desiguales, y Thiers se traía un amazacota-

---

[33] Luis Adolfo Thiers. Marsella, 1707: París, 1877. (N. del A.)

do legajo de estudios históricos y políticos. A los veinticinco años de edad, fecha en que Thiers comenzó a publicar su *Historia de la Revolución*, era un abogaducho verboso, de exigua estatura y pronunciado acento meridional, provisto ya de sus eternas gafas, feíllo y rebosando inteligencia, que de todo hablaba, de todo entendía y se enjaretaba en todas partes, mostrando la petulancia del niño y del marsellés, antes que la timidez y reserva del sabio. Jamás, en efecto, pecó Thiers de modesto ni de encogido, y se le aplicó con notoria exactitud lo que observó Catón de los galos del Mediodía, locuaces y entendidos en asuntos militares. El hombre que había de alejar de su patria el azote de la guerra, mostró desde el primer momento especial predilección hacia el militarismo, al cual otorgó en su *Historia* lugar preferente; dedicose, con el ímpetu y vivacidad de su temperamento, a estudiar la estrategia y la táctica; coleccionó mapas y planos, se hizo alumno de Foy y del historiador técnico Barón de Jomini. Visitó fortificaciones y maestranzas y dio nueva vida al sueño de Napoleón, un perpetuo estado de lucha y conquista. Para narrar los sucesos del período revolucionario, frecuentó el trato de los muchos que sobrevivían, recordando la época del Terror, de la cual maldecían o hablaban con espanto; y, sin arredrarse, pisando cenizas y sintiendo estremecerse el suelo, exploró por vez primera «la horrenda Montaña de la Convención, cercada de nubes y rayos como un Sinaí», y se consagró a explicar y cohonestar todo lo que de ella había descendido, demostrando, por el procedimiento fatalista, entonces nuevo y hoy carcomido a fuerza de uso, que estaba escrito, y estando escrito tenía que realizarse. Antes de que los historiase Thiers, los terroristas daban grima: eran a manera de monstruos o reptiles; Thiers, sin canonizarles, les restableció dentro de la humanidad, rehabilitándoles como a instrumentos de una catástrofe necesaria, que podían decir de sí mismos lo que Atila, el azote de Dios: «Yo camino, y siento que alguien me empuja».

La *Historia de la Revolución*, emprendida y realizada a los veinticinco años, es un caso de precocidad más sorprendente que el de Víctor Hugo publicando a los diecinueve las *Odas* y *Han de Islandia*. La inspiración es amiga de la juventud; el trabajo reflexivo pertenece a la madurez. Pero Thiers, a pesar de su petulancia juvenil, nació maduro, como nació clásico. Nadie más adverso que Thiers al romanticismo; la ardiente ráfaga de mistral literario no logró calentarle los cascos; de los poetas melenudos decía que eran la nota ridícula de la literatura, y el espíritu católico y monárquico a la sazón dominante en el romanticismo, inspiraba cuchufletas desdeñosas al que se había propuesto demostrar que la Revolución fue una sangría bien recetada, que la República era posible en Francia, que no siempre representaría el Terror y la doble guerra civil y de la frontera, sino que, andando el tiempo, llegaría a constituir una solución estable. Poco antes de su muerte, los tremendos sucesos de la Commune pudieran hacer vacilar las convicciones de Thiers.

No solo disentía Thiers de los románticos en el ideal político, sino en el estético, cuando proclamaba en un artículo inserto en el periódico *El Globo*, que no hay más poesía verdadera que la realidad. Naturaleza de vuelo bajo, esencialmente prosaica, la de Thiers, por fuerza tenía que renegar del romanticismo, y esta limitación de sus facultades le impidió contarse en el número de los historiadores artistas, que son de raza poética y zahoríes y entrevén el venero de oro bajo la costra de la tierra. A estos pertenece la victoria definitiva, pero en el porvenir; pues la ventaja inmediata es de los que, como Thiers, reúnen la habilidad polémica al sentido de lo concreto y positivo, de lo que en determinado momento interesa a sus compatriotas y a mucha gente de toda nación. Volveremos a encontrar a Thiers escribiendo la *Historia del Consulado y del Imperio*, jefe del Estado, enfrenando la anarquía; y siempre se nos presentará inalterable, fatalista de la actividad, vindicador de la Revolución pasada, custodio del orden presente y teórico de la República posible.

Aunque solo sea de paso, hay que dedicar algunas líneas a Francisco Mignet,[34] amigo, compañero y émulo de Thiers, que por extraña similitud de destinos vino a París en su compañía, habitó la misma angustiada y fementida casa de huéspedes, y mantuvo con él relación y afecto inalterables, a pesar de que también escribió otra *Historia de la Revolución*, y, por consecuencia, se expuso a las asechanzas de odiosas comparaciones y rivalidades forzosas. Es Mignet, además, un historiógrafo que tiene derecho al reconocimiento de los españoles, que le deben los interesantes episodios titulados *Antonio Pérez y Felipe II*, *Carlos V, su abdicación, estancia y muerte en el monasterio de Yuste* y *Rivalidad de Carlos V y Francisco I*. Para estos trabajos de asunto español utilizó Mignet documentos, algunos enteramente inéditos, del tesoro de nuestro Archivo de Simancas. Mignet fue uno de los indagadores que más

---

34   Mignet. París, 1797-1884. (N. del A.)

contribuyeron a desvanecer la extraña leyenda de los funerales de Carlos V, celebrados en vida y ante sus ojos. Pero en la época que abarca este capítulo, todavía Mignet no explotaba, a competencia con los Gachard y los Merimée, la rica veta histórica española: cooperaba a la obra de rehabilitación del período revolucionario, depositando su sillar en el edificio cimentado por la Staël y levantado por Thiers. Este analizó aquella época formidable, y Mignet la sintetizó, juzgándola entrambos a la luz de la necesidad y del fatalismo, como si los siglos fuesen un producto natural y las virtudes y los crímenes naciesen en el alma a guisa de hierbas en el prado.

Nótese que la Revolución tuvo propicio al numen de la historia. Los historiadores políticos que aparecen con la Restauración, son apologistas y vindicadores de la Asamblea legislativa, de la Convención y del Terror. La razón de esta singularidad no se adivina; la historia podía ser arma temible y destructora en manos del partido monárquico y católico; mas éste no produjo historiadores. La anomalía es tanto más sorprendente, cuanto que la Restauración sumaba la flor y nata de los ingenios; los escritores de mayor nombradía eran o habían sido del bando de las blancas lises. La escuela poseyó un brillante apologista del cristianismo en Chateaubriand, un profeta en De Maistre, y en Bonald un teórico y un dialéctico; mas no apareció el hombre de poderosas facultades que supiese disecar y pulverizar la Revolución por procedimientos esencialmente científicos: el destino tenía decretado que al fin se hundiese el antiguo régimen, y cooperase a su pérdida el tribunal supremo de la historia. La única voz que se alzó para hacer simpática la causa de la Monarquía fue la de una mujer, que no era juntamente, como madama de Staël, un literato, ilustre; pero que herida, lo mismo que madama de Staël, en sus afectos y en su corazón, testigo y actor igualmente de memorables sucesos, fue historiadora lírica, y su obra un grito de pasión y casi una plegaria.[35] El libro a que me refiero es el titulado *Memorias de la marquesa de Larochejaquelein*, que Barante se jactó de haber redactado, pero que únicamente corrigió y ordenó. Y acaso fue lástima, porque serían más atractivas tal cual salieron de la ingenua pluma de la dama que rechazaba el nombre de escritora, y solo deseaba recordar el momento en que la tempestad histórica cruzó rugiendo sobre su

---

35 Victoria Donnisan, Marquesa de Larochejaquelein, 1772-1857. (N. del A.)

cabeza, y la hizo postrarse, a la manera del árabe cuando sopla en el desierto la bocanada del terral.

Victoria Donnisan, nieta de la duquesa de Civray, emparentada con lo mejor de Francia, pasó su niñez en Versalles y contempló el ocaso del esplendor monárquico, las últimas fiestas y las últimas pompas. Cierto día pudo ver cómo se llevaban preso a la Bastilla al Cardenal de Rohan, el del *collar de la Reina*, y a fuer de chiquilla lloró desconsolada por el que acostumbraba regalarla confites, sin adivinar que la prisión de aquel Príncipe de la Iglesia y de la sangre era el primer estallido de catástrofes que tantas lágrimas habían de costarle en lo porvenir. Desde entonces, y convertida ya la niña en mujer, su vida se enlazó con la trágica vida de los Reyes, compartió las ilusiones de la fiesta de la Federación, presenció el delirante banquete de los Guardias de Corps y la degollina de los leales cuando las hordas invadieron el real sitio, así como la matanza del 10 de Agosto, cuya sangre la salpicó. Enamorada de su primo el Marqués de Lescure, su boda con él fue la primera que, según mandato expreso del Papa, se celebró secretamente por un cura no juramentado. Las emociones de su luna de miel más tuvieron de políticas que de amorosas: los jóvenes esposos solo pensaban en la defensa del trono derrocado. Disfrazados partieron hacia Poitou; su hado les impulsaba a aquel Bocage, la tierra de la insurrección, tan bien descrita en las *Memorias*, con sus impenetrables selvas, sus caminos hondos, pantanosos y estrechos, su aspecto agreste y feroz, su falta de carreteras y de ríos navegables, su gente tenaz, creyente y ruda: tierra predestinada por la Naturaleza para la guerra de guerrillas, esa guerra singular en que el país pacta alianza con el hombre y combaten unidos. Asistimos en las *Memorias* a la fermentación que la prepara, y casi sentimos impulsos de exclamar, ante la descripción de agitaciones en España tan conocidas, lo que en el drama de Zorrilla Gabriel de Espinosa:

No sé por qué la memoriade ese lance me enternece y me irrita: no parece sino que cuentan mi historia.

Era la marquesa mujer tímida y apocada, y cuando su marido y Enrique de Larochejaquelein, por sobrenombre el «Intrépido», le dan la primera lección de equitación para habituarla a la vida de facciosa o de *brigande*, échase a llorar de puro miedo. ¡Quién dijera entonces que poco después la medrosa ha de verse empeñada en una vida de fatigas, aventuras y horribles peligros, siempre a caballo, siguiendo al ejército que se llamó «católico y real» por montes y breñas, encinta, sin punto de reposo, padeciendo hambre y desnudez, no oyendo más que el estampido de la fusilería y los gritos que excitan al combate el inextinguible arrojo de los vendeanos! Tan extraño le parecía esto, como debía de parecerle, al evocar sus años juveniles en la brillante y fastuosa corte de Versalles, verse disfrazada con los harapos de una aldeana, guardando ovejas, cubierta de miseria, tan derrotada, que le daban limosna; y presenciar cómo sus hijos, apenas vestidos de un pingajo, sucumbían por fin a las privaciones y al hambre. Y todavía estos males, con ser tantos, eran menores que el ver caer uno tras otros, segados por la muerte, a los héroes de la causa a tanta costa defendida; su marido, el marqués de Lescure, a quien apodaron los guerrilleros *el Santo del Poitou*, y el *Intrépido*, aquel Enrique de Larochejaquelein, Aquiles de la Ilíada realista. En las *Memorias* de la noble señora, quizás el mayor atractivo consiste en el contraste de un temperamento muy femenino, tierno y débil, y una situación en que la sublimidad y el horror son constantes. Aunque la marquesa protesta de que ella no es una amazona, de que no combate ni combatió nunca, de que su oficio se reduce a seguir a su esposo, cuidar a los heridos e interceder por los que van a ser fusilados, de continuo acuden a su pluma frases que indican la estrecha solidaridad con el ejército; frases militares. «Lo que más sentimos fue que nos cogieron un cañón», escribe con espontaneidad, después de referir una jornada llena de sobresaltos y riesgos increíbles. Si era mérito del historiador de antaño haber actuado en los sucesos que narraba, rebosa este mérito en las *Memorias* de la marquesa de la Rochejaquelein. De su historia puede decirse que es historia, más que *vivida*, *padecida*.

Se comprende la impresión que estas *Memorias* produjeron. Relataban una epopeya digna de eternizarse en tablas de bronce, y la pintoresca descripción de aquella lucha desesperada era el argumento sentimental y lírico de una mujer contra otra mujer; la respuesta a madama de Staël, dada por una criatura sencilla, una cristiana humilde envuelta en los crespones del luto de sus amados muertos, arrodillada al pie ele un altar, la encarnación más bella y pura del ideal católico-monárquico.

Con la Staël, Thiers, Mignet y la marquesa de Larochejaquelein, y dos o tres obras más a que no podemos consagrar espacio —por ejemplo, las *Memorias* de madama Roland, las de Clery y el *Memorial* de Santa Elena—, se cierra la lista de los testigos de cargo y descargo en el empeñado litigio entre la Revolución y la Restauración. El matiz neutral, el propósito de conciliar el antiguo y el nuevo régimen, la libertad y el orden, lo representó el doctrinarismo de Guizot,[36] el hombre de estado del justo medio, de Luis Felipe y de la Monarquía burguesa. Aun cuando la labor histórica de Guizot, de que son fruto muchos y muy doctos libros, merezca estimación y respeto, y haya ejercido influencia real, siempre me ha parecido que tenía más de enseñanza de catedrático que de cuerpo de historia para servir de texto a las generaciones futuras. Las obras capitales de Guizot, *Historia de la civilización en Francia*, *Historia del Gobierno representativo*, *Ensayo sobre la Historia de Francia*, *Historia de la revolución de Inglaterra* y *Curso de Historia moderna*, encierran copiosa doctrina, y traen la novedad de un método no sin razón equiparado al de las ciencias médicas y naturales, que empieza por considerar la Historia como un todo orgánico, y acaba por estudiar en sus funciones propias cada órgano, con la perseverancia sistemática que fue en Guizot don nativo. Pero es justo reconocer que su estilo es gris, que escribe con apagador, que ni pinta ni narra.

La figura de Guizot historiador se destaca sobre el fondo de la cátedra de la Sorbona, donde enseñaba, en aquellos días de esplendor y florecimiento general, un triunvirato compuesto nada menos que de Villemain, Cousin y Guizot. Era la enseñanza de Guizot austera como su genio, impregnada de ese rigorismo estrecho y exclusivista propio de los hugonotes, que por tantos estilos se diferenciaron del espíritu nacional francés. El calvinismo prestaba su rigidez al plúmbeo estilo de Guizot, de quien decía Sainte Beuve que no tenía ni un instante de fatiga, ni un rasgo de frescura. Ese estilo siempre elevado, dogmático, que jamás sonríe, con pretensiones a la infalibilidad y a conocerlo todo desde el principio del mundo, trae aparejado el fastidio, y se comprende que un espíritu tan vivaz y alado como Heine gratificase a Guizot con el calificativo de *elefante doctrinario*.

---

36 Francisco Guizot. Nimes, 1787: Val Richer, 1874. (N. del A.)

Guizot, que era un notable crítico literario, no era un artista; su pluma tendía a enseñar e influir, y a pesar en la balanza de los destinos de su patria, como la espada del conquistador en los de Roma. Al través de la acción literaria, buscaba la acción política y social. La cátedra, el libro, fueron en su mano instrumentos de precisión y construcción. Fundó una escuela, el doctrinarismo, y un sistema de filosofía de la historia, que Sainte Beuve juzgó y atacó duramente. «Dudo mucho —escribe Sainte Beuve— que sea dado al hombre abarcar con tanta amplitud y certeza las causas y orígenes de su propia historia en lo pasado, siendo harto difícil entenderlas aun en lo presente, y no equivocarse a cada minuto. No puedo ver en este sistema de Guizot sino un método fácil y socorrido de liquidar las cuentas del pasado, de suplir lo que se ignora. Suprímanse todas las fuerzas que no produjeron efecto, aunque pudieron producirlo; declárense imposibles y caducas todas las causas vencidas; mándese a los hechos, sobre todo a los muy antiguos, alinearse en orden, y ya hemos salido del aprieto. Lo malo es cuando nos acercamos a lo contemporáneo: aquí las generalizaciones fallan y nos estorba lo presente, movible, cambiante, complejo y diverso. De mí sé decir —continúa Sainte Beuve, dando rienda suelta a la irritación del crítico, ante las bambalinas históricas de Guizot— que después de leer algunas de esas lecciones tan decisivas e impávidas sobre la *Historia de la civilización*, me doy prisa a abrir un tomo de las *Memorias* de Retz, para restituirme a la realidad palpitante de la intriga y de la mascarada humana». He extractado este juicio, porque es lo que yo diría, si supiese decirlo tan bien, sobre la escuela histórica que Guizot dejó fundada. Y aun la juzgaría con mayor acritud, si en vez de considerarla en sí misma, la viese a través de las numerosas imitaciones y *clichés* que ha producido, verbigracia, las páginas soporíferas del *Espíritu del siglo*, de nuestro buen Martínez de la Rosa. Porque el doctrinarismo cundió en España y tuvo ilustres prosélitos.

Salgamos de esa galería de frescos descoloridos y secatones, y entremos, como en sala que encierra dos o tres lienzos jugosos y entonados, en la obra de Agustín Tierry,[37] maestro y mago de la historia. Entre los ilustres historiadores de aquel período tempestuoso y duro, Agustín Thierry es el único que oculta o pone en segundo término el interés político, y en primer término la

---

37 Jacobo Nicolás Agustín Thierry. Blois, 1795: París, 1856. (N. del A.)

vocación del artista. Por eso quizás es su obra la más vividera, la que resiste y desafía el paso de los años: lleva en sí la inmarcesible juventud del arte puro.

La biografía de Agustín Thierry cabe en dos renglones: una vida de estudio incesante; por amargo fruto de su labor, la ceguera en lo mejor de la edad, a los treinta años; por consuelo de la eterna noche, el cariño de una mujer inteligente, que fue colaboradora asidua del infatigable obrero. Solo hay en la vida de Agustín Thierry un momento romancesco interiormente: él nos lo ha referido en el prefacio de las *Reflexiones sobre la Historia de Francia*. Era Thierry un muchachillo que seguía sus estudios en el colegio de Blois, su ciudad natal, cuando acertó a caer en manos de los colegiales, ahítos de historia clásica, un ejemplar de *Los mártires*, de Chateaubriand. Disputáronse el libro los muchachos, y Thierry lo consiguió un día de asueto; fingiose enfermo, y se encerró en casa con el poema, devorándolo. Cuando llegó al cántico de guerra de los francos, sintió algo como una descarga eléctrica —son sus propias palabras—. Saltó de su asiento, y recorriendo la sala, agitado, hiriendo el suelo con el pie, repitió en alta voz la estrofa: «¡Faramundo, Faramundo! Hemos combatido con la espada; hemos lanzado la frámea de doble filo; el sudor chorreaba de la frente de los combatientes, y corría por sus brazos. Las águilas y los buitres chillaban de júbilo; el cuervo se bañaba en sangre; todo el Océano era una sola herida. Las vírgenes han llorado largo tiempo». «Aquel momento de entusiasmo —añade Tierry— decidió mi vocación futura. Entonces no lo comprendí, pero ahora pago mi deuda al genio de Chateaubriand; por él, llegada la hora de elegir camino, me entregué a la historia, y si hoy releo la página de *Los mártires*, renacen mis emociones de aquel día».

Bien se ve en este pasaje la procedencia de la historia como la creó Thierry; es la evolución de un género, es poesía transformada, poesía épica de la más legítima. Lo que vio Thierry, en medio de la emoción causada por la lectura de aquella estrofa en prosa de Chateaubriand, fueron las edades sombrías que su pluma debía sacar a luz: los normandos conquistadores, en sus barcazas, los sajones tenaces en resistir; los obscuros períodos de la dominación merovingia; la mezcla y antagonismo de razas; los francos, los galos y los galo-romanos; la llorosa figura de la Reina Galsuinda, la noble entereza del mártir Pretextato; la época bárbara, hasta entonces considerada un caos árido y confuso, y que al estudiarla Thierry con documentos y datos sacados de antiguos poemas, de cartularios y estatutos, de la poesía a la vez primitiva y decadente de San Fortunato, por los medios propios de la historia, en suma, adquiere todo el encanto y atractivo de la novela y del drama, y esa fuerza sugestiva que solo procede de la realidad. En las obras de Thierry, *Conquista de Inglaterra por los normados* y *Narraciones de las épocas merovingias*, se concentra lo mejor del romanticismo: la resurrección del pasado y la belleza propia de la historia desde que cesa de ser pagana y se impregna de la hermosa melancolía del cristianismo; y lo mejor también de la época de transición en que el positivismo domina: el análisis, la sujeción al hecho, el sentido de la fuerza de las razas, que es el gran baluarte y el gran ariete de Hipólito Taine. Debemos de reconocer en Thierry uno de esos eslabones que enlazan dos épocas y reúnen lo fundamental de ambas. Hijo de la inspiración poética de Chateaubriand, es padre del método científico de Taine.

Thierry posee un don muy necesario al historiador: tener como presentes los hechos pasados; comprender el efecto duradero de las grandes crisis, efecto que no advierten los mismos que lo sufren. Thierry, al creer que la conquista de los bárbaros influye aún hoy en los destinos de Inglaterra, consignaba una verdad, pero de esas verdades que los profanos nunca llegan a advertir.

He dicho al principio que esta escuela histórica procede de la novela. Walter Scott, en efecto, comparte con el falso Osián y Chateaubriand la prez de haber influido sobre la imaginación de Thierry, y también sobre la de Barante, supuesto redactor de las *Memorias* de la marquesa de Larochejaquelein, y verdadero fundador de la historia descriptiva en su libro sobre *Los duques de Borgoña*. Desde 1814 a 1824, Walter Scott es el fanal de los que exhuman la Edad Media; todos envidian su admirable don de hacer revivir las edades pasadas, su instinto de arqueólogo y de pintor. La rigurosa exactitud documental no había por qué exigírselas a Walter Scott: no era el historiador, pero de él nacían los historiadores. Thierry pertenecía a esa raza innovadora, que sabe orientarse en las tinieblas, y las censuras del juicioso y sensato historiógrafo Daunou contra Thierry recaen precisamente sobre la filiación novelesca de sus estudios históricos, peligroso abolengo que le inducía a la temeridad de una renovación completa, con el mismo ardor que Lamennais quería renovar la religión y la retórica Víctor Hugo. El prurito de innovar llevó a Thierry, como suele suceder, a lo más viejo, al arcaísmo; una de las polémicas que sostuvo, fue con Carlos Nodier, por obstinarse Thierry en escribir, en lugar de Clodoveo, *Hlodevig*; en vez de Meroveo, *Merovig*, y en vez de Galsuinda, *Galeswinta*: discusión pueril, que es, sin embargo, característica de aquellos años de idolatría medioeval.

La serie de los historiadores de la primera época romántica se cierra con un autor renombrado y muy traducido en nuestra patria, Michelet.[38] Aquí se le conoce más por ciertos libros escabrosos, como el titulado *El Amor*, del cual dijo Caro que era la fisiología comentada por el libertinaje, que por su obra capital, la *Historia de Francia*, diecisiete volúmenes de muy nutrida lectura. Si es permitido asociar una impresión personal a estos estudios, diré que la *Historia de Francia*, de Michelet, me puso hace años en gran confusión.

Es el caso que advertía yo tal diferencia entre los seis o siete primeros volúmenes, que leí con encanto, y los siguientes, hasta el último, y me parecía notar en estos, sobretodo en algunos, tan claras señales de perturbación mental, que movida de curiosidad escribí a un amigo francés muy erudito pidiéndole detalles acerca de la locura de Michelet, y si se había curado o aliviado al menos, antes de morir. Grande fue mi sorpresa al recibir por respuesta que Michelet nunca había pasado por loco, siendo así que cada vez me parecían sus páginas más denunciadoras de la idea fija; y ahora me confirman en esta idea las palabras de Emilio Faguet, que habla de manía persecutoria, de temblor jesuítico, de clerofobia, al ocuparse del famoso historiador. En prueba de su monomanía de complots, recuerda que Michelet creyó seriamente en una conjura de arquitectos, a favor del estilo ojival y en pro de los curas...

He releído la obra de Michelet a que me refiero, la más considerable de todas las suyas, y no se me quita el recelo: Michelet no estaría loco furioso, pero de cierto padecía una obsesión caracterizada: su tema (asaz poco original, porque se reduce a seguir las huellas de Bayle), es ver donde quiera proyectarse a los jesuitas como fatídica sombra. A trechos, la *Historia de Francia* semeja un capítulo de *El judío errante*.

Desde que aparece en la escena del mundo San Ignacio, Michelet —sigo convencida de ello— pierde el seso, como Don *Quijote* desde que le tocan al punto de sus renegadas caballerías; y me explico perfectamente que bas-

---

38   Julio Michelet. París, 1798: Hyéres, 1874. (N. del A.)

tantes críticos hagan cuenta de que esos desdichados diez tomos no se escribieron nunca. Grande es mi asombro cuando en el panegírico, mejor diré, en el ditirambo que dedica el otras veces sagaz Pablo Albert a la memoria de Michelet, no encuentro ni una frase restrictiva o condenatoria del estilo y el criterio de un autor que, sucesivamente, en los diez últimos tomos de su Historia, parece un convulsionario, un erotómano, un profeta apocalíptico y un sugestivo novelista.

De esta verdad puede cerciorarse quien tenga la paciencia de leer los tomos a que me refiero. En ellos verá que con una sola clave, el fantasma jesuítico, y por contera el espectro de la influencia española, explica Michelet todo acaecimiento y particularmente los nefastos. No hay daño ni escándalo en que no asome la negra mano oculta, y en que no dance la Compañía, secundada en sus hórridas intrigas por frailes y monjas de todos colores y hábitos, inducidos ¡quién lo duda!, por la ambiciosa y maquiavélica España. Dan ganas de suspirar, echando de menos esos tiempos en que éramos tan listos y peligrosos, y en que mangoneábamos bajo cuerda, empleando los más estrafalarios arbitrios, la política de Europa. ¡Cuánto hemos cambiado desde entonces!

Abrid al azar un tomo y veréis lo que, según Michelet, hacían los jesuitas, y que no lo hiciera ni el mismísimo diablo. Se les encuentra hasta en los dobleces de la ropa, y no se da enredo ni trapisonda en que no intervengan. Ellos disponen la boda de Enrique IV con María de Médicis; ellos proyectan armar contra Inglaterra una nueva *Invencible*; ellos saben a ciencia cierta el secreto del extraño y trágico fin de la favorita Gabriela de Estreés. Por ellos Enrique IV, indispuesto, sanciona con su firma, entre dos cólicos —la palabra que emplea el historiador es más baja aún—, la vuelta de los jesuitas a Francia. Ellos arman el brazo regicida de Biron, y ellos sellan los labios del reo con el silencio más profundo hasta el pie del suplicio: silencio que recompensan con aspersiones de agua bendita al cadáver. Ellos suscitan después a Ravaillac, y ellos cierran la boca de la Escoman cuando se preparaba a dar el aviso que salvaría la vida de Enrique IV. No extiendo más la lista, pues sería el cuento de no acabar nunca; baste advertir que el mismo Michelet, con toda su obcecación, nota que abusa del registro jesuítico, y dice ingenuamente: «No se lo atribuyamos todo, sin embargo, a los jesuitas». Cierto que poco después lo arregla, añadiendo: «Hay que dejar algo para los curas».

El espíritu de secta y la obsesión llevada a este grado, quitan el carácter de seriedad e investigación científica a la segunda mitad de una obra, que, en la primera contiene cuadros tan bellos como el del proceso de los Templarios, el estudio sobre San Luis y sobre los disturbios de la Jaquería. Aunque Michelet es poderoso estilista y colorista brillante, la forma se resiente del desorden y desconcierto de la inteligencia, las pinceladas son brochazos, escribe entrecortado y jadeante, y los rasgos de realismo brutal alternan con el *patos filosófico* y la solemnidad bíblica; la fantasía, pervertida y suelta, corre a manera de caballo sin freno, y la historia se convierte en catálogo de un museo secreto, donde pueda recrearse y saciarse toda curiosidad malsana, contemplando raras anomalías, degeneraciones y monstruosidades: casos de magia, sortilegio, hechicería, escenas de aquelarre, contorsiones de poseídos y endemoniados y supercherías de sacrílegas embaucadoras. Los retratos de los principales personajes corren parejas con el fondo sobre que se destacan: San Ignacio es el autor del *Manual del perfecto novelista* (esto se refiere a los *Ejercicios*); y Laynez, el consocio del santo, el campeón del Concilio Tridentino, es un pillastre genial. Y si el *Cid* de Corneille fue aplaudido, se debió a la tenebrosa conjura tramada por los españoles para extinguir el espíritu nacional de Francia ¡hasta en las letras!

Michelet carecía de verdadero entendimiento. Faltábale, dice muy bien Faguet, «ese olfato interior que advierte la proximidad de la tontería», lo cual es decir sutilmente que era tonto a ratos. Su pasión le impedía profesar el respeto a la verdad, del cual ni aun los historiadores parciales deben prescindir, y de espíritu crítico, como sabemos, no tenía ni asomos.

Así rodó Michelet los peldaños de la escala. Triste es el espectáculo de una imaginación atrofiada como la de Thiers, pero mil veces más triste el de una fantasía hipertrófica que ahoga a la razón y parodia, no el delirio sublime de la musa, sino la pesadilla del enfermo atacado de fiebre mortal.

X
La crítica bajo el Consulado y el Imperio. Los «ideólogos». El movimiento científico

En la rigurosa acepción de la palabra, y tal cual hoy la comprendemos (rebasando de lo *formal* y penetrando o aspirando a penetrar hasta la esencia), la crítica literaria, en Francia, nació bajo el Consulado y tomó vuelos en un período de aridez, en que el brotar de las facultades creadoras parece ahogado por la acción violenta, la guerra, la conquista. Coincide, pues, el incremento de la crítica con la atonía de la invención; es la crítica otra fuerza gubernamental, y llega el momento en que Napoleón, desde su altura, ase lo que después se llamó *escalpelo*, y borrajea, con el laconismo voluntarioso que caracteriza su estilo, el artículo contra la Staël.

Impulsada o enfrenada por la potente mano que todo lo regía, la crítica tuvo dos fines: contener y reorganizar. No la veremos presentir el romanticismo, pero sí refrescar las memorias del áureo siglo XVII y levantar un pedestal a Racine, con objeto de arrasar el templo de Voltaire y Diderot y la obra de la Enciclopedia.

Coadyuva a este desarrollo de la crítica el ya definitivo establecimiento de la prensa periódica, afirmada como lo que realmente es, vista por ojos sagaces: resorte de estado, un arma de que disponen los poderes. La Revolución se había hecho sin prensa, al menos sin prensa *normal*: diarios libelos rabiosos, asimilables a arengas de club y a canciones callejeras, caracterizan a aquellos formidables años. Nacido del cataclismo el régimen nuevo, los periódicos se inundan de críticos; un estreno, una novelita, una traducción, un prólogo, un almanaque, son pretexto para llenar columnas. La acrimonia de las «guerras de pluma» del siglo XVIII se templa y cede el paso a formas más moderadas: en vez del puñetazo jacobino, la picadura de la avispa. Es la misma lid, son los «dos siglos armados para combatirse» de Manzoni, pero con distintas y más corteses armas.

Conviene no olvidar el influjo de un hombre que, antes y después de la revolución, a través de semejantes vicisitudes y en medio de crisis morales profundas, primero *filósofo* y luego penitente, sostuvo su cátedra literaria. Por su condición especial (acompañada de un juicio claro) la Harpe[39] es el tipo del crítico militante y profesional de quien se maldice, allí donde tres escritores se reúnen, y a quien todos quisieran, sin embargo, tener de su parte. Chiquitín, irascible, a la greña con los autores, satirizado, apaleado en la calle, silbado en el teatro, La Harpe fue quizás el último *bel esprit*, el postrer ingenio limitado, adobado, recortado, y, con todo eso, el primer *impresionista*, para quien, ante la emoción estética, son letra muerta reglas y leyes. El ídolo de su mocedad era Voltaire; la revelación de la belleza, en su vejez, Chateaubriand y *El Genio del cristianismo*.

Con frecuencia, la capa del crítico agresivo y reparón, género La Harpe, sirve de disfraz a un encomiasta o detractor interesado. A La Harpe es fuerza reconocerle la sinceridad en sus arremetidas y en sus panegíricos. No fue él ciertamente, fueron después los románticos quienes erigieron en doctrina la admiración incondicional. La Harpe, teniéndole por una deidad, corregía a Voltaire, y corrigió a Chateaubriand, ofreciéndose a señalarle los defectos del *Genio*, y dejando las bellezas tan solo, convertirlo en obra perfectísima. Era por naturaleza catador y medidor, experto y contraste, como nuestro injustamente desdeñado Hermosilla. Otro mérito de La Harpe es haber iniciado en su patria ese estilo crítico tan genuinamente francés, que instruye deleitando y que debe no poco al arte. Los amenos y doctos *Cursos* de literatura de La Harpe en el Liceo Marbeuf abrieron estela ya imborrable de enseñanza, de críticas, de folletones, de conferencias públicas. Llámese a esto vulgarización, tintura, lo que se quiera. De todos modos es cultura.

Al morir La Harpe, los críticos son legión. Observemos, sin embargo, que no podremos nombrar a ninguno cuya talla se acerque a la de los Taine y Sainte Beuve. Tampoco encontraremos al escritor de chispazos geniales en estética, al Diderot. La crítica es minuciosa, los críticos medianos, entendidos, hasta sabios y eruditos, pero de vuelo corto, y ni aun susceptibles del pertinaz apasionamiento literario de un La Harpe.

Más que el arte, en realidad, les importa la política, en la cual dejaron superior huella. No se han estrechado las distancias ni borrado los matices, y discuten desde su terreno, así los monárquicos del *Memorial* y *La Cuotidiana*, como los republicanos de la *Década*. El famoso *Journal des Débats*, «que

---

[39] Juan Francisco La Harpe. París, 1739-1803. (N. del A.)

habló cuando todos callaban», poseía brillante personal de redacción, en que descollaban el infatigable Geoffroy, fundador de la crítica dramática, a quien tantos disgustos acarreó la *Zaira*, de Voltaire; censor insistente y duro, acusado hasta de venalidad por sus víctimas; enemigo jurado de la tragedia «filosófica», y, en general, del siglo XVIII; el caballeroso Feletz, que representa en la crítica de entonces el buen tono y la delicada ironía, el clasicismo elegante, y que hasta por su enfermedad de la vista en los últimos años, sufrida con extraordinaria ecuanimidad, me recuerda a Valera; Hoffmann, escritor concienzudo y de independiente criterio, muy acertado en sus críticas de las novelas de Walter Scott, y otras bien cortadas plumas que hicieron del periódico una potencia, hasta el extremo de inquietar al vencedor de Europa. En el *Mercurio* —que contaba a Chateaubriand entre sus colaboradores— escribía Fieveé, muy importante personaje político, ingenio cáustico, a ratos novelista; Michaud, a quien conocemos como historiador, uno de los periodistas monárquicos más activos, y dotado de sutil discernimiento crítico (cuando le leían algo nuevo, era forma de crítica hasta su tos); Fontanes, poeta estimable, que creía (¡error curioso en vísperas de la explosión poética y lírica del Romanticismo!) que todos los versos «estaban hechos ya», y solo confiaba para la renovación literaria en la prosa —siendo su ídolo, en lo pasado, Racine, en lo presente, Chateaubriand—, y objeto de su antipatía y blanco de su malicia, el britanismo y el germanismo de la autora de *Alemania*. De Fontanes, como de Fieveé, puede afirmarse que hubiesen sido más literatos a no absorberles la preocupación política, dominante entonces en lo que parece estrictamente literario. El Emperador se captaba a los escritores, para utilizarles; hasta la Restauración no asoma, en las esferas del poder, noción de respeto a los fines propios del arte y las letras.

La crítica del Imperio estaba, además, vendada, como los Cupidos de las alegorías, pues suponía que la batalla era entre la Enciclopedia y el «espíritu nuevo» religioso, todavía semiclásico en el joven emigrado bretón que representaba la inquietud genial. Feletz proclamaba abiertamente el reinado de la crítica como corolario del orden restablecido y la autoridad consolidada, sin presentir que en la crítica tronaría pronto el anárquico verbo del romanticismo. Declaraba Feletz, en su discurso de entrada en la Academia, que la crítica era «un curso de principios literarios, filosóficos, religiosos y morales», y tenía el cargo de adoctrinar una generación nueva, la cual, durante la tempestad revolucionaria, «había olvidado todo, sin que nada aprendiese». No cabe revelar más claramente la aspiración *social*, pero iban a venir los antisociales románticos.

Contra estas tendencias a la reorganización estética y filosófica, saltando el siglo XVIII, se sostuvo un núcleo que continuaba la tradición de ese siglo, una cohorte refugiada en varios *salones* o tertulias intelectuales, el grupo de los que bautizó el Emperador, a quien molestaban infinito, con el nombre de *ideólogos*. No cabe prescindir, en la historia literaria, de recordar a este grupo, aunque en él escaseasen los literatos propiamente dichos, cuanto abundaban los sabios y los pensadores. Según observa, con su penetración acostumbrada, Brunetière, si el movimiento literario que se inicia va a desenvolverse, no solo fuera, sino contra las tendencias del grupo, la literatura y la estética que han de suceder al romanticismo y prevalecer desde mediados del siglo XIX acá, del grupo arrancan. Los *ideólogos* son precursores de la crítica y la novela experimental, del positivismo y las doctrinas evolucionistas aplicadas al arte.

Del romanticismo eran enemigos natos aquellos rezagados de la Enciclopedia, reunidos en casa de la marquesa de Condorcet y de su hermana la viuda de Cabanis. Partidarios de Voltaire y de Alembert contra la influencia de Rousseau, tan decisivamente romántica, nadie, ni aun los severos censores del *Journal des Débats*, podía mirar con menos indulgencia a *René* y aun a *Corina*. En Chateaubriand les importunaba el neo-cristiano; en la Staël, la exploradora que descubría y ensalzaba una mentalidad tan opuesta a la de Voltaire y su escuela como la mentalidad alemana y anglosajona. Contábanse entre los ideólogos, Saint-Lambert, «espíritu frío, hueco y vano», ya viejo entonces y entregado a los goces de la mesa; el abate Sièyes, temprano impugnador de Rousseau, demoledor profundo, obrero de igualdad, inventor de una razonada teoría de arte social, aquel que bajo el Terror resolvió el problema de *existir*, y que calificaba a Francia «de nación de monos con laringe de cotorras» y a Chateaubriand de «sacamuelas». (Notemos de paso que la impresión producida por Chateaubriand puede servir en aquella época para medir y pesar opiniones. A quien Chateaubriand le parecía un sacamuelas, no podía arrastrarle la corriente romántica.) Otro resuelto impugnador de Chateaubriand, dentro del grupo, fue Guinguené, que le conocía mucho y había platicado con él largo y tendido; en cambio tributó a la Staël plena justicia y la defendió de los brutales ataques que *Delfina* suscitaba.

No olvidemos a Laromiguière; en él encontramos la gran influencia filosófica que domina al grupo, el sensualismo más o menos mitigado, imperante bajo la Revolución. No es Laromiguière, último discípulo de Condillac, el único de los ideólogos que merecería detenido estudio, si aquí cupiese. Laromiguière, profesando y escribiendo, supo desenvolver, corrigiéndolos, los principios de Condillac, de un modo que arrancó a Víctor Cousin el párrafo más entusiasta, acerca del encanto de su estilo y la atractiva lucidez de su explicación. «Muchos, al escucharle, creían que su cerebro se abría a la luz por primera vez».

Y aunque pudiésemos limitarnos a nombrar como de paso a otros ideólogos, a De Gerando el experimentalista, a Garat, a Daunou —secretario póstumo de un siglo—, al mismo Maine de Biran, que pasó por el grupo y después se apartó de él afirmando su propia originalidad, buscándose a sí mismo, ¿cómo resistir al deseo de recordar un instante, al lado de las salientes personalidades intelectuales de Destutt Tracy y Cabanis, una figura literaria no diré que tan eminente, pero tan característica y reveladora como la de Volney?

Adviértase ante todo que Cabanis, procedente de Diderot, es el primero en quien vemos claramente la influencia que sobre el movimiento literario estaba destinado a ejercer el científico; en él madruga esta influencia, por medio de Stendhal, que fue ahijado intelectual suyo y de Destutt Tracy; y obsérvese cómo, merced a esta dirección que prematuramente siguió Stendhal, un escritor contemporáneo de Chateaubriand no parece sino que está vivo y disfruta aquella gloria póstuma y tardía que él se vaticinó a sí propio. Y es caso singular, pues aparte del contacto establecido por el autor de *La Cartuja de Parma* entre el pasado y el porvenir, no hay esferas que parezcan más divergentes que las del arte y la ciencia en la primera mitad del siglo.

Grande amigo y correligionario en filosofía de Cabanis fue, asimismo, Volney, célebre entre los devotos asustadizos y los impíos baratos. ¿Quién no conoce de nombre, aunque no las haya visto, *Las ruinas de Palmira*? Lo que pocos recuerdan ya, si llegaron a enterarse, es que el autor de esa novela fastidiosa, que hace juego con los canapés rematados por cabezas de esfinge, los relojes de sobremesa mitológicos, y cuyas huellas he encontrado hasta en países de abanico —era un lingüista, un cronologista, un orientalista, un sabio, en suma, recriado a la sombra del barón de Holbach y en la tertulia de la esposa de Helvecio—. En sus venas corría, pues, la negación, y dentro de su alma no podían producirse esas efusiones que en otros exégetas también negadores —por ejemplo, un Renan— son el desquite y la victoria del sentimiento y de la poesía religiosa. En la cola del romanticismo cabe Renan, pero entre sus precursores nunca cabría Volney.

Él fue quien inició la serie de los viajes a oriente; precedió en Egipto y Siria a los ejércitos de Bonaparte, en Palestina a los altos personajes románticos, como Lamartine, a los piadosos peregrinos de neo-cristianismo, con espíritu bien diferente; para encontrar, no emociones ni reliquias, sino —como Dupuis, como Destutt Tracy— *el origen de todos los cultos*, y confundirlos en una sola superstición. En sus *Viajes* se advierten la sequedad y la concisión preconizadas por Stendhal; en las *Ruinas*, el estilo enfático del arte *Imperio*..., aunque el Imperio, cuando aparecieron las *Ruinas*, andaba lejos aún. Si Volney viene a cuento aquí, es por lo significativo de su papel, adverso a lo que fermenta en las entrañas de la literatura. Como todo el grupo de los ideólogos, fue Volney decidido impugnador de Rousseau, y uno de los que con más sensatez atacaron sus utopías sobre el estado de naturaleza. También Rousseau sirve de piedra de toque para discernir la repulsión al romanticismo (fenómeno más universal en los espíritus cultos de lo que se creería mirando desde lejos, producido por causas que radican en lo interior de la nacionalidad, la raza y la historia, y que explican lo efímero del triunfo romántico).

Testimonio convincente de lo que afirmo, de esta instintiva repugnancia hacia el romanticismo, aun antes de que le caracterizasen exageraciones y extravagancias que alarman a los cautos y divierten a los zumbones, lo hallaríamos en la opinión de hombre tan competente como Pablo Luis Courier, el célebre *panfletista*. No cabe ser menos admirador de la grey de los escritores *elocuentes* que iba a resucitar con Chateaubriand, que el que decía: «Desde el reinado de Luis XIV no se ha vuelto a escribir en francés... Cualquier mujercilla de entonces sabe más de eso que los Juan Jacobo, los Diderot, los d'Alembert y sus contemporáneos y sucesores. No valen nada, no existen en cuanto hablistas». Ante el inquieto hervor y el fresco germinar de los nuevos ideales; ante la musa de Chateaubriand; ante los versos de Lamartine, Pablo

Luis Courier escribió impávido: «Nuestro siglo carece, no de lectores, sino de autores». «No hay cinco en Europa que sepan el griego, pero hay menos aún que sepan el francés».

A despecho de los que creen que un idioma al llegar a cierto grado de perfección se ha de cuajar en mármol y bronce, y cuando todavía Víctor Hugo no pensaba en lanzar su famosa diatriba contra la aristocracia de las palabras y los privilegios y castas en el lenguaje, alborotaba el cotarro la *Neología* de Mercier, y estaba realizándose la obra desamortizadora del idioma —no sin protestas, escándalo y aflicción de los puristas—. La Revolución, que se atrevió con todo, se atrevió también al lenguaje, introdujo palabras nuevas y crudas y sanguinarias, y entre escorias y barro sembró flores, como, por ejemplo, los nombres de los meses en el calendario republicano. Lo que Mercier y Domergue quisieron realizar de un modo reflexivo y sistemático —romper los moldes clásicos del idioma—, hízolo por instinto genial Chateaubriand. Innovador en algo que va más allá del vocablo y del giro, que llega a lo hondo —innovador porque llevaba en sí la oculta raíz de la transformación, la raíz romántica—. Chateaubriand saltó por cima de leyes y preceptos, gramática y estilo, conveniencias y costumbres, horripilando a los hablistas conservadores. Guinguené, Morellet, Hoffmam, se velaron la faz; Geoffroy exclamaba: «Los vándalos del idioma son los escritores», mientras La Harpe, alarmado, pero subyugado, aplaudía.

Lejos de la liza; sin que se otorgase a su obra ese tributo de curiosidad que suscitan los debates literarios, los hombres de ciencia avanzaban, sin sospechar que su labor envolvía el porvenir del arte. También el movimiento científico revestía desde el Imperio caracteres distintos de los que presentaba en el siglo XVIII. En este, bajo la gloriosa dictadura de Newton, florecieron preferentemente las matemáticas, la geometría, la astronomía; el XIX descendió de los espacios y las abstracciones a lo concreto, lo humano, lo terrestre; prosperaron los estudios que tocan al problema de la vida: química, física, paleontología, geología, fisiología, psiquiatría, biología, antropología, y con el mismo carácter práctico, las ciencias morales y políticas, precursoras del gran movimiento sociológico, entrelazadas aún con la utopía, pero ya tanteando para encontrar el suelo firme de la experiencia. ¿Cómo extrañar que la ciencia propendiese a hacerse de especulativa, práctica y aplicable? Había que bajar de las nubes; los acontecimientos apremiaban; las guerras comenzaban a fundarse en lo científico. Desde la Revolución fue preciso estudiar e inventar para que la nación se defendiese; se inventó el telégrafo aéreo, la aerostación militar, se perfeccionaron los sistemas de fabricación del acero y la pólvora; el cálculo y la geometría se aplicaron a la estrategia y la táctica.

Siempre que consideremos la labor de Francia en cualquier ramo, tenemos que rendir homenaje a este gran pueblo, lamentando doblemente la desorientación que sufre. Más que nunca, si atendemos al impulso y desenvolvimiento brillante de su actividad científica, antes estimulada que contrariada, al parecer, por tantos trastornos y vicisitudes políticas y sociales. Los nombres que solemos repetir los extranjeros y que juzgamos influyentes son los literarios, olvidando a la falange científica, cuyo ascendiente sufrimos, sin embargo, cuyos beneficios disfrutamos, cuya acción es decisiva hasta para los artistas y pensadores. Laplace y su *sistema del mundo*; Gay Lussac, aislando los cuerpos simples; Larrey, con sus aplicaciones del galvanismo; Bichat, ahondando la histología; los atrevidos exploradores de África, América y Oceanía; los Bory de Saint-Vincent; los Levaillant —para no citar a los utilísimos secundarios-; los Lacepède, Lamarck, Geoffro y Saint-Hilaire, Cuvier... Quien trate de explicarse cómo, a pesar de bien probadas semejanzas y afinidades etnográficas y psíquicas, nos hemos quedado tan atrás de Francia, analice el movimiento científico, más aún que el artístico y literario. Una generación de sabios no brota sino en suelo preparado, cultivadísimo.

La ciencia se aprestaba a invadir, ya directamente, los dominios del arte. La erudición histórica, la historia literaria, hermana de la crítica, desamortizada y arrancada de la pacífica celda de los benedictinos, se difundía en las cátedras, en el libro y hasta en la prensa; las *Revistas* no tardarían en ser institución. Abrían ya los estudios de orientalismo y egiptología vastos horizontes; se revelaban el sánscrito, la escritura jeroglífica, los poemas indios; se estudiaba la Edad Media, las fuentes poéticas, los orígenes del idioma, su verde frondosidad de selva gala. La imaginación recibe a la vez freno y acicate. Nadie calcula que la fuerza de estas corrientes arrastrará al siglo entero y subyugará a la estética también, y que concepciones enteras del arte, sistemas de crítica acerados y vigorosos, Balzac, Flaubert, Taine, el naturalismo, los parnasianos, procederán, no ya de la emoción lírica, sino de la dirección científica.

XI

La crítica. Flaqueza de la crítica romántica. Sus límites. La resistencia del clasicismo. Los críticos clásicos. Razón de la pronta caída del romanticismo

A principios del siglo XIX apenas asoma la crítica romántica, y en 1820 empieza a surgir con sentido de oposición al clasicismo tradicional; la pugna de estas dos tendencias se prolonga durante la transición, que, en muchos de sus aspectos, fue un regreso parcial al clasicismo.

Dijimos, y hay que insistir en ello, que el romanticismo no se inscribió precisamente en contra del movimiento científico, pero se mantuvo extraño a él. Ambas direcciones del siglo se desarrollaron con independencia. Para que la literatura refleje las doctrinas positivas, tendrá que venir el realismo de Balzac, y para que adopte esas mismas doctrinas por bandera, el naturalismo. Stendhal, empapado de la filosofía de Condillac, es, como a su tiempo veremos, una excepción, un precursor tan temprano, que ni se le escuchó, ni él mismo se preocupó de ser comprendido.

Cierto que el romanticismo de escuela incluyó en su programa leyes que más tarde el naturalismo hizo suyas; identificación del arte con la vida, exactitud en el color local y en la pintura de los medios, indiferencia de los géneros, o sea *nominalismo* literario, la estética de la fealdad, el derecho a la reproducción artística de lo más vil y deforme, la exhibición al sol de los andrajos de todas las miserias, la teoría democrática en la elección de personajes y asuntos. Pero ni la verdad, ni la vida, ni el color local, ni el popularismo de los románticos, se asemejaban a lo que después se practicó, y si ya de Voltaire en *Zaira* y de Racine en *Bayaceto* pudo afirmarse que buscaban el color local a su manera, y si se dijese que no acertaron con él, tampoco creo que *Hernani* o *Ángelo* sean modelos en este particular.

En cuanto doctrina, el romanticismo se distingue, como sabemos, por la afirmación individualista, y la consiguiente reclamación de libertad anárquica. De aquí nació su brío y su decadencia también, y la rápida disolución de sus elementos; pero lo que más contribuyó a derrotarla insurrección romántica, fue la crítica.

Como veremos, la flor y nata de la crítica francesa, de 1820 a 1850, forma en las filas del clasicismo, o de ese romanticismo mitigado, objetivo, *girondino*, que huye de las exageraciones y de las montañas; y cuando críticos de la altura y sagacidad de un Sainte Beuve se alistan en la escuela, no tardan en pasarse al enemigo.

Para la mayoría, la revolución se afirmó con episodios ruidosos, como el estreno de *Hernani*, o fantasías de artistas como las visitas de los concurrentes al Cenáculo a las torres de Nuestra Señora, bañadas por la luz de la luna que se cierne en el espacio, según dijo burlonamente Musset, cual un punto sobre una I. La exterioridad recargada y excéntrica de la escuela quizás haya sido lo que la popularizó, al través de un baño de ridiculez y caricatura. La tizona, el chambergo emplumado, la funérea palidez, las mujeres sublimes e incomprendidas, los amantes que entran por la ventana, eso entendieron los alarmados burgueses y filisteos que era el romanticismo, y todavía se representan en España piececillas satirizando ese romanticismo peculiar, emancipación, no siempre sincera, de la imaginación y del sentimiento. Aun hoy, el sentido más general que se da al adjetivo romántico (aunque no lo consigne nuestro deficientísimo *Diccionario de la lengua*), es el de un modo de ser en que las nociones de lo real están sometidas a los estímulos desarreglados de la fantasía.

Sin embargo, y aunque en la esencia del romanticismo haya algo que pugna con el concepto esencial de la crítica, una crítica posee el romanticismo; y en ella hemos de considerar dos aspectos: la exposición y defensa de las teorías propias, y la impugnación de las tradiciones y principios clásicos. Tal vez pudieran reducirse a uno solo. La afirmación del romanticismo, como escuela literaria, fue generalmente la impugnación del clasicismo, y, sobrio en formular programa propio, abundó el romanticismo en el ataque al promulgado por Boileau.

El clasicismo tenía en su favor dos cosas: representaba las más gloriosas tradiciones francesas, y era en sus principios y prescripciones expresión típica del genio nacional. No siempre la literatura reviste este carácter: según ha ocurrido en Francia en los últimos cien años, puede desviarse de sus cauces la corriente literaria; ni faltan países, como España, en que los *clásicos* por excelencia son románticos, cuando no realistas.

Al ser clásica la literatura francesa por sus cualidades de orden, mesura, arte en la composición y elegancia en la expresión, lo fue también por su instinto social. Más que para sí mismos, los clásicos escribieron para la cultura general de una época, de un reinado. Por algún tiempo se desvían de esta senda los románticos, pero volverán a ella, como a pesar suyo, porque el público de lectores que pudieron conquistar por sorpresa, les abandonaría si continuasen escribiendo para sí mismos tan solo —como ha abandonado a los decadentistas y simbolistas, retoño romántico legítimo—.

Era, pues, el clasicismo más fuerte que el romanticismo en el terreno de la crítica, donde hay que reflexionar, pesar, medir, analizar, justificar las afirmaciones; donde, en suma, es indispensable apoyarse, para no caer, en el balancín de la razón. Y en semejante terreno, aun en las horas de estrepitosa victoria del romanticismo, no fue el clasicismo desalojado de sus posiciones. El romanticismo presentaba obras discutibles, geniales algunas de ellas; el clasicismo conservaba la supremacía en juzgar y en educar y corregir el gusto.

Recordando las condiciones del género, no debe sorprender que el número de los críticos efectivamente románticos sea tan escaso, y que la crítica romántica parezca negación, ironía, proclama revolucionaria, nunca examen. En el agitado período de 1820 a 1830, los autores se hacen críticos improvisados para defender sus obras y barrer lo que les estorba y les cierra el paso; lo más significativo de este momento son los manifiestos y programas literarios, que hallaron modelo y tipo en el prefacio de *Cromwell*.

Víctor Hugo no fue romántico siempre. En la etapa legitimista de su poesía, sufrió la influencia del clasicismo. Su papel de innovador empieza a desempeñarlo cuando toma la escena por campo de batalla. Y en Hugo, como en la mayor parte de sus correligionarios, el fondo de ideas estéticas procede de la Staël, aunque no siguiese fielmente a la maestra el autor de *Hernani*. Ni de su propio credo fue esclavo Hugo, y nadie ignora, si ha leído los primorosos estudios de Morel Fatio, con cuánto desenfado trató a esa exactitud histórica y a ese color local que tanto encarecía. Más adelante le veremos, próximo ya a su período apocalíptico, lanzar una concepción de carácter eminentemente personal: el poeta considerado como vidente, profeta y guía de las naciones, los pueblos y las razas. Si hay un temperamento anticrítico, es el de Hugo, y si existe una negación total de la crítica, es el desatado ditirambo a propósito de Shakespeare, que encuentro en uno de los poemas más justamente olvidados de su autor: *El asno*. «Pedantes, no encerréis vivos en vuestras jaulillas a las águilas y a los gritos. ¿Creéis que el vuelo genial se mide por vuestro metro, y que os ha de consultar el pensador a vosotros, bedeles literarios, abates del buen gusto?».

Esta invectiva contra los que se atreven a tasar la admiración, a intentar discernir lo bello, forma la base de la crítica (si así puede llamarse), de Víctor Hugo. En efecto, pretendía colocarse fuera y por encima de la opinión de los expertos más duchos; y la idea de otorgar al poeta un papel social semejante al de Lino, Orfeo y Zoroastro (en el siglo XIX, en la Francia volteriana y escéptica), era una forma de su aspiración persistente a encaramarse al peñasco-pedestal. Si se le atreve algún crítico, le califica —y lo hizo a menudo— de pigmeo, Zoilo y otras lindezas.

Aparte de este sueño de intangibilidad, que, nótese, en parte se realizó, no pudiéndose en Francia ni en España misma censurar a Hugo; el poeta enunció, en el terreno de la literatura dramática, varios principios románticos, código del anticlasicismo. El color local, la exactitud histórica, procedían de Walter Scott; y Víctor Hugo, a estos preceptos se ajustó mal. En cambio es el iniciador de la mezcla de lo trágico y lo cómico, de la estética de la fealdad, y el rehabilitador de las criaturas repugnantes, el que ama a la araña y a la ortiga, porque todos las aborrecen. Su sistema salta del ángel al monstruo y a veces descubre en el monstruo el ángel. Las aplicaciones de esta teoría son numerosas en sus creaciones. En ella podemos decir que se sustenta el artificio de su retórica.

El dogma de su crítica es la admiración, sin restricciones; lo que se ha llamado la crítica extática. Quien examine a un poeta, no puede menos de ser un mal intencionado o un ser bajo y mezquino; ante las obras maestras, lo único que cabe es arrodillarse. No vale observar que, para averiguar si la obra es maestra, se requiere examinarla, pues del examen saldrá la comparación y de esta la aprobación, si ha lugar. No; solo es lícita la admiración fulminante, trémula, que se postra.

La parte negativa de la crítica romántica iba contra Boileau, las unidades y las reglas, que atacó el romanticismo, porque su teatro las infringía. De un hecho tumultuoso, como el motín romántico, no podía nacer una crítica depurada, persuasiva, fuerte. Los más adictos al hierofante, los que, y vaya para ejemplo Teófilo Gautier, satirizaban a la tragedia, exclamando «honrada nación francesa, ¡qué heroísmo el tuyo ante el aburrimiento!» —ya en el terreno de los principios estéticos, los profesaron diametralmente opuestos a los de Hugo—. Gautier, cuyo principal servicio al Cenáculo fue el consabido chaleco rojo de la noche del estreno, se reía de los melenudos con pagana risa.

En efecto, en los primeros tiempos militantes de la escuela, vemos que su propaganda es, como hoy se diría, por el hecho, no por la discusión más o menos ordenada. El Cenáculo, que se reúne en casa de Víctor Hugo, es una leva de artistas independientes, atraídos por el olor de la pólvora. Como ha sucedido en épocas recientes en España, las ideas literarias se comedían por la edad y acaso por el cabello; los románticos eran jóvenes. Allí se congregaban los Petrus Borel, de melena frondosa e inculta, mofadores de la calvicie clásica; escultores, dibujantes, pintores y poetas, y también vagos de oficio, que no habían dado pincelada ni escrito renglón. Al leer el anuncio de una tragedia de Racine, despreciativamente se encogen de hombros, y cuando no tienen qué hacer, que es a menudo, inventan diabluras, piden rizos de pelo a los porteros en nombre de princesas enamoradas, desahogan la savia y el buen humor de la mocedad. Todo ello, desde el punto de vista crítico, se comprende que reviste muy escasa importancia.

Sin embargo, ni a la crítica —o lo que fuere— de Víctor Hugo, se le puede negar energía excitadora, ni se ha de medir la transcendencia estética del romanticismo por la índole de su crítica en momentos dados, pues la crítica misma, en su brillante desenvolvimiento y en sus tendencias de arte, debe a aquel gran fenómeno auroral vivificantes elementos.

Impregnadas están de romanticismo tantas poderosas inteligencias, los Fauriel, los Sismonde de Sismondi, los Ozanam, los Rémusat, la misma trinidad de Villemain, Guizot y Cousin, aunque su campaña sea clásica —que es frecuente este dualismo—. Sin verdadero cuerpo de doctrina, poseyó el romanticismo una fuerza expansiva incomparable.

No falta quien cuente entre los críticos románticos a Carlos Nodier. El género de talento de este escritor tan vario, tan epidérmico, tan patrañero, tan solicitado en las direcciones más diversas, tan abigarrado en su personalidad, no permite ver en él sino a un simpatizador o más bien jaleador del romanticismo, a uno de esos entusiastas fáciles que animan y aplauden a todo principiante y a todo adepto, y, mediante una benevolencia sin valor, por prodigada, conquistan a su vez el elogio de sus contemporáneos, que trueca en olvido la generación siguiente. En cuanto a Julio Janin, mucho más moderno que Nodier, es un delicioso cronista, un artístico tejedor de aire; y aun cuando se le cuenta entre los guerrilleros románticos, la verdad es que no tuvo criterio fijo; sus críticas reflejaban impresiones poco profundas y nunca sistemáticas. Hizo campañas en pro del teatro romántico, pero los absurdos de la fórmula no se le ocultaban. Su mayor hazaña en defensa de la escuela fue la contestación al célebre manifiesto de Nisard contra la «literatura fácil».

Vigny escribió poco que pueda llamarse crítica, y, como sucede a los románticos de acción, su crítica fue exposición de sus obras. Abogaba por la poesía filosófica, que, excepto él, contados poetas escribieron. Algo análogo puede decirse de Lamartine, que al dar un toque crítico, se limitó a exponer las principales cualidades y excelencias de su obra poética. Igual que Víctor Hugo, Lamartine fue partidario de la crítica admirativa, y en su *Curso familiar de literatura* abundan pasajes análogos a este, referente a la Staël: «La vi pasar como un relámpago. Era la gloria lo que pasaba». El fondo de la estética de Lamartine es el entusiasmo y la inspiración, fuentes de la poesía; fecundo lugar común, que tanto ha cundido, y que volvemos a encontrar con disfraz científico en las teorías de Lombroso sobre el genio.

A Musset hay que contarle en el número de los grandes románticos que ni en la práctica ni en la teoría se dejaron contaminar por lo que la escuela tenía de exagerado y deleznable. El sentimiento, la fantasía en la labor, la ironía en la apreciación de un movimiento, que sin embargo le arrastraba, situaron a Musset al abrigo de los peligros de la escuela. No escribió Musset, a decir verdad, dos renglones que aspiren al dictado de crítica, tal cual suele entenderse la palabra; pero su prosa, en las ya citadas *Cartas de Duguis y Cotonet*, y muchos de sus versos, son donosa burla y parodia del romanticismo descabellado y cerebral. No cifró, como Lamartine, la poesía en la inspiración y el entusiasmo, el antiguo furor apolíneo; la cifró en la sinceridad del sentimiento, en lo hondo del sufrir, en algo real y humano. Por solo este concepto, la idea de Musset es superior a la de Hugo y Lamartine.

En el primer período romántico, libraron batallas, si no de crítica propiamente dicha, de polémica literaria, escritores que después sacudieron el yugo y anunciaron otras escuelas. Tal fue el caso de Teófilo Gautier, como sabemos; tal el de Stendhal y el de Sainte Beuve. Stendhal, que era enemigo de los clásicos, pero censor durísimo de los semidioses de la escuela, Hugo, Lamartine, Chateaubriand, a quienes ponía como chupa de dómine, identificó, en su estudió sobre *Racine* y *Shakespeare*, al romanticismo con la novedad: teoría que mucho después desarrolló Emilio Deschanel al sentar en su libro *El romanticismo de los clásicos*, que todo autor clásico actualmente empezó por ser revolucionario en su tiempo, y que los clásicos de hoy no son sino los románticos de ayer.

No decía esto precisamente Stendhal, pero no puede entenderse de otro modo su afirmación de que el romanticismo es el arte de presentar a los pueblos las obras literarias que, en el estado actual de sus costumbres y creencias, les procuren mayor placer. La definición es incompletísima y acaso cambia los términos, pues si es cierto que el estado social y moral de los pueblos influye tanto en la producción literaria y que una literatura es siempre una expresión social y nacional, este fenómeno se produce indirectamente, sin propósito definido en los escritores. Además, el romanticismo no procuraba placer: conmovía, alborotaba, perturbaba, hacía soñar, pero no agradaba a todos, ni mucho menos. Lo que puede parecer profundo en la máxima de Stendhal es la idea de la relación de la literatura con el medio ambiente, que más tarde desarrolla Taine. Ciertamente, Stendhal no se ha limitado a presentirla, sino que la ha formulado y aun practicado.

Una de las regiones fértiles de la estética del romanticismo, no agotada ni yerma todavía, es la descubierta por Fauriel, Sismondi y Raynouard. Discípulos y amigos de la Staël, penetrados del sentimiento alemán, al ahondar en la erudición encontraron las fuentes populares. La importancia del hallazgo, en cierto respecto, es inmensa; en otros puede haberse exagerado; sin duda la abultaron los que, como Carlos Nodier, consideraban que Homero era inferior a Perrault. Para Fauriel no existían los siglos de oro, no era advenido el clasicismo. El manantial de toda belleza no artificiosa estaba en la Edad Media, en la gesta, el apólogo y el misterio, en los cruzados, en los trovadores, en Dante, en Lope de Vega. Su apología de la literatura provenzal es uno de los fundamentos, y quizá el más sólido, de ese movimiento europeo que en Francia se llamó felibrismo y en España catalanismo y regionalismo literario. La ocurrencia, como tantas otras, pertenecía a la autora de *Alemania*; las «voces de los pueblos» querían resonar por todas partes, y el falso Osián, y la admiración de los Schlegel hacia nuestro *Romancero*, y el regionalismo escocés de Walter Scott, concurrieron al mismo fin. Era, sin embargo, el destino de estas resurrecciones no poder prescindir (restaurando, ensalzando, desentrañando lo popular) del elemento culto; los poetas regionales (excepto casos como el del gaucho Martín Fierro), han solido ser gente que sabe leer y escribir y ha seguido carrera.

Magnin y Vitet, románticos mitigados, pertenecen al número de los que eslabonaron al romanticismo con su al parecer irreconciliable adversaria la tradición *gauloise*. Vitet es más crítico de arte que de literatura, y, como nuestro Quadrado, dio a su romanticismo forma arqueológica; le deben su conservación no pocas reliquias del pasado, bellos ejemplares de arquitectura. Este amoroso estudio y sentimiento del ayer es nota característica del romanticismo; se enlaza con la imitación de Walter Scott, y su obra capital es *Nuestra Señora de París*.

Carlos de Rémusat, otro estaelista, es también de los románticos juiciosos; erudito, filósofo, doctrinario, le asiste la templanza de la sabiduría. Su campaña en favor de la transformación del teatro y contra la tragedia clásica, nos le muestra ansioso de que aparezca el genio, «la imaginación independiente y fecunda, a quien obstáculos, opiniones y costumbres no podrán detener». Pero el pensador que existía en Rémusat corrige ya su propia doctrina al aconsejar a la juventud: «No os empeñéis en perseguir un no sé qué más vasto y alto que vosotros mismos o que vuestra época; y si porfiáis en correr tras algo grande, al menos enteraos *de lo que es*». Rémusat denunciaba así el defecto más saliente de la escuela, el vacío de las vaguedades declamatorias, que tanto exaltan los nervios de un crítico intelectual.

Sismonde de Sismondi tuvo un papel señalado en la crítica romántica, y pudiéramos asimilarlo al de Fauriel; fue el de transportar del Norte al Sur la tradición romántica, con su *Historia de las literaturas del Mediodía de Europa*. Tempranamente, bajo el Imperio, Sismonde reconoce los gérmenes románticos fuera de las brumas y las nieves en que se les creyó nacidos.

Como se ve, el romanticismo de escuela, de actualidad, de motín, no encontró verdaderos defensores, pues no lo fueron en rigor los discípulos de la Staël, y no son paladines temibles, en el terreno de la crítica, los autores que defienden causa y obras propias. Hay que hacer una excepción con Sainte Beuve, que, en su primera época, se erigió en defensor declarado del romanticismo, en cuyas filas militaba. Y este defensor pudiera valer por mil, pero desgraciadamente para la escuela, este defensor veía tan claro, que no podía menos de contradecirse.

No eran las incertidumbres y las contemporizaciones de Villemain, que no se atrevía jamás a llevarle abiertamente la contraria al público, y, al juzgar a los vivos, ponía sordina a su estilo, ya de suyo sinuoso en medio de su elegancia, y echaba mano de circunloquios y eufemismos, para no desentonar. Distinto es el modo de ser de Sainte Beuve; lo que le cohíbe, en sus campañas a favor de la escuela romántica, es la propia sagacidad, esa naturaleza de crítico que poseyó acaso como ningún otro hombre.

Sin género de duda, la aparición de la escuela romántica ejerció sobre Sainte Beuve una fascinación juvenil. Su vocación literaria la determinó la aparición de las *Odas y Baladas* de Víctor Hugo. Con el instinto del erudito —aunque entonces no lo fuese por completo Sainte Beuve— de enlazar las épocas literarias; con propósito de que el romanticismo tuviese su genealogía nacional, escribió el *Cuadro histórico y crítico de la Poesía y del Teatro francés en el siglo XVI*, en el cual estudia la aparición de la *Pléyade*. Equivocándose, o aparentándolo, Sainte Beuve vio en la *Pléyade*, de la cual procede el clasicismo, pronto transformado y reprimido por Malherbe, los gérmenes románticos, como más tarde en la famosa *Disputa entre antiguos y modernos*. Algunos años permanece Sainte Beuve en las filas románticas, pero siempre se le encuentra muy dispuesto a notar los defectos, los amaneramientos, los resabios de la escuela; lo ficticio, la jerga, el énfasis, los abusos de lenguaje y de imágenes que comete Víctor Hugo; su falta de buen gusto, su gongorismo. Abundando en el sentido de Rémusat, advertía que en lo gigantesco, desmesurado y desproporcionado estaba el peligro de la doctrina. Ya veremos en el siguiente tomo al prudente y sensato consejero de los románticos, historiando la desorganización de la escuela y el licenciamiento de sus huestes.

En cambio, a falta de críticos que concienzudamente expusiesen el sistema y propugnasen sus innovaciones, tuvo la escuela romántica un buen baluarte en la prensa diaria, en esa crítica ligera y mordaz que combate en la vanguardia, molestando al enemigo. No se descuidaron los del Cenáculo en fundar periódicos, que, como la famosa *Musa francesa*, eran tribunas. En sentido favorable al romanticismo estaban *La Minerva* y *Al Globo*. La prensa, con su instinto de adherirse y fomentar lo que mete bulla, era más bien anticlásica.

Y mientras los románticos triunfan, ¿qué hacen los clásicos, cuál es su actitud?

Por lo pronto, aceptan la batalla. La crítica, realmente, era clásica entonces, y entre los críticos figuraban los escritores más entendidos, de mayor autoridad y peso, la gente seria; caso notado siempre que asoma una nueva escuela literaria. Contra el romanticismo estaban Feletz, Baour Lormian, Viennet, Lemercier, Cuvillier Fleury, Gustavo Planche, Hoffmann, Villemain, Nisard, muchos de ellos verdaderos críticos profesionales, todos armados con esa coraza del buen sentido y el buen gusto, el más francés de los arneses. La crítica, en conjunto, tenía que poner la proa al romanticismo, o al menos hacer un cúmulo de restricciones que equivaliesen a negarlo. Y, sin embargo —curioso fenómeno observado por Emilio Faguet—, en todo este período en que lucha contra el romanticismo el clasicismo, no despunta autor clásico alguno. Los que no pertenecen al romanticismo, no son clásicos tampoco, a menos que consideremos cualidades clásicas el buen gusto de Mérimée y su concisión, o la sobriedad y naturalidad de Béranger. Lucharon, pues, los críticos clásicos por un sepulcro vacío, el de la tragedia; pero, al hacerlo, restablecieron los fueros de la verdad, del aticismo y de la más elemental sensatez, y dejaron expedita la senda del realismo.

Fue Gustavo Planche uno de los que mejor plantearon la cuestión principalmente debatida en el terreno técnico: la lucha del teatro romántico y el clásico, de Shakespeare y Sófocles. Sin duda que el teatro romántico, el de Hugo y Dumas (y tampoco el del precursor Lemercier) no se asemeja mucho al de Shakespeare, humano y eterno. Los románticos no creaban caracteres, sino abstracciones y contrastes, y las heroínas de Racine, Andrómaca y Rojana, y no digamos Fedra, eran cien veces más reales que doña Sol y María Tudor. Pero la cuestión había sido equivocadamente enunciada, y los románticos tomaban por patrón al gran Guillermo, que no se les parecía. Gustavo Planche sostenía que el teatro debe ante todo fundarse en la realidad humana, y el derecho a interpretar la historia no es el de disfrazarla de carnaval. Y, consecuente en sus opiniones, al otro día del estreno de *María Tudor*, escribía que «se acabó, que el arte se iba». Al mismo tiempo, reconocía la insuficiencia de la tragedia del siglo XVII, y reprobaba la incondicional admiración que la rodeaba de una aureola y la oponía a las tentativas del arte contemporáneo, como infranqueable muralla. En suma, era Planche un partidario de lo posible, de lo que guarda el porvenir; creía que lo pasado, por grande, por respetable que sea, no debe atravesarse ante lo futuro, cuyo contenido ignoramos.

No deja de ser gracioso que este severo censor de los románticos fuese también el que se batió, no con la pluma, sino con la espada, por defender a Jorge Sand y a *Lelia*. Tuvo, pues, su época romántica exaltada, según indica este detalle, y sufrió la misma natural evolución que Sainte Beuve. Demostró (como el insigne cronista de *Los lunes*) que teniendo temperamento de verdadero crítico, no se podía pertenecer a la nueva escuela, o al menos la etapa sería corta.

Planche realizó un tipo que ha sido parodiado y falsificado hasta en España: el del crítico incorruptible, inflexible, que no conoce amigos ni recomendaciones, que no se deja influir por nadie y se crea enemigos con fruición y tenacidad. Todo el que en pequeña o grande escala ha ejercitado la crítica, quiero decir la militante, la que se ejerce sobre autores vivos, sabe adónde arrastran la cólera y el amor propio ofendido y a qué venganzas corsas se expone; pero si el censurar a Víctor Hugo todavía era peligroso en España hacia el año 90, después de la muerte del gran poeta, ¿qué sería atacarle en París en plena consagración, en plena apoteosis?

Y no se limitó Planche a Víctor Hugo, cuyos defectos son de los que saltan a los ojos; todas las altas reputaciones fueron cribadas en su harnero; Lamennais, Lamartine, Balzac, sufrieron su lima. Planche no pertenecía al número de los críticos comprensivos, que descubren a veces en un autor méritos que no descubriría el mismo demonio; era lo opuesto: su juicio severo, fundado y exigente, unido a sus muchos conocimientos, a la seguridad de su golpe de vista, hacen que aún hoy leamos con agrado su crítica, no como se lee la de un Sainte Beuve, pero acaso —esto es un matiz, una cosa sutil que escapa al análisis— *con mayor confianza moral*. En Planche no hay la amenidad, la sugestión del autor de *Port Royal*; tampoco hay perfidia ni arañazo gatuno. Planche puede equivocarse, nunca a sabiendas: modelo de críticos independientes, penetrados de la dignidad de su misión, adquiere autoridad. Atacado, injuriado, insultado diariamente, con insultos que no ofendían solo a su capacidad, sino a su rectitud, a su honor, Planche, ya rendido y exánime, llegó a exclamar un día: «Esto de censurarlo todo, parece cosa de un demente, y yo nunca debí dar mi parecer sobre nada, pues me he creado terribles odios». No era cierto, sin embargo, que lo censurase todo Planche, ni cabe tal censura sistemática en hombre que juzga y piensa. Sus mayores severidades fueron para Víctor Hugo, y no hay que extrañarlo. Recordemos lo escrito por Valera, que conocía bien la labor crítica de Planche acerca de los enormes, monstruosos defectos de Hugo, y no olvidemos cuánto sublevan, a quien tiene la pasión de la justicia estética, los endiosamientos. La protesta es más fuerte cuando se ve que una reputación se agiganta merced a la política y que las pasiones de la ignara muchedumbre logran lo que no el talento y la perfección artística. Y no es menos irritante la pretensión (muy antigua en Víctor Hugo, pues la encontramos ya en su libro *Miscelánea literaria y filosófica*, donde figuran bastantes de sus primeros escritos y cuyo prólogo está fechado en 1834) de la magia del poeta, que saca del caos un mundo.

Tales absurdos explican lo que se ha llamado «el ladrido de Planche». Dos cosas son innegables: a veces la belleza, sobre todo la belleza poética, no puede sentirse con solo la ayuda de la razón ni aun del buen gusto, y hay en la poesía, sin duda, algo de inefable; y, por otra parte, cuando la belleza poética se adorna con tanto similor y lentejuelas, tanto barroquismo como en Víctor Hugo, quizás la ironía es mejor forma de crítica que el ladrar desesperadamente. Pero cada cual escribe según su manera de ser, y la de Planche era sincera y ruda.

Incluido entre los críticos clásicos por su guerra al teatro romántico, no hizo Planche, sin embargo, profesión de fe. Recordemos que fiaba más en el porvenir que en el pasado. Uno de sus principios fue tan fecundo, que el realismo no se ha apartado un ápice de él. Consistía en «regresar a Francia». Nótese que el romanticismo se trasladó a los países de ensueño, como las Italias y Españas inventadas, o las brumas del Norte. Regresando a Francia, se va hacia Balzac y Flaubert.

El papel del crítico que erige el clasicismo en sistema y lo preconiza como criterio estético seguro, correspondió a Nisard. Planche, ya lo hemos dicho, no intentó contrastar la invasión romántica por medio del ejemplo de los siglos de oro, durante los cuales la lengua y la literatura habían llegado a suma perfección. Planche creía en lo venidero, mientras Nisard volvía a la tradición gloriosa. La tarea de Nisard era más fácil y segura. Desde un principio se profesó clásico, diferenciándose en esto de los que, como Sainte Beuve o Lemercier, militaron en las filas del romanticismo, no ya solo como críticos, sino como autores. El cuerpo de doctrina de los clásicos, las enseñanzas de Boileau, fueron su credo, y la exageración del clasicismo pareció mayor en él, por lo especial de las circunstancias. No dejó de valerle esta tarea enemigos y detractores, y fue acusado de pedante, de espíritu limitado y estrecho, con orejeras. Más adelante, cuando ya el romanticismo era un recuerdo y solo conservaba apariencia vital por la supervivencia de algunos de sus jefes, todavía la atmósfera creada mediante estas invectivas valió a Nisard manifestaciones de desagrado y hasta cencerradas de estudiantes. No dejó de andar en ello también el sectarismo político, aunque Nisard no tomase en política parte activa. Es que se había infiltrado en las masas semi intelectuales la afirmación tendenciosa de Víctor Hugo, de que el romanticismo era el liberalismo en literatura, y los enemigos de los románticos, sobre todo de aquel eterno pontífice que, en medio de la desorganización de la escuela, permanecía en pie, y más que en pie, en el ara, eran tenidos por reaccionarios, por opuestos al progreso y a la luz. Nisard pagó la pena de haber sido fogoso republicano en sus tiempos, íntimo amigo de Armando Carrel, y haber abandonado este género de luchas por la palmeta crítica contra el «liberalismo literario». De tal manera se creó a Nisard una reputación de dómine y a sus escritos de soporíferos, que fue para mí una sorpresa, la primera vez que leí sus obras, encontrar en ellas, si no el complicado y capcioso atractivo de Sainte Beuve, un estilo excelente, un juicio claro y seguro, una comprensión suficiente de la belleza, en suma, las cualidades que le ha reconocido la pluma de Sainte Beuve mismo, saludando en él a un maestro y a un sabio. Sin suscribir en mucha parte a sus principios y a sus juicios, incluí la lectura de Nisard entre las que dejan sedimento mental, enseñándonos a discernir, a pensar, y a depurar lo pensado.

Y en cuanto a que sean insípidas y monótonas las obras de Nisard, no se concibe tal afirmación ante páginas como el *Manifiesto contra la Literatura fácil*, que encierra trozos dignos de imprimirse en letras doradas, y que nada ha perdido de su actualidad, a pesar de su fecha.

No ha perdido nada de su actualidad esa diatriba contundente y labrada a martillo, porque en puridad, más que al romanticismo, ataca a desbordamientos literarios que, periódicamente, como las crecidas del Nilo, se presentarán en las sucesivas etapas que recorra la literatura francesa. El mismo cuadro con tan gráficos rasgos trazado por Nisard; los propios síntomas recogidos con exactitud e ingenio, se registrarán cuando decline la literatura realista y naturalista, y cuando el simbolismo y el decadentismo se ahoguen entre una sobreproducción que lleva su marca. La retórica será diferente; a las miradas profundas, las puras frentes, los verdugos rojos y las iglesias enlutadas y subterráneas sucederán las descripciones interminables de escenas burdas, y más tarde las princesas liliales y los asfódelos; pero siempre será la misma inundación de libros, escritos, como admirablemente ha dicho Nisard, al acaso, sobre lo primero que ocurre, sin estudio, ni aplicación ni vigilias, ni arte; con una pluma que todo lo acepta, que de todo se sirve, que no tamiza las impresiones, que toda se vuelve relámpagos, serpenteos; cometas sin cola, cohetes que no estallan —el perpetuo aborto que caracteriza a las decadencias de las fórmulas—. Porque, y no es el mérito menor del brillante artículo a que me refiero, Nisard ve muy bien en él que el romanticismo se disuelve irremisiblemente, y lo dice con sumo ingenio, explicando que la literatura de moda en provincia, es la pasada de moda en París. Cuando Dupuis y Cotonet se enteran, los parisienses se han hartado. El llamamiento de Nisard a las personas honradas también es un anuncio de lo que va a surgir durante la transición: el drama y la novela moralizadores.

Al hablar de los *Poetas latinos de la decadencia*, Nisard expuso ya, dentro del asunto, sus preferencias literarias, y no desperdició la ocasión de aludir a Víctor Hugo bajo el nombre de Lucano, el poeta español —no olvidemos que Hugo tenía pretensiones de españolizante, y que hispánicos son algunos de sus amaneramientos—. La *Historia de la literatura francesa* de Nisard, es obra de madurez; responde al mismo sistema de presentar como punto culminante de la gloria literaria de Francia, los siglos de oro en que brillaron Bossuet y La

Bruyère, Molière y Montesquieu, Voltaire y Le Sage. Al sistematizar el clasicismo, al identificarlo con el idioma y el genio propio de la nación francesa, al hacerlo emblema de lo duradero y de lo bello en armonía con las leyes de la razón, de la utilidad social y del buen gusto, Nisard continuaba su empresa de excluir al romanticismo de entre las direcciones legítimas en la historia de su país.

Por lo mismo que esta obra de Nisard es toda ella, indirectamente, reprobación de las nuevas tendencias, creyó oportuno suspenderla al llegar a Chateaubriand. Dio por motivo la falibilidad de los juicios sobre autores contemporáneos, que la posteridad no ratifica. Y, con notorio acierto, añade que, en la edad presente, otro motivo de engaño es la política, las complacencias y las injusticias del espíritu de partido. Tempranamente señala esta causa de error, y claro es que al escribir así, pensaba en Víctor Hugo, lo mismo que al decir: «La sagacidad de los críticos malévolos se debe a la prodigiosa ilusión de los admiradores».

En lo que Nisard presta muy señalado servicio, dándonos hecho el trabajo, es al definir las cuatro clases de crítica que existieron en su época. Para él, la critica literaria es como una parte esencial y nueva de la historia general. Los acontecimientos son las revoluciones del espíritu, los cambios del gusto, las obras maestras; los héroes, los escritores. El historiador debe mostrar la recíproca influencia de las letras y la sociedad. En esta primera forma, Villemain es el maestro. La otra es a la primera lo que las memorias a la historia: se complace en los retratos, busca antes la diversidad individual que la ley general. No es posible clasificar más felizmente a Sainte Beuve. La tercera es la de Saint Marc Girardin: se cuida de la moral mejor quede la estética. La cuarta es la del mismo Nisard: se propone desarraigar el vulgar prejuicio de que sobre gustos no se escribe: tiene un ideal del espíritu humano en los libros, y llama bueno a lo que se acerca a este ideal y malo a lo que se aparta. Aspira a ser una ciencia exacta, y prefiere guiar y rectificar, que agradar o entretener.

Recontadas estas cuatro clases de crítica, habla Nisard como al descuido de otra más, a la cual no concede, visto está, gran importancia, no reconociendo que sea un género. Su nombre sería «arte de leer los buenos libros». Esta crítica, sigue diciendo Nisard, nos entera solo de lo que goza; prefiere hacernos sentir las bellezas de las obras, que los defectos de los escritores...

No podía adivinar Nisard el desarrollo que adquiriría aquel que ni aun era género, y como de él saldría, un poco tardíamente, la verdadera ramazón del romanticismo, la crítica individualista, la crítica del *yo*...

Numerosas son las objeciones que pueden formularse contra el cuerpo de doctrina del clásico por excelencia. Desde luego, su sistema pudiera, a lo sumo, adaptarse a Francia, donde el clasicismo representa lo castizo; además, su balance comercial, su cuenta de pérdidas y ganancias de las letras es, cuando menos, discutible; por otra parte, aun cuando el problema de la literatura francesa en el siglo XIX es verdaderamente un problema moral, y no pudiéramos negarlo, acaso la moral de Nisard sea un tanto estrecha y calvinista. Hay cuestiones en que la amplitud debe unirse a la elevación, y Nisard no es amplio, ni puede serlo, desde su reducto.

Es justo no olvidar a los dos críticos a quienes Nisard concede puesto tan honroso. Villemain y Saint Marc Girardin se cuentan entre los adictos al clasicismo, si bien no lo erigen en sistema, como Nisard.

Villemain es un erudito, un helenista criado a los pechos de la antigüedad, lo cual ya encamina hacia un clasicismo de buena ley. Sus primeras empresas son panegíricos de clásicos: Montaigne, Montesquieu. Su primer trabajo algo extenso, labor de historiador. Más tarde entró en el profesorado y explicó en el Colegio de Francia el siglo XVIII y la Edad Media. Los entusiastas saludaron en él al que sabía fundir la crítica con la historia, elevándola a la altura de historia social. Y he aquí por qué Villemain, con todos los reparos que pueden ponérsele, descubrió su tierra propia y fértil, y esta nueva región que le pertenece es la crítica histórica.

Dando un paso más (ya veremos cuál es ese paso), nos acercamos a Taine. Y si prescindimos del carácter de sistema y método que en Villemain reviste la relación de autores y obras con la época y sociedad en que vivieron, si ello aparece como fruto natural de un espíritu curioso y analítico, en la zona de influencia de Villemain encontraremos a Sainte Beuve.

Leyendo hoy a Villemain nos cuesta algún trabajo comprender aquel fanatismo de sus contemporáneos, que le llamaban monstruo y semidiós; aquel transporte de Agustín Thierry. Es la suerte común de las obras elocuentes, y Villemain poseyó como nadie el peligroso don de la elocuencia. Nisard, que no aspiraba a agradar a sus lectores, y lo declaraba en alto, es hoy fácil de leer, más que Villemain, el elocuente por excelencia. No se crea que sus contemporáneos no advirtieron el exceso (defecto no pudiéramos llamarle) de Villemain. Sainte Beuve nos ha transmitido mordaces frases. Royer Collard decía: «Villemain es un instrumento; ha aprendido el ingenio y lo emite a fecha fija... Si le abriésemos le encontraríamos dentro un mecanismo ingenioso, de autómata...». Otras veces afirmaba: «He releído encarnizadamente los dos tomos de Villemain en busca de una idea que sea suya, y no he acertado con ella». Otros aseguraban que el sistema de Villemain era coger una frase y ver qué podía colocar alrededor. Y el mismo Sainte Beuve, que había elogiado tan calurosamente a Villemain cuando coleccionó y publicó sus *Obras literarias*, diciendo de él que no conocía, entre las lecturas serias de nuestra edad, ninguna tan interesante como la de los *Estudios sobre el siglo XVIII*; que con tanta elevación había de lamentar su retiro del profesorado, —exclama por cuenta propia que en Villemain el pensamiento es de tal modo distinto de la frase, que aparece exterior a ella (característica de los elocuentes)—. Al emitir sobre Villemain un juicio definitivo, le declara esencialmente un profesor de literatura, y reconoce que mientras sus lecciones eran admirables y brillantísimas, sus libros son... agradables.

Saint Marc Girandín empezó, como Villemain, por *Elogios y Cuadros de la literatura* de determinada época; como él, ingresó en el profesorado, pero ahí se acaba el parecido. De las alturas de la elocuencia, Saint Marc Girardin trajo a la crítica al terreno llano, ameno y fértil de la explicación casi familiar. Y como quiera que sus lecciones versaron sobre literatura dramática, tuvo ocasión propicia para hostilizar ingeniosamente a la nueva escuela y ser una de las varias fuerzas que prepararon su caída. El ingenio, o por mejor decir, lo que en Francia se llama el *esprit*, y que, como producto parisiense, no tiene equivalente en castellano, es la cualidad que preferentemente se reconoce a Saint Marc Girardin; pero no el *esprit* de fuegos artificiales a lo Alfonso Karr, sin o algo más racional, sazonado con esa tendencia a lo familiar decoroso, que recomendaba aquel marqués moralista, Vauvenargues, uno de los genuinos intérpretes del alma francesa. La familiaridad elegante, que es la modestia y franqueza del entendimiento, no solo ponía desde luego al profesor y al crítico en contacto con el auditorio, sino que era la retórica más opuesta a la de los románticos. Nadie tan indicado como Saint Marc Girardin para ver la ridiculez y la hinchazón de una escuela literaria, pero quizás clásico hasta la medula, le faltaba el entusiasmo admirativo de la verdadera hermosura, que aparece a veces hasta saltando por cima del buen gusto y de la sensatez, en el «más allá» de la revelación estética. Tal ha sido el flaco de los clásicos: no conocer *la locura de la belleza*; y tal la partícula de verdad que hay en todo error y que existía en la doctrina de «la crítica por admiración», preconizada por los melenudos. Volviendo a Saint Marc Girardin, su doctrina era desdeñar la poesía lírica y estimar solo la dramática, y en esto también era absoluta y naturalmente clásico, pues la raíz romántica es el lirismo, y su verdadera gloria duradera, la poesía lírica. Saint Marc Girardin desenvuelve ingeniosamente sus teorías, apoyadas en razonada y oportuna erudición, y una de las que mejor demuestra es la antigüedad de la crítica, con Aristóteles y Aristarco. Su clasicismo no se contenta con Boileau, ni con la tradición nacional, y asciende a la antigüedad, a los arquetipos. En la lid contra los románticos, Saint Marc Girardin puede contarse entre los adversarios más temibles, por lo mismo que procede dentro del estilo y del gusto enteramente franceses, invocando esos númenes tan galos, la lógica y el buen sentido, pero realzándolos con un intelectualismo acerado. Como dice el mil veces citado Sainte Beuve (no hay guía más seguro), Saint Marc Girardin ha desinflado a alfilerazos hartos globos. El alfiler, añadiremos, es de oro, y arma bien francesa es el alfiler.

Toda la enseñanza que durante la transición propagaron los moralistas de la escena y la novela; la reacción defensiva y social contra los desmanes del romanticismo, está contenida ya en la crítica moralista de Saint Marc Girardin. Y no es poco que pueda decirse de él que fue el médico que curó a la juventud de la enfermedad de *René*; que la reconcilió con la realidad y la vida, con sus fines honrados y sus deberes graves, impuestos por la naturaleza. Verdad, añade Sainte Beuve, que tal vez les curó demasiado radicalmente, creando esa generación de *formales*, de prácticos, en quienes parece haber muerto todo fervor y toda idealidad.

Aún quedan críticos antirrománticos dignos de mención, que ayudaron a la caída de la escuela satirizándola (fácil empresa), o demostrando sus deficiencias considerables. El abate de Féletz nunca se apartó de la brecha, y su campaña contra el romanticismo duró treinta años. Como que empezó a hacer propaganda clásica antes del romanticismo, y al hablar de la crítica bajo el imperio, hemos citado ya el nombre de este ático y culto escritor, que no conoció la pedantería, ni la virulencia, y que, siempre dispuesto al combate, no lo extremó nunca, ejerciendo esa tolerancia, que a veces, no nace tanto de la flexibilidad del pensamiento, como de la disciplina de la buena educación. En cambio, Hoffman, también nombrado anteriormente, en su índole crítica se asemejaba más a Gustavo Planche, y puede incluírsele en el número de los mayores enemigos del romanticismo, hasta el punto de decir que Schiller debía ser condenado a pena de azotes. Para Víctor Hugo, acaso deseaba la cuerda.

En esta protesta, en el fondo tan nacional, contra el romanticismo, notemos que la cuestión gira principalmente alrededor de Víctor Hugo. No en balde fue el Napoleón, el triunfador estrepitoso. Contra Víctor Hugo, principalmente, iban las sátiras, las burlas, las indignaciones; en él la escuela vencía, pero se desbarataba, se caía a pedazos, en espera del Waterloo.

Se explica el enojo de los clásicos, seguros de tener razón y derrotados en toda la línea. Sería más difícil explicar la cólera de autores como Lemercier, precursor de todo el teatro romántico, romántico igualmente en sus versos, y fiero enemigo de la escuela, tanto que, al oír que los románticos procedían de él, contestaba; «No es posible; son incluseros». La restallante frase tiene el mérito de señalar uno de los flacos del romanticismo.

Cuando se recuerda que tantos hombres de verdadero mérito y superioridad —no todos figuran en esta reseña— se alistaron para combatir el romanticismo, la pronta disolución de la escuela parece naturalísima. El romanticismo tuvo contra sí, en conjunto, a la crítica seria; los críticos clásicos fueron más numerosos, fundados y sagaces que los románticos; a la larga, la resistencia era inútil. Una escuela literaria que, con tantas circunstancias a su favor, ve alzarse a la crítica en contra, y no por vano capricho de los que escribían, de los que enseñaban, hasta de los que, como Cousin, más bien filosofaban, sino porque la índole de la crítica como género a la vez literario y científico lo exigía, porque lo reclamaban las tradiciones, la sociedad en lo que constituye su resorte y su fuerza orgánica, las cualidades de la raza, las exigencias elementales del gusto y hasta la misma libertad y variedad de la literatura, encerrada en la fórmula romántica como en uno de aquellos negros calabozos de que tanto partido sacaron los novelistas y dramaturgos —está sentenciada—.

Más adelante reaparecerá el ideal romántico en la crítica, y se llamará *impresionismo*.

Epílogo

El movimiento que rápidamente y no sin inevitables omisiones queda reseñado, fue intenso, brillante, glorioso para Francia. De él arranca un hecho capital: la aspiración del pueblo francés a ser la nación guía, el director intelectual y espiritual de las demás naciones civilizadas, tomando por vehículo de su ingerencia la literatura.

Con la Revolución, de la cual son derivaciones, prolongaciones y consecuencias todos los hechos históricos posteriores, hasta los más recientes, Francia se creó un puesto aparte, escindió su historia, y, con la propaganda de la Revolución por el mundo entero, se cerró o al menos se dificultó el camino de las evoluciones orgánicas y naturales, en armonía con su genio y su estructura íntima. Todavía no ha cesado —ese pueblo tan enriquecido de energías vitales por su instinto de laboriosidad, economía y sensatez— de hacer romanticismo político y social, y en ese terreno acaso esté muy distante aún su época científica y positiva. La aventura continúa.

Y lo que ha hecho posible esta aventura es la pretensión y obtención de una hegemonía en el orden literario-intelectual, que bien pudo fomentar la ilusión más halagüeña —la de ser fanal del mundo—.

El romanticismo fenece y la transición se presenta con su cambiante fisonomía; pero aún está lejos la hora en que el gallo galo, al despertarse de un sueño y notar que no ha cantado aquella aurora su clara y estridente salutación al Sol, vea atónito que el Sol, sin embargo, sale como de costumbre.

Libros a la carta
A la carta es un servicio especializado para
empresas,
librerías,
bibliotecas,
editoriales
y centros de enseñanza;
y permite confeccionar libros que, por su formato y concepción, sirven a los propósitos más específicos de estas instituciones.

Las empresas nos encargan ediciones personalizadas para marketing editorial o para regalos institucionales. Y los interesados solicitan, a título personal, ediciones antiguas, o no disponibles en el mercado; y las acompañan con notas y comentarios críticos.

Las ediciones tienen como apoyo un libro de estilo con todo tipo de referencias sobre los criterios de tratamiento tipográfico aplicados a nuestros libros que puede ser consultado en Linkgua-ediciones.com .

Linkgua edita por encargo diferentes versiones de una misma obra con distintos tratamientos ortotipográficos (actualizaciones de carácter divulgativo de un clásico, o versiones estrictamente fieles a la edición original de referencia).

Este servicio de ediciones a la carta le permitirá, si usted se dedica a la enseñanza, tener una forma de hacer pública su interpretación de un texto y, sobre una versión digitalizada «base», usted podrá introducir interpretaciones del texto fuente. Es un tópico que los profesores denuncien en clase los desmanes de una edición, o vayan comentando errores de interpretación de un texto y esta es una solución útil a esa necesidad del mundo académico.

Asimismo publicamos de manera sistemática, en un mismo catálogo, tesis doctorales y actas de congresos académicos, que son distribuidas a través de nuestra Web.

El servicio de «libros a la carta» funciona de dos formas.

1. Tenemos un fondo de libros digitalizados que usted puede personalizar en tiradas de al menos cinco ejemplares. Estas personalizaciones pueden ser de todo tipo: añadir notas de clase para uso de un grupo de estudiantes,

introducir logos corporativos para uso con fines de marketing empresarial, etc. etc.

2. Buscamos libros descatalogados de otras editoriales y los reeditamos en tiradas cortas a petición de un cliente.

www.ingramcontent.com/pod-product-compliance
Lightning Source LLC
Chambersburg PA
CBHW031437160426
43195CB00010BB/762